职业教育"十四五"新形态教材

财经商贸大类新专标系列教材

金融数字营销

JINRONG SHUZI YINGXIAO

郑旻逸　李晨晖　主编

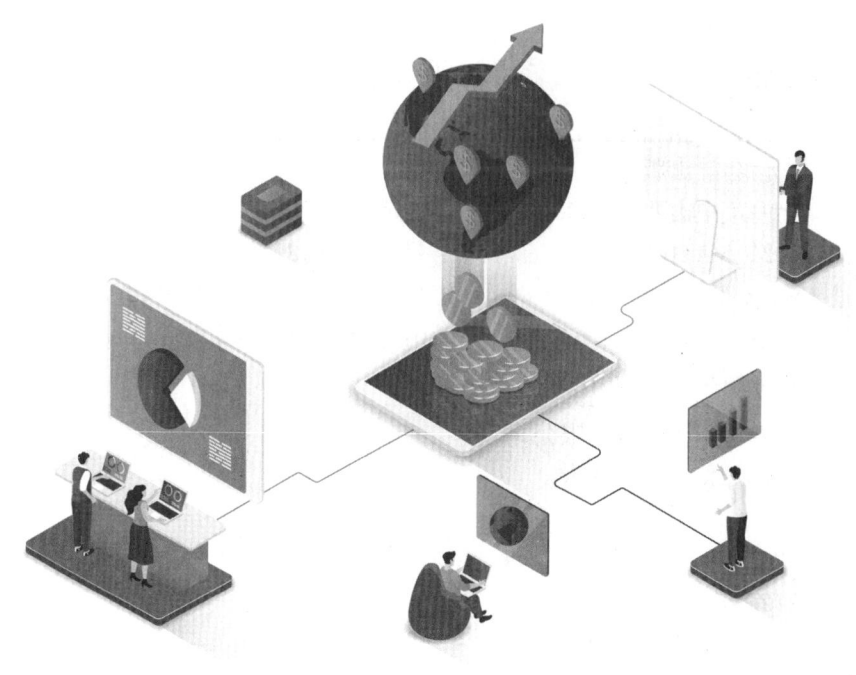

立信会计出版社

图书在版编目(CIP)数据

金融数字营销 / 郑旻逸,李晨晖主编. — 上海：立信会计出版社,2024.9. — ISBN 978-7-5429-7638-3

Ⅰ.F713.365.2

中国国家版本馆 CIP 数据核字第 2024HN7738 号

策划编辑　赵志梅
责任编辑　沈奕冰
美术编辑　吴博闻

金融数字营销
JINRONG SHUZI YINGXIAO

出版发行	立信会计出版社
地　　址	上海市中山西路 2230 号　　邮政编码　200235
电　　话	(021)64411389　　传　　真　(021)64411325
网　　址	www.lixinaph.com　　电子邮箱　lixinaph2019@126.com
网上书店	http://lixin.jd.com　　http://lxkjcbs.tmall.com
经　　销	各地新华书店
印　　刷	常熟市华顺印刷有限公司
开　　本	787 毫米×1092 毫米　1/16
印　　张	14
字　　数	325 千字
版　　次	2024 年 9 月第 1 版
印　　次	2024 年 9 月第 1 次
书　　号	ISBN 978-7-5429-7638-3/F
定　　价	45.00 元

如有印订差错,请与本社联系调换

前 言
FOREWORD

本书按照高职高专人才培养目标及专业教学改革的需要,依据最新政策法规、标准规范编写。

习近平总书记在党的二十大报告中指出,"加快发展数字经济,促进数字经济和实体经济深度融合"。新一代信息技术与各产业结合形成数字化生产力和数字经济,这是现代化经济体系发展的重要方向。本书在金融行业数字化转型背景下,升级了传统金融营销,介绍了金融数字化营销,以金融产品营销和金融服务营销为主,并加以数字化实操运用。同时,本书从互联网思维出发,以信息技术、金融科技、新媒体技术、人工智能、大数据等现代化技术和应用场景为主线展开,通过介绍金融数字营销的基本知识、基本技能与基本操作流程,让读者在完成具体项目的过程中构建相关理论知识,掌握并提高相关职业技能和能力。本书主要内容包含金融营销基本理论、数字金融市场调研与分析、金融数字营销策略、金融数字营销工具与平台、金融数字营销方法与策划、金融数字营销客户关系管理、金融数字营销案例等。希望通过本书的学习,读者能既掌握金融营销的专业知识,又能够合理应用金融数字营销的手段、方法和技能,具备金融科技营销岗位能力,成为复合型人才。

本书以先进的教学理论和学习理论为基础,以网络、多媒体等现代信息技术为依托,充分体现灵活性、开放性、动态性、立体化的特征,构建"文字教材—学习辅助资料—网络微课—线下讨论"四位一体的立体化教材。配合基于智慧职教的混合式教学模式,本书能依据读者的认知特征提供不同层次的学习内容和目标要求,尽可能适应读者个性和学习风格的差异,为每位读者提供最适合的学习材料,构建最恰当的媒体资源环境,渗透最优化的学习方法。本书具有理论扎实、观点前沿、讲解翔实、案例丰富、流程科学、实操精准等特点。

本书由拥有多年教学经验及企业营销工作经验的郑旻逸、李晨晖担任主编，金玮佳担任副主编，郭焯文参编。具体分工如下：第一章至第三章由李晨晖编写，第四章至第七章由郑旻逸编写，金玮佳负责编写本书的总体框架，郭焯文负责本书中金融数字化营销案例的收集整理和编写等工作。

本书既可作为高职高专院校金融及营销相关专业的教材，也可作为函授和自考辅导用书，还可供实务工作者参考使用。

本书在编写的过程中，得到新道科技股份有限公司的大力帮助，在此表示衷心的感谢。本书为校企合作教材，融理论教学和实践教学于一体。在本书编写过程中，我们参考了大量国内外的相关教材、著作及论文等文献，主要的参考文献列于书后，在此向这些文献的作者表示感谢！本书如有不妥之处，恳切希望广大教师和读者提出宝贵意见，以便再版时修正。

编　者

2024 年 10 月

目 录
CONTENTS

第一章　金融数字营销基本理论 ··· 1
　第一节　金融数字营销的基本概念 ··· 2
　第二节　金融数字营销的理论基础 ·· 11
　第三节　金融数字营销的环境 ··· 14
　第四节　金融数字营销的购买者行为 ·· 26
　本章小结 ·· 36
　课后习题 ·· 36
　项目实训 ·· 37

第二章　数字金融市场调研与分析 ·· 39
　第一节　数字金融市场调研 ··· 41
　第二节　数字金融市场分析 ··· 48
　本章小结 ·· 69
　课后习题 ·· 69
　项目实训 ·· 70

第三章　金融数字营销策略 ··· 71
　第一节　金融数字营销的产品策略 ·· 72
　第二节　金融数字营销的定价策略 ·· 82
　第三节　金融数字营销的渠道策略 ·· 90
　第四节　金融数字营销的促销策略 ··· 101
　第五节　金融数字营销的服务策略 ··· 108
　本章小结 ·· 112
　课后习题 ·· 113
　项目实训 ·· 114

第四章　金融数字营销工具与平台 ……………………………………………… 115
第一节　金融营销工具 …………………………………………………… 116
第二节　金融数字营销工具 ……………………………………………… 123
第三节　电商金融平台 …………………………………………………… 129
第四节　金融新媒体营销平台 …………………………………………… 132
本章小结 ……………………………………………………………………… 139
课后习题 ……………………………………………………………………… 140
项目实训 ……………………………………………………………………… 141

第五章　金融数字营销方法与策划 ……………………………………………… 142
第一节　金融数字营销方法 ……………………………………………… 145
第二节　金融数字营销策划 ……………………………………………… 159
本章小结 ……………………………………………………………………… 166
课后习题 ……………………………………………………………………… 167
项目实训 ……………………………………………………………………… 167

第六章　金融数字营销客户关系管理 …………………………………………… 169
第一节　金融数字客户关系管理的概念 ………………………………… 171
第二节　金融数字客户关系管理的策略 ………………………………… 172
第三节　金融数字客户关系管理的实施步骤 …………………………… 179
本章小结 ……………………………………………………………………… 181
课后习题 ……………………………………………………………………… 181
项目实训 ……………………………………………………………………… 182

第七章　金融数字营销应用 ……………………………………………………… 183
第一节　银行数字营销应用 ……………………………………………… 184
第二节　保险数字营销应用 ……………………………………………… 193
第三节　基金数字营销应用 ……………………………………………… 203
本章小结 ……………………………………………………………………… 214
课后习题 ……………………………………………………………………… 214
项目实训 ……………………………………………………………………… 216

主要参考文献 …………………………………………………………………… 217

第一章

金融数字营销基本理论

◎ 内容导图

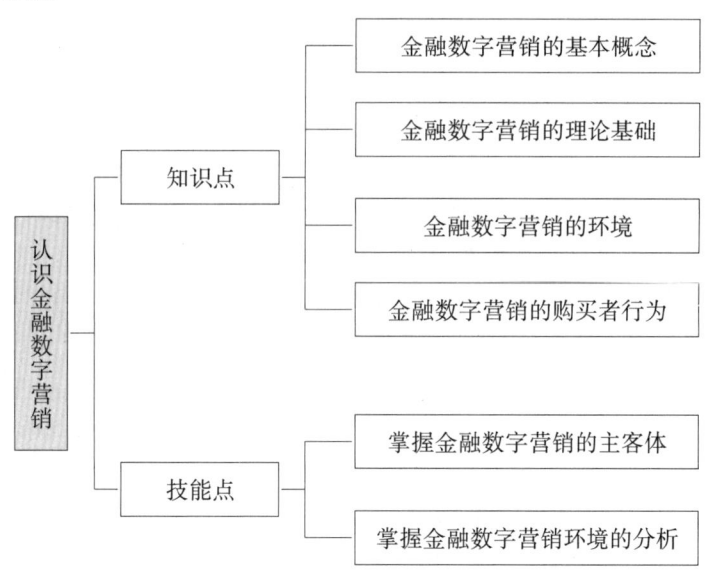

◎ 知识目标

1. 掌握金融数字营销的基本概念；
2. 了解金融数字营销的理论基础；
3. 掌握金融数字营销的环境及购买者行为分析；
4. 了解金融数字营销的发展历程和发展趋势。

◎ 能力目标

1. 通过到金融机构实地调研，能够了解不同金融机构的数字金融产品品种及其特点；

2. 能够针对不同金融产品的特点分析其营销策略数字化转型；

3. 能够掌握金融数字营销环境的具体分析，以及采用SWOT分析方法分析。

【章前引例】

人保寿险斩获第八届"金诺·中国金融品牌年度案例"两枚奖项
——共促消费公平　共享数字金融

2024年5月9日，《中国银行保险报》举办2024年第八届金诺·中国金融品牌影响力论坛，正式揭晓获奖榜单，中国人保获得9个重要奖项。其中，中国人保寿险"'友氧鲜气跑'全国系列跑团赛事项目传播案例"入选2024年第八届金诺·中国金融品牌年度创新案例；"'民系列'互联网专属保险产品传播案例"入选2024年第八届金诺·中国金融品牌年度产品传播案例。

2023年4月，中国人保寿险推出"友氧鲜气跑"全国系列跑团赛事项目，通过"保险＋科技＋服务"的商业模式，向具有运动理念人群及社会企业员工推出保险与运动赛事服务，实现服务创新。该项目深化与运动领域企业的合作，联合举办特色化、多样化运动赛事，满足不同客群需求，传播运动理念与金融知识。"友氧鲜气跑"全国系列跑团赛事项目视频号宣传视频累计观看人数达6.7万人，抖音号宣传视频累计观看人数达18.5万人，公众号推文累计阅读量达5.3万人。其中，6场"金融消费者权益保护教育宣传月"系列跑团赛事打造"金融宣教＋线下运动＋线上直播"创新模式，最高单场直播观看10.4万人，点赞20.4万次。

案例来源：董非.中国人保寿险斩获第八届"金诺·中国金融品牌年度案例"两枚奖项[EB/OL].（2024-06-03）[2024-06-20]. https://www.sznews.com/news/content/2024-06/03/content_30995828.htm.

思考：为什么金融机构开展品牌评选？

第一节　金融数字营销的基本概念

【典型案例】

招商银行打出霸气口号：他行VIP就是我行VIP

招商银行摆出了一个很霸气的温馨提示：他行VIP就是我行VIP，请出示任意银行

VIP 卡即可进入贵宾室办理业务。

任何一家银行的 VIP 客户,资产至少有三五十万。J. D. Power 最新数据显示,招商银行贵宾客户数占比为 2.1%,但贵宾客户管理金额占比达到 82.1%;中信银行贵宾客户虽只占 0.8% 比重,但贵宾客户管理金额占比达到 69.9%。

招商银行此次大气地接受所有银行的 VIP 客户,因为它并不在意客户是哪一家银行的 VIP,而是这个客户是拥有较多财富的高净值客户,银行未来在零售,零售未来在客群。

思考:为什么招商银行如此重视贵宾客户?

一、营销的概念

营销又称市场营销,是企业发现或发掘准消费者需求,让消费者了解该产品进而购买该产品的过程。

1910 年,美国威斯康星大学的拉尔夫·斯塔尔·巴特勒(Ralph Starr Butler)提出了"市场营销(marketing)"一词。之后,越来越多的学者开始研究这一概念,并逐步形成市场营销学科。随着市场营销学的发展,先后有多位学者对市场营销作出了定义。

美国市场营销协会(American Marketing Association,AMA)于 2004 年 8 月将市场营销定义为:市场营销既是一种组织职能,也是为了组织自身及利益相关者的利益而创造、传播、传递客户价值,管理客户关系的一系列过程。这一定义始终围绕"客户价值"展开,强调了"管理客户关系"的重要性。

美国营销学家菲利普·科特勒(Philip Kotler)在其《营销管理》(*Marketing Management*)(第 15 版)中认为,市场营销关乎人类与社会需要的识别与满足。最简洁的市场营销定义是有利可图地满足需要。该定义反映了市场营销的实质内容,就是以交换为中心,以顾客需要为导向,通过协调企业资源使顾客需求得到满足,并且在此基础上实现工商企业所追求的目标。其强调了三点:

(1) 营销是一个管理过程,从辨别需求到实现有利可图的商机,需要开展一系列活动并加强管理、才能实现预定目的。这一系列活动包括对市场环境的调查研究,对营销机会的确定、设计与生产能满足特定需求的产品,对产品进行宣传以引起购买者的购买欲望,为产品销售建立一个渠道以方便购买者购买,为产品定价,在购买过程中甚至购买前后向购买者提供服务,等等。由此可以看出,营销不同于销售,也不同于推销,销售或推销是营销的一部分。

(2) 营销以满足消费需求为出发点与归属点。识别需求的目的就是满足需求,这就是出发点。实现有利可图的商机是指实现"双赢式"交换,对金融机构而言,"赢"即实现既定目标。对于购买者而言,"赢"表现为能最大限度地满足自己期望的需求。能实现"双赢式"交换则意味着需求得到了满足,这就是归属点。

(3) 营销以达成交易为最终目的。营销的目的就是努力实现交易,使交易双方都有利可图,购买者满足特定的消费需求,企业在向购买者提供需要的产品或劳务过程中实现所追求的目标。由此可见,金融营销就是金融业通过辨别市场需求,提供适合市场需求的金融产品,把市场需求变成有利可图的商机的行为。

上述概念说明市场营销具有四个要点：

（1）确定目标市场。客户对任何一种产品（或服务）的需求所产生的整个市场是巨大的，而且需求是有一定差异的，每个企业的经营能力都是有限的，难以满足整个市场的需求。同时，企业之间争夺市场的竞争是长期的、激烈的，每个企业为了能最大限度地实现资源优化配置，取得竞争优势，也为了能更好地满足客户需求，实现以客户为中心的准则，就必须确定满足特定需求，也就是确定目标市场。

（2）掌握客户需求。客户不一定能清楚地表达或不一定意识到自己的需求，因而企业要使客户对消费的产品（或服务）感到满意，前提是企业必须清楚地掌握客户需求的真正内容，具体的需求、最为关注的需求（企业响应需求），能否接受某种被引导的需求（企业引导需求），能否创造出某种需求（企业创造需求）。企业为使客户满意，需要对目标市场中的客户需求作深入、全面、仔细、正确的考察，以便实现响应需求，引导需求，创造需求的营销策略。

（3）开展整体营销。市场营销是企业为满足目标市场消费需求，在竞争市场中开展的一系列活动，也是一个企业内部的管理过程。它要求企业协调和运用一切市场活动手段，各职能部门为了提高企业整体竞争力而加强互相联系，这样才能使客户需求转变为企业有利可图的商机。这个活动被称为整体营销。整体营销包括两方面内容：一是企业要将产品（或服务）开发与生产、分销、促销、定价等活动针对目标市场有机结合并予以使用，从营销策略上满足客户需求；二是企业中负责营销的机构要协调各个职能部门的工作，从组织与思想上满足客户需求。

（4）强调盈利能力。企业强调盈利能力，才能使其增强对环境变化的适应性，提升核心竞争力，长期地、最大限度地实现企业持续发展所确定的各项目标。

从上述各种定义我们可以看出，市场营销的概念经历了生产观念、产品观念、推销观念、市场营销观念等几个阶段并不断走向成熟。

二、金融营销的概念

1. 金融营销的定义

金融营销是一般工商企业市场营销在金融领域的延伸和发展，它是一门新兴的边缘学科。1958年，在全美银行联合会议上，金融企业应运用营销的观念被首次提出。金融企业是经济生活中专门为客户提供金融服务、满足客户消费金融产品需要、以经营为手段、以营利为目的的一组服务性企业。除其经营的对象——货币和货币资本及与货币和货币资本相关的服务外，金融企业的运营与工商企业一样，既要面向社会广泛地分销其产品，又要应对激烈的市场竞争，并且要以盈利为目标。在市场经济条件下，金融企业同样要运用市场营销理论，广泛地开展金融营销活动。因此，金融营销与一般工商企业的市场营销的基本经营思想和营销手段是基本相同的。

我们可以把金融营销定义为：金融营销是指金融机构对金融产品的营销活动，是以金融机构以市场需求为基础，以客户为核心，利用自己的资源优势，通过创造、提供与交换金融产品和服务，满足客户的需求，实现金融机构的盈利目标的一系列社会与管理活动。

金融营销的发展

2. 金融营销的任务

金融营销是一项复杂的工作,包括与金融市场及金融产品提供和销售相关的各项活动。金融营销的整个过程包括分析金融市场机会、研究和选择目标市场、制定营销策略。具体来讲,金融营销活动包括金融市场需求的调查研究、金融市场细分、金融产品开发、金融产品分销渠道、促销策略的制定、营销技术的运用、售后服务等,还覆盖了售后服务、组织管理等各项工作,是一项综合性的管理活动。不难看出,金融营销活动以市场为起点和终点,其对象是目标市场顾客,即金融营销是集中全力满足目标市场顾客的需求。

3. 金融营销的目的

金融营销中的客户对金融产品的需求有很大差异性,因此在金融产品的营销过程中要更加注意"以客户为中心"的概念。客户的需求是金融机构开展营销活动的出发点。金融机构的客户包括现实客户与潜在客户,从业务规模上又分为两大类:一类是企业客户,如国内与国外的工商企事业单位、金融机构及政府部门;另一类是零售客户,主要是个人消费者或投资者。不同的客户面临不同的问题,有着不同的金融需求,金融机构必须从客户的角度出发,认真分析、研究他们的需求,制定出与市场相符的营销战略,提供令客户满意的服务。

因此,金融营销的目的是指金融机构以金融市场为导向,运用传统及数字化营销手段向客户提供金融产品和服务,在满足客户需求和欲望白过程中实现金融机构利益目标的社会行为过程。金融企业在经营过程中所采取的营销行为可以是多种多样的,并应根据其所处的经营环境及其自身资源与发展目标,应对挑战,扬长避短,趋利避害,坚持适应环境的经营取向。

【知识学习】

什么是雪球产品

雪球产品是对带有雪球结构收益特征产品的俗称。普通投资者接触的雪球产品实际是资产管理机构发行的各类资产管理产品,包括信托产品、私募基金、资产管理计划等。资产管理机构并不是这些产品的生产者,而更像中间加工商,它们通过创设产品投资证券公司的雪球型收益凭证或场外期权,为财富管理端客户提供投资雪球产品的渠道。所以,雪球产品真正的生产者是证券公司。需要说明的是,证券公司只能面向各类机构投资者创设雪球型收益凭证或场外期权,个人投资者不能直接投资。

雪球产品在本质上是一种奇异期权,设置有敲入、敲出条件,最后的收益取决于挂钩标的资产的表现和敲入、敲出事件是否发生。若标的资产价格上涨到一定程度(敲出价),雪球产品提前终止,投资者获得存续期间的固定收益;若标的资产价格下跌到一定程度(敲入价),则要根据到期日标的资产价格决定损益情况,投资者需要承担标的资产下跌的风险;若标的资产从未触碰到敲入敲出价格,投资者获得整个产品期间的固定收益。

目前,市场上证券公司发行的雪球产品以挂钩中证500指数为主,我们以收益率16%、敲出点位80%、敲入点位103%、1年期的中证500指数雪球产品为例,分析雪球产品的4种损益情形(图 1-1)。

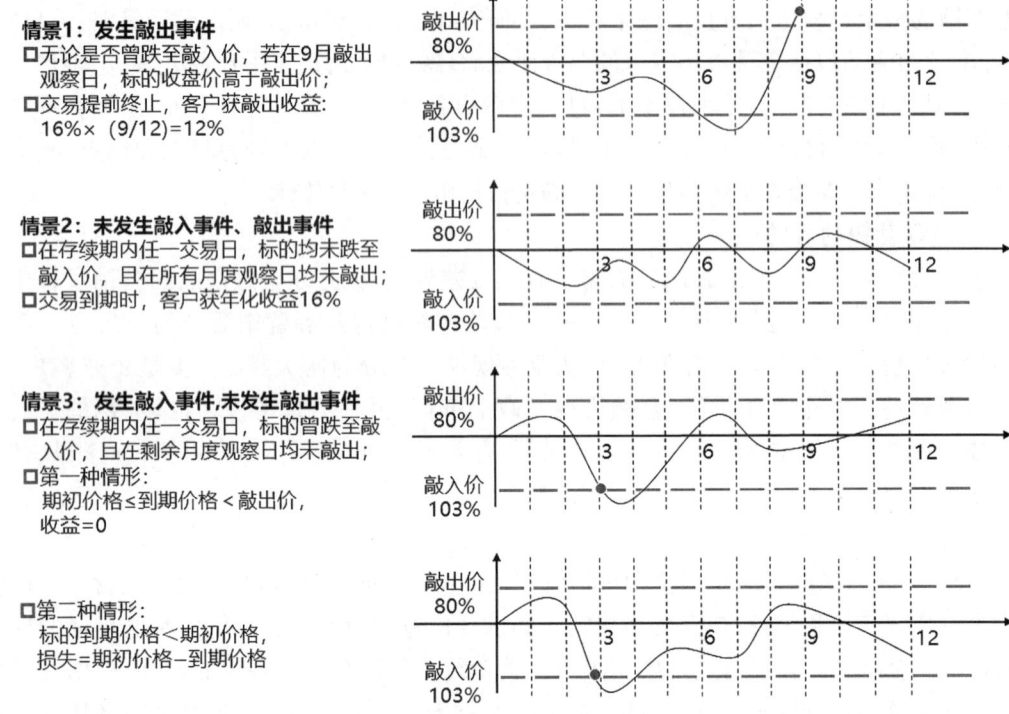

图 1-1 雪球产品的 4 种损益情形

来源：杨毅. 雪球产品是什么? 运行机理为何? 对市场有何影响? [EB/OL]. (2024-01-22)[2024-06-20]. https://finance.sina.com.cn/jjxw/2024-01-22/doc-inaemchv7754497.shtml.

【小组活动】

随机分组，请同学们结合知识学习了解雪球产品的特点、盈利模式，并讨论雪球产品的用户群体主要是哪些人群? 它的未来发展方向是什么?

4. 金融营销的构成要素

金融营销是金融机构以满足顾客需求为中心的活动，它涉及至少 3 个要素：金融营销的主体——金融机构，金融营销的客体——金融产品，以及金融市场。下面以前两个要素为主展开论述。

1) 金融营销的主体

金融营销的主体是金融市场上的金融机构，主要包括商业银行、保险公司、证券公司、投资基金及信托公司等。

(1) 商业银行，是银行的一种类型，是通过存款、贷款、汇兑、储蓄等业务，承担信用中介的金融机构。一般的商业银行没有货币的发行权，其主要业务是吸收公众存款、发放贷款，以及办理票据贴现等。

(2) 保险公司，是经营保险业务的金融机构。保险公司收取保险费，将所得资本投资于债券、股票、贷款等资产，运用这些资产所得收入支付保单所确定的保险赔偿。保险公司通过上述业务能够在投资中获得高额回报并以较低的保险费向客户提供适当的保险服务,从而盈利。

(3) 证券公司,不同国家对证券公司的界定不同。在我国,证券公司是指依照《中华人民共和国公司法》和《中华人民共和国证券法》的规定设立的,并经证券监督管理机构审查批准而成立的专门经营证券业务,具有独立法人地位的有限责任公司或者股份有限公司。在日本,经营证券业务的机构也称证券公司。在美国,经营证券业务的机构被称为投资银行或证券经纪商。

(4) 投资基金,也称互助基金或共同基金,是通过公开发售基金份额募集资本,然后投资于证券的机构。投资基金由基金管理人管理,基金托管人托管,以资产组合方式进行证券投资活动,为基金份额持有人的利益服务。投资基金产生的原因是证券市场上的金融产品越来越丰富并且复杂化,普通投资者很难驾驭这些金融工具,需要将资金委托给专门的投资管理公司,由专业人士集中运作,实现投资分散和降低风险的目标。

(5) 信托公司,是以信任委托为基础,受客户委托进行货币资金和实物财产的经营管理的金融机构。信托业务的关系人有委托人、受托人和受益人。因为信托是以信任为基础的,所以一般要求受托人具有良好的信誉,而且,信托成立的前提是委托人要将其财产委托给受托人。

金融行业还有很多其他类型的金融机构,如政策性银行、信用社、基金公司、财务公司、金融租赁公司等。

金融营销不同于其他的企业营销,它是由金融机构开展的。金融机构是从事业务的机构,是一国金融体系中最重要的组成部分。随着现代经济的发展,金融机构的类型也日益丰富。一般地,我们可以把金融机构分成存款型金融机构、契约型存储机构和投资型中介机构三大类,如图1-2所示。

存款型金融机构	契约型存储机构	投资型中介机构
• 这类机构是为个人和机构提供存款和贷款服务的金融机构,它能创造派生存款,影响货币供应,因此在一国金融系统中占有重要地位。这类机构包括商业银行和信用社等	• 这类机构以合约方式定期、定量地从持约人手中收取资金,然后按合约为持约人提供服务或养老金。它包括保险公司和养老基金	• 这类机构是以金融市场上的投资活动作为主要业务,包括投资银行、共同基金、货币市场共同基金、金融公司、财务公司、信托公司和金融租赁公司等

图1-2 金融机构分类

2) 金融营销的客体

金融营销的客体不同于一般的企业产品,主要是指金融产品与金融服务。

第一,金融产品。

金融产品是指资金融通过程的各种载体,包括货币、黄金、外汇、有价证券等。这些金融产品就是金融市场的买卖对象,供求双方通过市场竞争原则形成金融产品价格,如利率或收益率，最终完成交易，达到融通资金的目的。金融产品是金融机构针对不同客户的不同金融需求提供的，是交易者在金融市场上实现货币资金转让的证明，反映了特定的筹资需要和筹资特点，也体现了一定的金融理念。

金融产品的两个基本特点是收益性和风险性。客户之所以购买和持有金融产品，可能是为了规避风险，也可能是为了让自己的资金通过金融投资升值。收益性是指金融产品可以向客户提供的预期收益的大小；风险性是指金融产品为客户带来收益或损失的可能性，是一种不确定性的大小。例如，银行存款利率一般被认为是无风险利率，因为银行存款的风险小，所以其利率自然就会低于其他金融产品的收益率；而金融衍生产品的风险就比较大，如著名的巴林银行倒闭的导火索就是金融衍生产品的投资失利。当然，高风险并不意味着必定会使客户亏损，也有可能使客户获得很大的利润。

金融产品的三层次理论认为，金融产品由核心产品、形式产品与扩展产品（附加产品）三个基本层次组成。

（1）核心产品。核心产品属于利益产品，是金融机构提供给客户的基本利益或效用，是顾客希望得到的主要服务，居于最中心地位。

（2）形式产品。金融产品的具体形式，体现核心产品的外部特征，以满足不同消费者的需求。

（3）扩展产品。附加产品，是金融机构在满足顾客的基本消费需求之外，为顾客提供的更多的服务与额外利益，是金融产品的延伸与扩展。

金融产品具有以下几个特征。

（1）无形性。顾客在购买金融产品时无法看到，也无法感觉，只能通过文字、数据等方式进行交流。

（2）不可分割性。金融产品的提供与服务的分配具有同时性，两者不能分开。

（3）累加性。获得金融产品的客户可以享受多种多样的金融服务。

（4）差异性。金融产品的质量因地、因人而异。

（5）易模仿性。金融产品容易模仿，且模仿速度快。

（6）季节性。金融产品的需求因时间而异，体现出较强的季节性特征。

（7）增值性。人们购买金融产品的主要目的是期望所投入的资金带来超额回报。

第二，金融服务。

金融服务是指金融机构运用货币交易手段融通有价物品，向金融活动参与者和客户提供的共同受益的活动。金融机构通过开展业务活动为客户提供包括融资投资、储蓄、信贷、结算、证券买卖、商业保险和金融信息咨询等多方面的服务。具体来讲，金融服务主要是指金融工具，包括国库券和政府债券等。金融工具有一系列分类方法：以固定利率和可变利率来分类；以到期期限长短来分类；以发行方是储蓄型中介机构还是非储蓄型中介机构来分类。金融服务的市场也很广泛，包括在金融市场上经营的各类银行、保险公司和投资公司等。此外，金融服务也涉及许多客户，包括零售消费者、不同经营规模的商业客户和其他金融机构等。图1-3列举了金融机构为国内企业和全球性企业、营利性企业和非营利性企业所提供的各种金融服务。

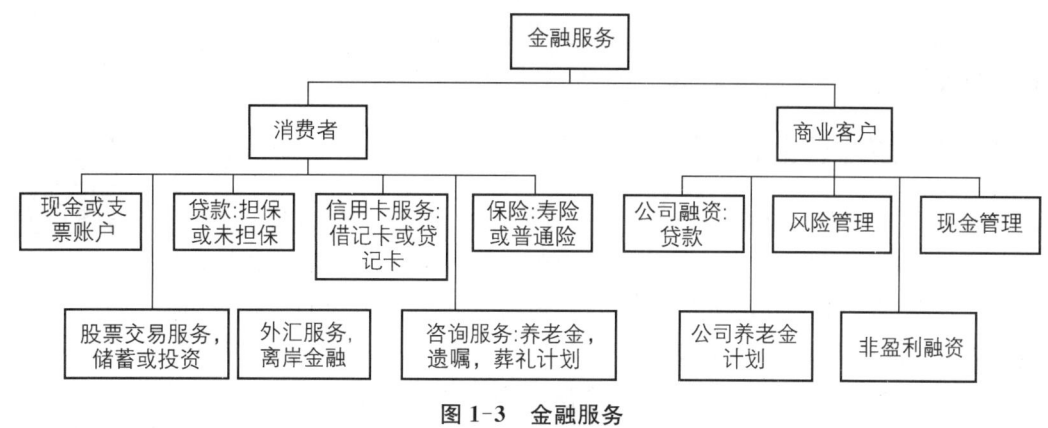

图1-3 金融服务

【小组活动】

你和你的父母去过银行吗?你的父母帮你办理过保险吗?请询问你的父母,他们购买过哪些金融产品?在购买这些产品的过程中享受了哪些金融服务?

三、数字营销的概念

数字营销,是指依托互联网络平台、电脑通信技术和数字交互式媒体来实现营销目标的一种营销方式。数字营销致力于最大限度地利用先进的计算机网络技术、大数据以及人工智能技术,以最有效、最省钱的方式研发新的产品、谋求新的市场、开拓新的消费者。数字营销的基本目标是用最低的成本和最快的速度走向市场、满足客户的需求。

数字金融

数字营销充分发挥了现代通信技术、计算机技术和数据库信息的巨大作用,把营销的全过程都置于现代通信技术、计算机技术、大数据及人工智能的掌控之下,让企业的神经遍布产品和服务营销的全过程,让企业营销的每一个终端都布满产品营销的传感器,从而改变企业和营销之间的信息不对称状态,实现每件商品销售的可统计、市场变化的可预知,从而实现用传统营销数字化来指导企业的生产和运作,用数字营销来指导营销策略的制定和实施,以达到企业在市场中"知己知彼,百战不殆"的目的。

数字营销具有集成性、个性化服务、成本低廉等优势。一方面,前台与后台、线上与线下的紧密集成可以快速响应客户的个性化需求,实现由商品信息至收款、售后服务的一气呵成。另一方面,企业可以借助互联网对不同的传播营销活动进行统一设计规划和协调实施,避免不同传播的不一致性所产生的消极影响。同时,数字营销可以利用集成数据和用户画像按照客户需求为其提供个性化服务,还可以跟踪每个客户的销售习惯和爱好,为其提供更丰富的产品信息,互联网和大数据可以提供当前产品详尽的规格、技术指标、保修信息、使用方法等,甚至对常见问题提供解答。客户可以方便地通过互联网查找产品、价格、品牌等,数字营销也为客户提供了更大的选择空间,数字营销将不受线下销售设备和场地的限制,为客户提供几乎无限的选择空间。这样的特点也为企业带来了更低廉的成本优势，企业可通过互联网平台直接向客户推销产品，从而缩短分销环节。客户可以自主索取需要的信息，企业在拓宽了销售范围的同时，也节省了促销费用，从而降低了成本，使产品具有价格竞争力。

四、金融数字营销的概念

数字金融背景下的商业银行营销

金融数字营销，就是金融机构以金融市场为导向，将数字技术应用于传统的金融产品或服务并借助互联网平台等数字化营销手段将产品或服务传达给目标客户，满足客户需求和欲望并实现机构自身利益目标的社会行为过程，是传统金融营销向数字化、网络化以及智能化迈进的过程。在金融数字营销定义方面，不同于现有的直接或间接营销，金融数字营销被定义为具有支付、信息处理和资源配置功能的综合性金融营销。《中国数字金融发展报告》也定义了金融数字营销的基本概念，该报告认为金融数字营销是信息技术与传统金融业务的深度整合，其内容远远超过"互联网+金融"。它是一种以互联网为代表的由信息技术与传统金融业务深度融合而衍生出来的全新业态。从提供数字金融产品或服务的主体来看，广义的金融数字营销有两个维度：一是参与金融市场竞争、提供相关产品或服务的互联网企业营销，二是借助互联网等技术实现传统业务信息化的商业银行等金融机构营销。狭义的金融数字营销是指参与金融市场竞争、提供相关产品或服务的互联网企业营销。

【典型案例】

中国银行"福仔云游记"打造金融产品数字化营销

"福仔云游记"是中国银行上线的一种采用数字化、游戏化营销新模式的产品，以中国银行IP人物福仔云游四海为主线，解锁国内外旅游目的地，在引导用户完成金融和非金融任务的同时引入相关的金融产品和服务。

该活动引入互联网平台，其中设有与积分抽奖活动相挂钩的任务，需要用户每日签到、激活电子医保凭证卡、绑定银行卡、使用线上生活缴费、询览基金理财产品等以获得相应的积分，在游戏中进行金融产品的推广和营销。同时，该活动在中国银行微银行和中国银行手机银行App同时上线，在多个终端发挥优势、占据市场份额，通过奖励分级、分工联动的形式，在微信客户端和手机银行客户端双向引流，大幅提高了用户活跃度。同时，该活动紧跟营销热点，密切关注社会活跃话题或引入节假日等特殊元素向用户发放特殊纪念品，推广限定金融理财产品，用户需长期持续关注该活动才可获得相关奖励或优势产品和服务。

该活动在提高金融产品营销活动趣味性的同时也增强了用户黏性，降低了金融产品和服务的推广成本，是中国银行金融产品和服务数字化营销的优秀代表作之一。

案例来源：河北理财网.中国银行：养成类营销活动福仔云游记[EB/OL].(2022-07-19)[2024-06-20].http://www.hebmoney.com/index.php？a=news_x&m=News&tt=33312.

第二节　金融数字营销的理论基础

1. 市场营销 4P 理论

市场营销 4P 理论,由杰罗姆·麦卡锡(Jerome McCarthy)于 1960 年提出,4P 分别代表产品(product)、价格(price)、渠道(place)和促销(promotion)。

产品是指能够提供给市场,被人们使用和消费的物品或服务,能够满足人们的某种需求,包括有形物品、无形服务、组织、观念或是它们的组合。金融数字营销的过程即将传统金融产品和服务进行数字化转型并通过数字化平台营销的过程,金融产品是数字营销的核心。

价格是产品的货币表现,金融产品或服务需要被明码标价之后再出售给目标客户,从而使金融机构赚取相应的收益。

渠道是指产品销售的方法和目标选择,就金融产品和服务来说,金融机构能否实现销售顺畅不仅取决于金融产品和服务的种类、质量,还取决于销售渠道的合理选择。比如,将不同风险种类的理财产品销售给不同风险承担水平的客户,或者是采用线上平台、手机银行等将产品推荐给距离较远和不方便的客户,从多渠道进行销售。

促销的本意是营销者向消费者传递有关机构及机构产品的各种信息,说服、吸引消费者购买产品和服务的过程,目的是达到大额的销售。金融数字营销采用新型数字化的金融产品吸引客户,同时在线上平台及时向客户传递新产品的信息,长期追踪客户,实现精准促销。

2. 市场营销 4C 理论

市场营销 4C 理论也称 4C 营销理论,是 20 世纪 90 年代初由美国市场营销学专家劳特朋(Lauterborn)提出的,与传统营销的 4P 理论相对应。4C 理论以消费者需求为导向,重新设定了市场营销组合的四个基本要素,即消费者(consumer)、成本(cost)、便利(convenience)和沟通(communication)。

该理论强调金融机构首先应该把追求客户满意度放在第一位,其次应该努力降低客户的购买成本,再次应该充分注意到客户购买过程中的便利性,而不是从机构自身的角度来决定销售渠道策略,最后应该以消费者为中心实施有效的营销沟通。金融数字营销正在对 4C 理论进行官方应用,金融营销的数字化转型正是为了迎合客户的多元化需求,致力于追求客户满意度,同时采用互联网技术搭建线上平台,实现让客户足不出户购买产品的目标,降低客户购买金融产品和服务的必要成本。

3. 市场营销 4R 理论

市场营销 4R 理论是由美国整合营销传播理论之父唐·舒尔茨(Don Schultz)在 4C 理论的基础上提出的新营销理论。4R 分别代表关联(relevance)、反应(reaction)、关系(relationship)和回报(reward)。

就金融数字营销来说,市场营销 4R 理论认为,随着金融营销和市场环境的发展,金融机构需要从更高层次以更高效更便捷的方式在机构与客户之间建立起有别于传统的、新型的主动型关系。目前,传统的金融营销已进入严峻竞争的时代,进行数字化转型是绝大多数金融机构保持持续发展的关键环节,金融营销人员需要懂得如何应用这一理论来为数字化转型提供渠道和平台进而提升营销的效果。

4. 市场营销 4V 理论

市场营销 4V 理论是进入 20 世纪 80 年代之后营销学专家提出的理论,4V 是指差异化(variation)、功能化(versatility)、附加价值(value)、共鸣(vibration)。4V 理论是对 4C 理论和 4R 理论的升华,促进了现代金融数字营销的发展。

差异化是指应针对不同客户的主要关注方面做到独树一帜。例如,为具有不同风险承担水平的客户推荐不同风险的理财产品,为不同年龄层次的客户提供不同的金融产品,等等。

功能化是指要以金融产品的核心功能为基础,提供多种功能组合的系列化产品,形成产品的关键核心功能和吸引点,以获得客户的青睐和认可。

附加价值是指客户所追求的除金融产品本身外更高的价值。客户是价值最大化的追求者,他们会判断金融机构提供的产品是否符合他们的预期,这会直接影响产品的销售额和客户的重复购买率。

共鸣则强调金融机构的创新能力应当与客户所重视的价值联系起来,金融营销的数字化转型要以客户的需求为出发点,将营销理念直接定位在产品的使用价值、服务价值、人文价值等客户的整体价值上,通过为客户提供精准的营销服务来最大限度满足客户的需求。

5. 网络经济理论

网络经济是一种建立在计算机网络(特别是互联网)基础之上,以现代信息技术为核心的新经济形态,包括高新技术的推广和运用所引起的传统产业、传统经济部门的深刻的革命性变化和飞跃性发展。目前,国内学术界对网络经济的定义还没有形成标准统一的认识。由于起点和立足点的不同,定义的重点自然也不同。国内学术界对网络经济的定义主要包括宏观、中观和微观角度。从宏观角度来看,网络经济是指各经济主体通过互联网实现的互动。从中观角度来看,网络经济是指以网络产业为主要业务的经济形式,其中网络产业可分为以信息技术为核心竞争力的高新技术产业和传统产业与互联网等信息技术深度融合产生的新形式。目前,信息技术在社会范围内的应用越来越广泛,大多数经济活动都可以通过互联网平台在线处理,网络经济具有信息及时性、交易便利性、市场广泛性、成本经济等传统经济模式所不具备的优势。从微观角度来看,网络经济提供了一个巨大的市场,覆盖了互联网,企业在这个市场上进行的所有经济活动的总和都是网络经济。本书采用网络经济的中观定义。

就金融数字营销来说,网络经济的发展建立在国民经济信息化基础之上,而金融数字营销的发展也依托于互联网技术和大数据的支持,利用各类信息和网络技术整合各式各样的信息资源,并依托金融机构内部和外部的信息网络进行持续推广,将金融产品和服务传递给指定的客户。网络经济改变了金融机构传统的营销模式和经营理念,推动金融营销的数字化转型。

6. 大数据理论

美国国家科学基金会明确表达了大数据的概念,指出大数据是通过先进的计算机设备、传感终端、在线交易平台、网络社区等渠道收集大量、多样化的分布式数据。国际知名研究机构高德纳（Gartner）将大数据定义为具有更强数据收集、处理和分析能力的信息处理工具，以管理越来越多样化和巨大的信息资产。麦肯锡（McKinsey）全球研究所认为，大数据是指大口径、大规模的数据信息收集、存储和管理，特别是在信息处理方面，远优于传统的信息工具，如数据库。其主要特点是数据量大、流通速度快、价值密度低、数据类型多。

人类社会正处于快速发展的新阶段，新事物层出不穷，科技迭代频率不断加快。借助信息技术的发展，信息交互的效率不断提高，使人与人之间的联系更加紧密，生活的便利性也得到了显著提高。大数据作为信息技术发展的重要成果，在社会发展中最大的作用体现在对有价值数据的全面处理和分析上，而不仅仅是全面收集数据。

大数据是以数据为核心的信息技术的最新发展成果。通过对数据信息的深入挖掘和实际应用，可以在各个方面发展相关行业的概念、模式和业务实践。以商业银行为代表的金融机构可以利用大数据技术扩大信息收集范围，为数据信息的应用和风险管理提供强有力的保障；利用大数据准确营销，获取客户和控制风险；利用大数据协助各种业务进行决策，准确了解和划分客户的信用资格。综上所述，大数据技术的应用有利于数字包容性金融的发展，不仅可以准确地描绘用户画像，还可以建立更全面的客户信用资格数据库，为特定客户服务。

7. 杜邦分析法

金融数字营销的部分理论基础是从杜邦分析法中延伸出来的。

杜邦分析法的公式是：净资产收益率＝销售净利率×资产周转率×权益乘数。净资产收益率的高低主要取决于资产净利率的高低。而资产净利率又受两个指标的影响：一是销售净利率，二是资产周转率。要想提高销售净利率，一方面要扩大销售收入，另一方面要降低成本费用。对利润中心来讲，主要是通过扩大产品销量进而提高市场占有率来提高利润中心的效益。

金融数字营销一方面可以提供多样化的产品和服务，对目标客户进行精准营销，采用线上线下多渠道的模式获取客户资源，从而扩大销售收入；另一方面可以使用互联网、大数据等数字技术，简化金融产品和服务的销售过程，大规模依托线上平台办理业务，大大降低营销成本。

8. 金融排斥理论

金融排斥理论，是西方金融地理学家关于"新金融地理"的研究方向之一，研究的重点是金融机构和服务的地理指向性，后来越来越多的经济和社会学家开始关注这个问题。金融排斥理论又称金融排除理论，最早由莱申（Leyshon）和思里夫特（Thrift）于1993年提出，是指在传统金融的发展过程中，金融服务无法覆盖全部需求者，从而使得部分群体得不到金融服务或得到的金融服务不能满足需求的一种现象。

在金融数字营销出现之前，线下商业银行、证券公司等金融机构一直是金融营销发展的核心推广机构，在金融产品和服务的推广方面发挥着无可比拟的作用，是市场经济和金融市场的活化剂，客户通过线下银行了解信息、购买金融产品、享受金融服务。但是随着大众生活节奏的加快，以及数字技术、互联网技术和大数据的飞速发展，线下金融服务和单一的金融产品无法满足客户多样化、细致化的需求,由此产生信息不对称、无法规避流动性风险、借贷成本增加、目标客户被边缘化等问题。金融营销的数字化转型可以深入解析用户画像,对客户进行长期追踪,为其提供更便捷的金融产品和服务。

因此,金融营销如果不进行数字化转型,就会把一大批客户阻拦在市场外,由此产生金融排斥现象。

【典型案例】

打造数字普惠金融,助推实体经济高质量发展

以数据作为关键生产要素的数字经济浪潮势不可挡,我国数字经济进入快速发展阶段,数字经济已成为稳增长促转型的重要引擎,国家"十四五"规划提出要激活数据要素潜能,打造数字经济新优势。习近平总书记在中央全面深化改革委员会第二十四次会议上强调,要始终坚持以人民为中心的发展思想,推进普惠金融高质量发展。2023年9月国务院印发《关于推进普惠金融高质量发展的实施意见》,进一步要求金融机构深化运用科技手段,优化普惠金融服务模式,有序推进数字普惠金融发展,提升小微企业、个体工商户、涉农主体等金融服务可得性和质量。因此,充分发挥数据与数字技术双轮驱动作用,打造数字普惠金融,不断满足经济社会发展和人民群众日益增长的金融需求,不仅是银行贯彻落实党中央决策部署的关键措施,也是银行数字化转型发展的必然选择。

浙商银行积极践行国家战略,贯彻中央金融工作精神,从成立之初便将主要服务小微主体与民生领域的普惠金融作为全行战略业务发展,积极探索普惠金融专业化经营模式,依托行内及浙江省金融综合服务平台等数据资产的支撑,深化互联网、大数据、人工智能等金融科技应用,全面实施数字化转型发展,持续探索发展与数字经济相匹配的金融形态和模式,打造数字普惠金融,优化流程、提高效率、降低成本、提供更加完善和高效的金融服务、产品和工具,更好地满足人民群众和实体经济多样化的金融需求,切实解决贷款难、贷款贵问题。

案例来源:金融电子化.打造数字普惠金融,助推实体经济高质量发展[EB/OL].(2023-03-24)[2024-07-13].https://baijiahao.baidu.com/s?id=17940131177783211427&wfr=spider.

第三节 金融数字营销的环境

【典型案例】

营造良好金融消费环境(财经观)

金融消费活跃度越来越高,消费者权益保护也越来越重要。原中国银行保险监督管理委员会(以下简称银保监会)有关数据显示,目前我国金融消费者超10亿人。近年来,中国人民银行、银保监会等部门出台政策措施规范市场秩序。比如,要求信用卡分期服务统一采

用利息形式向客户展示资金使用成本,让"零息高手续费"的套路无处遁形。相关政策举措有效回应了市场关切,让消费者的合法权益得到更好保护。

也要看到,消费者权益保护工作千头万绪,不可能毕其功于一役。"核保过场化,理赔核保化"等情况仍时有发生,这既给消费者带来困扰,影响金融消费信心,又给行业自身发展带来隐患。保障金融消费者权益是金融业持续健康发展的根基。优化金融消费环境,有利于激发居民消费潜力,助力经济回暖。

营造良好金融消费环境,离不开健全的制度和有力的监管。近年来,《中国人民银行金融消费者权益保护实施办法》《银行保险机构消费者权益保护管理办法》等文件相继发布,金融消费者权益保护协调工作机制逐步构建,金融营销宣传行为持续规范,监督检查效能不断强化,金融消费者权益保护制度框架基本建立。未来,期待金融消费者权益保护法立法工作加快推进,为高质量开展金融消费者权益保护工作提供更多法律指引。

案例来源: 屈信明. 营造良好金融消费环境(财经观)[EB/OL]. (2023-01-30)[2024-06-20]. http://finance.people.com.cn/n1/2023/0130/c1004-32613812.html.

思考:

1. 分析金融环境对于金融行业未来发展的影响。
2. 具体分析案例中金融数字营销的环境。

一、金融数字营销环境概述

金融企业市场营销活动的开展受到诸多环境因素的影响和制约。良好的环境能为其创造良好的机遇和发展平台;反之,恶劣的环境将会带来各种威胁。因此,金融企业应对周边环境进行全面的分析和评估,充分适应环境,趋利避害。金融数字营销作为一种营销活动,和其他任何行业一样,都是在一定的社会政治、经济、文化环境中进行的,既受到环境的影响,又会对环境产生一定的反作用。就像人类处于一个动态的生态系统中一样,数字金融机构不断受到环境变化带来的挑战,成功或失败取决于数字金融机构对于环境的认识和分析。因此,只有了解营销环境的特点才能更好地认识环境对数字金融机构的作用,并以此作为依据,分析这些作用如何影响数字金融机构的营销活动。

1. 金融数字营销环境的含义

金融数字营销环境广义上是指所有能影响金融企业实现其经营目标的一切因素的总和。美国营销学家菲利普·科特勒认为"企业的营销环境是由企业营销管理职能外部的因素和力量组成的,这些因素和力量影响着营销管理者成功保持其与目标市场顾客交换的能力。"即营销环境是指与企业营销活动相关的所有外部因素与力量之和。这一定义对于金融企业同样适用。因此,金融数字营销环境是指金融企业生存和发展所需的、独立于企业之外的、对企业营销绩效起着潜在影响作用并约束其行为的各种外部因素或力量的总和。

2. 金融数字营销环境的特点

金融数字营销环境是金融企业的生存空间和开展营销活动的基本条件,具有多因素交融性、差异性、动态性、不可控性等特点。

(1) 多因素交融性。现代企业的营销环境复杂多样,诸多环境因素共同影响和制约着金融市场营销活动(如政治、经济、社会、文化、自然等)。

(2)差异性。无论是一般的市场营销环境,还是具体的市场营销环境,不同的金融企业受到不同的影响,其侧重点也会有所不同;即使是同一种市场营销环境因素的变化,对不同金融企业的影响也不同。

(3)动态性。企业的各种营销环境经常处于一种易变的、不稳定的状态中,会随着时间的更替和社会的发展而不断变化。

(4)不可控性。企业的外部营销环境是企业无法控制的,金融企业面临的市场营销环境具有复杂性,具体表现为:各环境因素之间经常存在矛盾关系,金融企业还必须遵守政府制定的各项法律和规定,即企业既要创造并满足个人和企业用户的需求,又要使企业的行为与政府的要求相符合。

二、金融数字营销环境分析

金融数字营销环境,可根据营销所受影响方式分为微观金融数字营销环境和宏观金融数字营销环境,如图1-4所示。两者之间并非并列关系,而是主从关系,即微观金融数字营销环境受制于宏观金融数字营销环境。

1. 宏观营销环境分析

金融数字营销的宏观环境是对包括金融业在内的各行各业都产生影响的各种因素和力量的总和,一般由政治、法律、经济、社会、科学技术等因素构成。宏观环境的变化、发展对企业来说是相对不可控制的,会对数字金融机构营销和经营产生巨大的潜在作用,也会影响数字金融机构中长期计划和发展战略的选择。因此,企业必须关注它们,并作出适当的反应,通过企业内部的制度、营销战略的调整来适应宏观环境的变化。

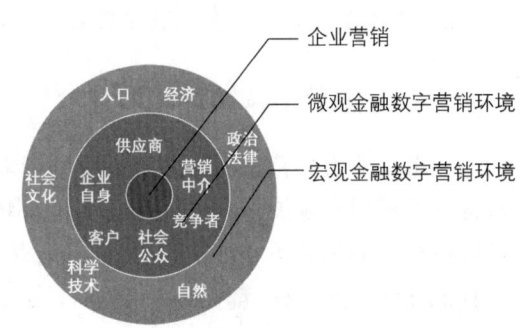

图1-4 金融数字营销环境

1) 政治法律环境

政治法律环境对于金融企业的营销活动具有重要影响。政治法律环境是指一个国家或地区的政治制度、政治体制、方针政策、法律法规等,主要包括政局的稳定性、政府对经济的干预状况、政府的施政纲领及相关政策、各级政府的运行情况、政府部门的办事作风、社会团体利益的协调方式、法治建设状况、各种法律法规体系及司法程序等。政治法律环境既包括国内的也包括国外的。国外政治法律环境既包括国际政治法律状况(如国际形势及其发展趋势、国际通用的法律法规或国际惯例等),又包括各个国家和地区及国家集团的政治法律状况。

数字金融机构的特殊性质决定了它受国家政治环境影响的程度是相当高的。以银行业为例,政治环境是否稳定是银行经营成败的保障性条件。政局不稳会导致社会动荡、经济混乱和低迷,对银行的业务相当不利;政局不稳还会导致国家在世界舞台上地位下降,造成货币大幅贬值,加重银行的资金负担。例如,政治活动和突发的政治事变可能会使银行遭受巨大的违约风险与挤兑风险。因此。银行必须高度重视和密切关注政治环境的变化,以便及时采取防范和应变措施。

2) 经济环境

经济环境是指金融市场营销活动所面临的外部社会条件,即一定范围的社会经济状况。经济环境包括经济增长速度、发展周期、市场状况和潜力、物价水平、投资和消费趋向、进出口贸易及政府的各项经济政策、产业政策等。经济环境是对金融企业市场营销影响最大的环境因素,是其整个经营活动的基础。

经济环境是金融数字营销活动所面临的外部社会条件及一定范围内的经济情况,包括经济增长速度、发展周期、市场现状和潜力、物价水平、投资和消费趋向、进出口贸易,以及政府的各项经济政策,如财政税收政策、产业政策等。经济环境是对金融数字营销环境影响最大的环境因素,是整合经营活动的基础。

3) 社会文化环境

社会文化环境是指企业所在社会中成员的民族特征、文化传统、价值观念、宗教信仰、教育水平和风俗习惯等因素。从影响企业战略制定的角度来看,社会文化环境可分为人口和文化两个方面。人口因素对企业战略的制定有着重大的影响。企业对文化环境分析的目的是要把社会文化内化为企业的内部文化,使企业的一切生产活动都符合环境文化的价值检验。另外,企业对文化的分析与关注最终要落实到对人的关注上,从而有效地激励员工,有效地为顾客服务。

金融数字营销同其他行业的营销活动一样,是在非常广阔且复杂的社会文化背景下进行的,面对的是形形色色的价值观念、伦理道德观念、风俗习惯等。因此,要做好数字金融营销工作,就必须了解和熟悉各种不同的社会文化环境。

4) 人口环境

人口作为社会经济生活的主体,与社会经济发展有着密切的联系。一切社会的经济活动都离不开一定数量的人口,人口是包括数字金融产品在内的一切产品的消费者,数字金融机构的活动同样要围绕着人口的需求而展开。人口与社会经济发展的关系在宏观上界定了人口与金融机构发展的关系。

数字金融市场同普通的消费品市场一样,是由具有购买欲望与购买能力的人构成的,因而,人口的数量、分布、构成、教育程度以及在地区间的移动等人口统计因素,就形成了金融营销中的人口环境。人口状况将直接影响数字金融机构的营销战略和营销管理,其中,保险公司的市场营销与一国人口环境的联系可能更为密切。人口环境及其变动对市场需求有着深刻的影响,制约着数字金融机构营销机会的形成和目标市场的选择。因此,多角度地正确认识人口环境与数字金融营销之间所存在的不可避免的深刻联系,把握住人口环境的发展变化,是数字金融机构把握自己的行业特点和资源条件、正确选择目标市场、成功开展市场营销活动的重要决策依据之一。

5) 自然环境

自然环境(或物质环境)的发展变化会给企业造成一些环境威胁,也会带来市场机会,这方面的主要动向表现为以下几点。

(1) 某些自然资源短缺或即将短缺。

(2) 环境污染日益严重。环境保护意识与市场营销观念相结合所形成的绿色市场营销观念是市场营销的新主流。许多国家对自然资源的管理日益加强。绿色市场营销观念要求企业在开展市场营销活动的同时,努力消除和减少生产经营对生态环境的破坏和影响。这就是强调企业在进行市场营销活动时,要努力把经济效益与环境效益结合起来,尽量保持人与环境的和谐,不断改善人类的生存环境。

6) 科学技术环境

科学技术环境是技术变革、发展和应用的状况,是技术知识财富和社会进步相结合的产物。技术的变革不仅直接影响金融机构的经营,而且和其他环境因素相互依赖,共同影响数字金融机构的营销活动。近几十年来,科学技术突飞猛进,科技革命对于社会经济的发展产生了巨大而深刻的影响,新的科学技术一旦与社会生产密切结合起来,就将直接或间接地促成各产业之间的变化交替。新兴产业会不断出现,传统产业将被改造,落后产业则将被淘汰,产业结构内部也会发生重大变化。新技术的出现、新装备的采用以及新行业的兴起,极大地改变了企业生产经营的内部因素和外部环境,这既为企业带来了竞争压力,也提供了市场机会,迫使企业经营决策发生改变,并对金融市场产生深刻影响,从而促使金融机构不断调整其营销策略。

【典型案例】

邮储银行"产业贷",推进农业特色贷款投放

邮储银行本溪市分行本溪县支行在一次下乡走访时,得知李大哥的困境,当即向他详细讲解了银行在支持农业生产方面推行的特色农业贷款——"粮食产业链贷款",额度最高300万元、利率低、无需担保、办理快捷。银行信贷客户经理详细讲解了"粮食产业链贷款"的具体流程,以及本溪县支行在当地精准适用此类贷款助推农户实现规模扩大的真实案例。从2022年建立贷款业务关系以来,本溪县支行累计为他发放"粮食产业链贷款"300万元。通过信贷资金的注入,李大哥收购规模不断攀升,不仅建立了新的厂房、购置了新的设备,而且收购规模也扩大至原来的2倍。

案例来源:邮储银行本溪市分行. 推进农业特色贷款投放[EB/OL]. (2023-11-09) [2024-06-20]. http://paper.ce.cn/pc/content/202311/09/content_283928.html.

2. 微观环境分析

微观环境是指与金融企业市场营销活动直接相关的具体环境,微观环境要素是指由金融企业本身的市场营销活动所引起的与金融市场相关联的影响其市场营销能力的各种要素,决定了金融企业生存和发展的基本环境。微观环境要素主要包括客户环境、竞争者环境、社会公众、企业自身、供应商和营销中介等。

1)客户环境

客户是金融企业的服务对象,也是金融企业的目标市场。客户既包括工商企业,也包括城乡居民。工商企业可根据行业、规模、所有制性质和经营状况进一步细分。城乡居民也因收入水平、职业、年龄等的不同而划分为不同的层次。

客户环境对市场营销的影响表现在以下三个方面。

(1)客户的需求。对金融企业而言,客户的需求在不同的时间和地点条件下是不一样的,不同类型或层次的客户的需求也存在着差异。因此,金融企业需要实施差异营销策略。

(2)客户的效益或收益。客户的经济实力的雄厚与否关系到金融企业的生存基础。

(3)客户的信誉度。讲究信誉、遵纪守法的优质客户群有利于金融企业各项业务的顺利开展,能够有效降低经营风险。

客户环境分析主要包括以下几个方面。

(1)客户意愿分析,即充分了解并最大程度地满足客户的需求,如表1-1所示。

表1-1 客户意愿调查内容

序号	调查内容
1	在何种情况下客户会使用你们的产品或服务
2	选择你们的服务,客户可以得到哪些基本的益处
3	你们的服务或产品能让客户获得哪些附加的益处
4	客户最喜欢你们的哪些产品或服务
5	你们的服务或产品满足了市场必不可少的功能吗
6	你们的产品是否有些功能是客户不需要的,可否简化
7	哪些改进功能使你们的产品增值
8	你们的哪些产品或网点需要改进
9	哪些改进措施能使客户获得更大的好处
10	如果你是客户,你愿意选择你们的产品或服务吗
11	为什么要从客户角度看市场上最理想的产品或服务是什么
12	是否有其他金融企业以更低的价格,提供同功能、同质量的产品或服务

(2)客户信息分析,就是对金融企业的现有客户和潜在客户的有关资料进行分析,从中了解客户结构、客户的消费习惯及客户对企业的贡献度等,从而有针对性地制定相应的市场细分战略和产品战略,争取用最低的成本取得最好的效益。

数字金融机构的一切营销活动都以满足客户需求为中心。客户的差异性和易变性,一方面导致了数字金融机构营销的不确定性,另一方面也为金融机构改善经营、注重营销、开发新产品、培育新客户、提高竞争力和实现健康稳定发展提供了原动力。因此,数字金融机构应在产品开发前进行必要的客户意愿和信息分析,以更好地进入或发展某一市场。但对于信息的收集工作,如将调查问卷发放给调研对象,数字金融机构需要注意问卷回收是否具备有效性,同时还要注意一定要将调研的结果进行事后追踪与调查,确保调研的准确性与完善性。

【典型案例】

招商银行的"因您而变"

招商银行已申请专利的"一网通"产品,其品牌的创立和维护过程都堪称中国银行业的经典。而招商银行针对个人高端客户推出的"金葵花理财品牌及服务体系营销案例",有一句电视广告词——"因您而变",反映了招商银行营销理念的精髓。

先分解一下"因您而变"这4个字。

"您",客户也。"因您而变",突显招商银行以客户为中心,顺应客户需求开拓市场的一贯经营理念。

"变",变化也。"变"更加突出招商银行的危机感和创新意识。对此,招商银行行长马蔚华有番"盛世危言":"形势的变化已经把我们推到了'变也得变,不变也得变'的境地,也就是势在必变。我们必须使全体员工真正懂得'满足于今天过得去,明天就过不去'的道理,真正增强'变则兴、不变则亡'的紧迫感和危机感。"

正是在这种"因您而变"的理念下,招商银行在政策红灯亮起前,率先与招商基金携手推出理财基金。招商银行变化之快,从其市场定位的演变史中,可见一斑。

来源:李茸.招商银行:因您而变[M]//李茸.解读招银之道.北京:中国人民大学出版社,2005:1-22.

2) 竞争者环境

菲利普·科特勒这样评价竞争:忽略了竞争者的公司往往成为绩效差的公司;仿效竞争者的公司往往是一般的公司;获胜的公司往往在引导着它们的竞争者。因此,开展对竞争者的分析是我们在营销过程中不可忽视的一个环节。竞争者的多少及其活动的频率是决定数字金融机构能否盈利的一个因素。在一定时期内,当市场需求相对稳定时,提供同类产品或服务的金融机构越多,某金融机构的市场份额就可能越少;竞争者的营销手段越先进,客户就越有可能转向它们,对某金融机构金融产品的需求就越有可能出现下降。因此,分析研究竞争对手的状况,直接关系到金融机构营销策略的选择和运用。市场是由许许多多的行业竞争者组成的,从宏观的角度来看,我们可以分析竞争者的数量以及它们所占的市场份额;而从微观的角度来看,每一个竞争企业的营销战略和策略同样是我们需要分析的重点。金融市场竞争者环境分析主要包括竞争者数量分析、竞争者市场份额分析和竞争者营销活动分析。竞争者调查内容如表1-2所示。

表1-2　　　　　　　　　　　竞争者调查内容

序号	调查内容
1	哪些单位是我们强有力的竞争者
2	谁是这些竞争者的主要客户

（续表）

序号	调查内容
3	竞争者在推销产品时通过什么理由说服客户
4	竞争者的产品或他们的效率优势何在
5	为什么客户在大多数情况下会在竞争者那里购买产品
6	在过去的一段时间里,我方哪些主要业务被竞争者夺走
7	竞争者所提供产品的价格和服务手段有哪些
8	竞争中我方在哪几点上占优势
9	我方可以从竞争者那里争夺哪些业务,为什么
10	竞争者都开展了哪些营销活动
11	在市场上所能看到的产品或服务有哪些

（1）竞争者数量分析。竞争者数量包括现实数量和动态数量。通过竞争者数量分析,金融企业可以明确自身的发展现状和前景,面对竞争者林立的市场,进一步做大做强,创出品牌,创出特色。

（2）竞争者市场份额分析。衡量市场份额大小的指标主要是市场占有率和市场集中度。拥有市场份额的大小对单个金融企业的重要性在于,其不仅反映了该金融企业的发展现状及其与同行的差距,还反映了该金融企业今后的发展前景和潜力。市场份额的大小也与金融企业所处的生命周期阶段有关。为了维持较高的市场占有率,许多金融企业一方面加大营销力度,扩大企业的影响力,树立良好的形象以吸引顾客；另一方面,通过业务创新、提供新的服务项目和产品来争取顾客、扩大市场份额。此外,金融企业也可通过金融企业之间的兼并重组,实现业务上的优势互补来扩大市场份额。

（3）竞争者营销活动分析。竞争者营销活动分析主要分析竞争者的营销组合策略,如定价策略、产品策略、促销策略和网点设置的分布策略。

3）社会公众

社会公众是指对企业实现营销目标的能力具有实际或潜在利害关系和影响力的团体或个人。公众对企业的感觉和与企业的关系对企业的市场营销活动有着很大的影响。所有企业都必须采取积极措施,保持和主要公众之间的良好关系。社会公众分类,如图1-5所示。

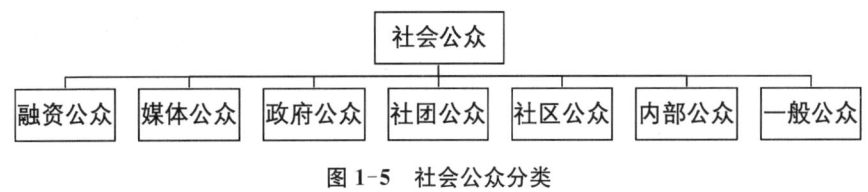

图1-5 社会公众分类

（1）融资公众。融资公众是指影响企业融资能力的金融机构,如银行、保险公司等。金融企业应稳健地运用资金,在融资公众中树立信誉。

（2）媒体公众。媒体公众是指报纸、杂志、广播、电视等大众传播媒体。金融企业应与媒体公众建立友善关系，争取有更多、更好的有利于本企业的新闻、特写及社会舆论，即使遇到突发的危机事件，企业也能从容地进行危机公关，以度过危机。

（3）政府公众。政府公众是指负责管理金融业务的有关政府机构。金融企业的发展战略和营销计划必须同政府主管部门的行业发展计划、产业政策、法律规定相一致，在其具体的市场营销活动中，也应注意要在法律许可的范围之内进行，尽量取得政府支持。

（4）社团公众。社团公众包括保护消费者权益组织、环保组织及其他群众团体等。金融企业的营销活动关系到社会各方面的切身利益，因此必须密切注意来自社团公众的批评和意见。

（5）社区公众。社区公众是指企业所在地附近的居民和社区组织。金融企业必须注重保持与当地公众的良好关系，积极支持社区的重大活动，为社区发展贡献力量，争取让社区公众理解和支持企业的营销活动。

（6）内部公众。内部公众是指金融企业的员工，包括高层管理人员和一般职工。金融企业所有的营销计划，都需要企业内部全体员工的充分理解、支持和具体执行。因而，企业应经常向员工通报有关情况，介绍企业发展计划，发动员工进行产品营销。

（7）一般公众。一般公众是指除上述各公众外的社会公众。一般公众虽没有组织地对金融企业采取行动，但金融企业的企业形象直接影响到他们的惠顾。

4）营销中介

营销中介是指为企业营销活动提供各种服务的企业或部门的总称。营销中介对企业营销产生直接的、重大的影响，只有通过有关营销中介所提供的服务，企业才能把产品顺利地送达到目标消费者手中。营销中介的主要功能是帮助企业推广和分销产品。

营销中介分析的主要对象有以下几个。

（1）中间商。中间商是指把产品从生产商流向消费者的中间环节或渠道，它主要包括批发商和零售商两大类。中间商对企业营销具有极其重要的影响，它能帮助企业寻找目标顾客，为产品打开销路，并为顾客创造地点效用、时间效用和特有效用。一般企业都需要与中间商合作，来完成企业营销目标。为此，企业需要选择适合自己营销方式的合格中间商，与其建立良好的合作关系，了解和分析其经营活动，并采取一些激励性措施来推动其业务活动的开展。

（2）营销服务机构。营销服务机构是指企业营销中提供专业服务的机构，包括广告公司、广告媒介经营公司、市场调研公司、营销咨询公司、财务公司等。这些机构会对企业的营销活动产生直接的影响，它们的主要任务是协助企业明确市场定位，进行市场推广，组织宣传活动。一些大企业或公司往往有自己的广告和市场调研部门，但大多数企业则以合同方式委托专业公司来办理有关事务。为此，企业需要关注、分析这些服务机构，选择最能为本企业提供有效服务的机构。

（3）物资分销机构。物资分销机构是指帮助企业进行保管、储存、运输的物流机构，包括仓储公司、运输公司。物资分销机构主要任务是协助企业将产品实体运往销售目的地，完成产品空间位置的变动。到达目的地之后的待售时间内，物资分销机构还要协助保管和储存。这些物流机构是否安全、便利、经济直接影响企业营销效果，因此，在企业营销活动中，必须了解和研究物资分销机构及其业务变化动态。

(4) 金融机构。金融机构是指企业营销活动中进行资金融通的机构,包括银行、信托公司、保险公司等。金融机构的主要功能是为企业营销活动提供融资及保险服务。在现代社会中,任何企业都要通过金融机构开展经营业务往来。金融机构业务活动的变化还会影响企业的营销活动,比如银行贷款利率上升,会使企业成本增加;信贷资金来源受到限制,会使企业经营陷入困境。为此,企业应与这些公司保持良好的关系,以保证融资及信贷业务的稳定和渠道的畅通。

三、金融数字营销环境的分析过程

金融数字营销环境分析是一个动态过程,包括环境因索调查、环境因素评价和环境因素预测。

1. 环境因素调查

环境因素调查是指了解金融数字营销环境的宏观因素和微观因素的过去与现实状况,它是金融数字营销环境分析的起点。

2. 环境因素评价

环境因素评价是指对所收集的有关环境因素资料进行归纳、整理和分析,以判断哪些因素对金融营销具有影响及影响的程度,这是金融数字营销环境分析的关键。

3. 环境因素预测

环境因素预测是指对营销战略实施期间营销环境因素可能发生的变化和发展趋势作出估计,这是金融企业制定营销战略的主要依据之一。

金融数字营销环境因素调查、评价和预测的过程,也就是金融企业对营销环境由浅入深、由表及里、逐步深化的认识过程。

四、金融数字营销环境战略分析

当金融企业面临诸多复杂且互相影响的宏观环境和微观环境因素时,需要通过环境因素分析方法厘清企业面临的机会与挑战,可以使用市场分析中最经典的分析方法之一——SWOT 分析方法。

1. SWOT 分析方法的内涵

SWOT 分析方法是企业在管理过程中市场营销环节所采取的一种内部分析方法,即通过分析企业自身拥有的资源条件,列出企业在市场竞争中的优、劣势,并寻找核心竞争力,进而制定出与企业内外部环境相契合的营销策略。

这一方法能够系统地鉴别各个元素之间的关系,并生成一个结构来帮助制定规划,如表 1-3 所示。

表 1-3　　　　　　　　　　　SWOT 分析方法

项目	优势	劣势
机会	SO 战略	WO 战略
威胁	ST 战略	WT 战略

根据这一方法可以帮助企业挖掘自身优势、剖析不足,判断面临问题的轻重缓急,并通过矩阵形式对各种因素进行匹配分析得出相应结论。决策者通常会以此作出比较正确的决策和规划。

2. SWOT 分析方法的运用

SWOT 分析方法的运用涉及三方面的内容,即环境因素分析、构建 SWOT 矩阵和制定企业策略。

1) 环境因素分析

构建 SWOT 矩阵时,充分的环境因素调查是保证结论真实性和准确性的前提,因此在环境因素分析中需要运用各种调查方法,发现外部客观环境中存在的机会与威胁,剖析企业内部的积极与消极因素。同时,还要考虑企业的历史特点与发展现状,以及对企业未来发展的前瞻。SWOT 分析方法中的因素有以下几个。

(1) 优势(strength,缩写为 S),是指能够促使企业进行良好经营并处于相对优势的所有因素的集合,包括成本、技术、市场份额、生产资金供给充足及良好的竞争环境等因素,这些都属于企业内部环境因素。

(2) 劣势(weakness,缩写为 W),是指影响企业经营的不利因素的集合,包括生产设备陈旧、核心技术缺乏、产品积压、生产资料供给不足及产品竞争力差等因素。这些属于牵制企业生存发展的内部环境因素。

(3) 机会(opportunity,缩写为 O),是指有利于企业发展的来自企业外部的因素集合,包括新产品、市场拓宽、超越竞争对手等。

(4) 威胁(threat,缩写 T),是指企业发展的外部环境中面临挑战的所有因素的集合,具体包括生产品的新替代品出现、竞争对手增加、客户需求偏好改变、行业政策调整、客户需求偏好转移等因素,属于企业外部环境因素。

2) 构建 SWOT 矩阵

在对企业的内、外部环境做好充分调查后,将调查到的各种因素依照对企业的影响程度进行分类排序。这其中遵循的规律是优先考虑那些对企业发展影响重大的、有久远影响力的因素,而影响力逐渐减弱的因素依序排在后边。

3) 制定企业策略

构建 SWOT 矩阵后形成了 4 个基本的象限格局:优势+机会、优势+威胁、劣势+机会和劣势+威胁,对应产生的问题特性属于杠杆效应、抑制性、脆弱性和问题性。杠杆效应优势与机会适应是企业最理想的状态,此时企业应充分利用内部优势和外部机会寻找最大发展,这一战略被称作 SO 战略。抑制性是劣势因素与机会因素相遇而表现出的企业特质,这时企业需要促进内部劣势因素向优势因素转变,以此适应外部机会,这一战略被称作 WO 战略。脆弱性是企业的优势因素与外部环境的威胁因素同时作用,企业的优势无法充分发挥时,这意味着企业必须适应外部环境,创造条件、蓄势待发,这一战略被称作 ST 战略。问题性是企业的内部劣势因素与企业外部的威胁同时作用时,企业将面临严峻挑战,这直面企业的生存问题,因此需要谨慎行动,采取减少劣势发挥、回避威胁的方法,这一策略被称作 OT 战略。SWOT 矩阵模型构建图如图 1-6 所示。

项目	优势S 1. 2. 列出优势 3.	劣势W 1. 2. 列出劣势 3.
机会O 1. 2. 列出机会 3.	SO战略 1. 2. 发出优势 3. 利用机会	WO战略 1. 2. 克服劣势 3. 利用机会
威胁T 1. 2. 列出威胁 3.	ST战略 1. 2. 利用优势 3. 回避威胁	WT战略 1. 2. 减少劣势 3. 回避威胁

图 1-6　SWOT 矩阵模型构建图

构建 SWOT 矩阵后，企业现状一目了然，由此企业可以制定出相应的行动策略。企业策略制定的基本思路是发挥优势因素，借助机会因素，化解威胁因素。SWOT 分析方法在金融企业中的具体运用如表 1-4 所示。

表 1-4　　　　　　　　　　金融企业 SWOT 具体运用

项目	因素	含义	需要的行动
优势	高素质员工	更好的资历、效率和专业性	提高对客户的促销能力，留住优秀员工的计划，激励高成就者的成套措施
	更高的储蓄基础	好的成本基础、更高的平均效益	成本基础的杠杆作用，加速自动化、降低成本市场定位，着重于上层或中层社会阶层
弱势	低级支行管理谨慎	经常把时间用在向总部汇报上	开展对支行信用评级的改进，更好地培训与通用设备，给支行经理更多授权，在总部安装热线
	没有海外代表	在关键领域丢掉任务	迫切、可行的研究，在海外设代表处
机会	新兴工业的发展	在商业领域银行贷款增加	招聘新的工业人才，为支行经理创办工业发展研讨会，向政府和工业社团推介
	开拓顾客的金融需要	从投资、税收咨询服务中获得更多的收入，吸引新客户	发起对商业机会的研究，对4个国内银行进行调查，进行市场研究，确认最初的服务概念，引入新的服务
威胁	竞争加剧	市场份额的丢失	加强优秀部门力量，制定一个营销策略，强调无隐藏费用，改进顾客服务，发布更具进取性的广告
	核心人才的流失	私人企业和外国金融机构攻击性猎头活动	提高工作条件，倡议内部营销，引入员工满意度调查

SWOT 分析方法被广泛地应用于战略分析中，它的主要贡献在于将影响企业的因素进行系统分类，加强因素之间的协调与统一，并进行相互匹配，综合分析，制定出目标明确且更加科学的企业营销策略。然而，该模型同其他研究工具一样，均有模型产生时期的环境制约，SWOT 分析方法更多采用的是定性分析，定量也局限于权重的匹配，通过罗列企业优、劣势因素的各种表现，描述出企业竞争力的一个模糊全景，在此基础上的判断不免有主观色彩。

第四节 金融数字营销的购买者行为

【典型案例】

周明为某高校在校大四学生,他在与好友的聊天中发现,好友近期在股市收益颇丰,于是他准备学习炒股。偶然机会他在微博上关注到了一个微博大V"牛市操盘手",该大V每日在微博上宣称自己可以准确猎得优质股票,即使炒股小白也可以照样赚钱。周明经过两周时间的观察,发现该大V账号下面粉丝的评论大部分为"谢谢大V帮我赚到钱",甚至还有部分粉丝直接贴上股票账户以展示盈利情况。于是周明也决定投入自己平时积攒的零花钱2万元小试牛刀。在他把想法与父母商量之后,父母表示强烈反对,反对理由是周明学的并不是金融管理专业,没有相关的专业知识和经验,仅凭在网络看到的片面信息就盲目投资风险很大。然而,周明的女朋友却很支持,她也关注了大V,觉得有一定的可信度,可以投资一小部分试试看,于是周明选择2万元投资股票。而在他投资后不久,所购股票出现大幅下跌,最终周明为了止损,在股票亏损3 000元时抛售,后证实该大V存在欺骗投资者行为。

思考:
1. 在上述案例中,影响周明购买股票行为的外部因素和内部因素分别有哪些?
2. 在此次购买过程中,周明选择的参照群体是谁?影响者是谁?决策者是谁?

数字金融机构营销的目标是最大限度地满足购买者的需要,从而实现企业盈利。市场定位要求企业从购买者的角度看待自己的业务。这要求企业对购买者的心理和行为具有更为广泛的洞察力,包括什么能打动购买者、购买者对企业及其产品的认识和态度以及对自己决策过程的理解。其中有些现象只要观察购买者的活动就很容易理解,可是也有很多现象只有通过深入的调查才能取得成效。数字金融服务这种无形且复杂的性质增加了对购买者研究的难度。

一、购买者需求和购买者市场

1. 金融产品购买者的概念

金融产品购买者是指使用金融企业所提供的金融产品与服务的个人或组织,即金融企业的服务对象。无论是在货币市场还是在资本市场,参与各种金融交易的主体或中介,甚至某些金融机构本身,在不同的时间、场合及不同的交易中,都有可能成为金融产品购买者。

2. 金融产品购买者的特征

1) 购买者多而分散

金融产品涉及个人、家庭及企业,购买者多而分散,因此,金融市场是一个涵盖面广的市场,购买者类别存在差异。对于个体以及家庭而言,存在地域差异、闲暇时间差异;对于企业而言,因经营类别不同,对金融产品的要求也存在差异等,都造成了金融产品购买者在购买地点、购买时间的分散性及购买类别的差异性。

2)金融产品购买量少,多次购买

金融产品的销售对象是个体、家庭及企业,而这些购买者的个体特征也不尽相同,受消费人数、需求量、购买力、风险偏好等诸多因素的影响,尤其是因为金融产品存在风险,消费者为了保障自身的消费需要及控制风险,其购买特征往往表现为批量小、批次多、频率高。

3)购买的差异性大

金融产品购买者呈现不同的消费特征。对于个体及家庭购买者而言,存在性别、年龄、职业、收入、文化程度、民族、宗教及风险偏好程度等影响,而且随着社会经济的发展,购买者的相关特征会发生一定的变化,即存在动态购买者特征因素的影响;对于企业而言,存在经营类别、投资策略及风险预警线等影响。同时,随着企业的发展,其相关特征也在动态变化,从而导致对金融产品需求的差异。总之,由于社会经济的发展,金融产品购买者的购买特征在动态中不断变化,其需求差异性大。

4)购买决策的差异性大

金融产品不同购买者作出的购买决策差异性大。对于个体购买者而言,绝大多数购买者缺乏相应的金融专业知识、价格知识和市场知识,尤其是对某些技术性要求很强、操作复杂的产品,如黄金产品、外汇产品及期货产品等。同时,这些缺少知识的购买者在投资策略方面容易受到相关广告宣传、分析师游说及其他促销方式的影响,产生购买欲望。而对于企业而言,其对金融产品的购买则是比较专业的,为了达到剩余资产价值最大化,其必然会选择最优的金融产品方式,在节省成本的情况下,达到资产价值最大化,这是企业金融产品购买者与个体金融产品购买者在对金融产品进行购买时最大的区别。

5)购买的周期性差异性大

金融产品购买者,无论是个体还是企业,都受到消费季节性、经营性周期的影响,如易耗产品与耐用品的不同损耗周期、企业资金周转的期限等。

6)购买的发展性

随着社会经济的发展,金融产品购买者对金融产品产生了新的需求。例如,2015年我国证券市场的牛市,使得大量居民和企业进行证券投资等。又如,随着我国网络技术的发展,网络购物盛行,这样就需要金融机构建立网络支付平台,这些都显示了金融产品的时代特征及发展性。

3. 金融产品购买者的需求

购买者的需求往往表现出一定层次性,美国心理学家亚伯拉罕·马斯洛(Abraham Maslow)认为,人的基本需求可以分为5类,即生理需求、安全需求、社交需求、尊重需求和自我实现需求。这5类需求从低级到高级依次排列,只有未满足的需求才会形成动机。一般说来,只有低层次的需求得到相对满足之后,才会引起对高一级层次的需求;同一时期内,一个人可能同时存在着几种需求,但是总有一种需求是占支配地位的。一个人首先要满足最重要的需求,但当那个需求被满足之后,就不再是一个动机,转而希望满足下一个最重要的需求。因此,金融营销者只有深入实际,探索不同类型消费者的不同消费需求,才能成功地设计出满足消费者不同层次需求的营销组合。

购买者的需求特征主要以下几点。

(1) 需求的层次性：需求往往表现出一定的层次性。

(2) 需求的发展性：随着科学技术的进步、社会经济的不断发展和消费水平的不断提高，人们的需求也由低级向高级发展。

(3) 需求的可诱导性：金融产品购买者购买什么产品，如何购买，一方面取决于自己的购买能力，另一方面又受周围环境和他人的影响，因此需求具有可诱导性。

(4) 需求的理智性：金融产品购买者的需求并非随意、感性、冲动的，而是具有理智性的。

(5) 需求的衍生性：金融产品购买者的需求一般是由其他各种复杂的需要衍生而来的，或是满足不同的需要。

(6) 需求的波动性：受外界因素的影响，人们的金融需求既可以被成倍放大，也可以被成倍缩小。国家宏观金融政策的变动、政局的演变、战争的爆发、自然灾害的出现等，都会对人们的金融需求产生显著的影响。

【案例阅读】

由马斯洛需求延伸出的产品需求层次设计

美国心理学家马斯洛在1943年的论文《人类动机理论》中提出了人类需求的心理层次理论。用金字塔中的五层模型来表示人类的需求。从下到上，需求分别是生理、安全、社交、尊重和自我实现。该理论认为，人类在转向更高级的需求之前，会先满足其基本需求。例如，一个饥寒交迫的人不会集中时间和资源寻求伴侣（社交需求），因为他首先满足生存需求（生理上的）。

随着时间的推移，马斯洛的理论被改编并应用于许多新领域。在产品设计领域，2010年，史蒂文·布拉德利（Steven Bradley）提出了一套有用且实用的规则即"需求设计层次"，用于创建新产品和评估现有产品的设计。与原始理论一样，必须首先满足设计的基本需求才能进入下一阶段。Bradley理论的五个层次是功能性、可靠性、可用性、熟练程度和创造力。根据该金字塔原理，可以考量产品在对应的每个阶段要满足的功能要求，见图1-7。

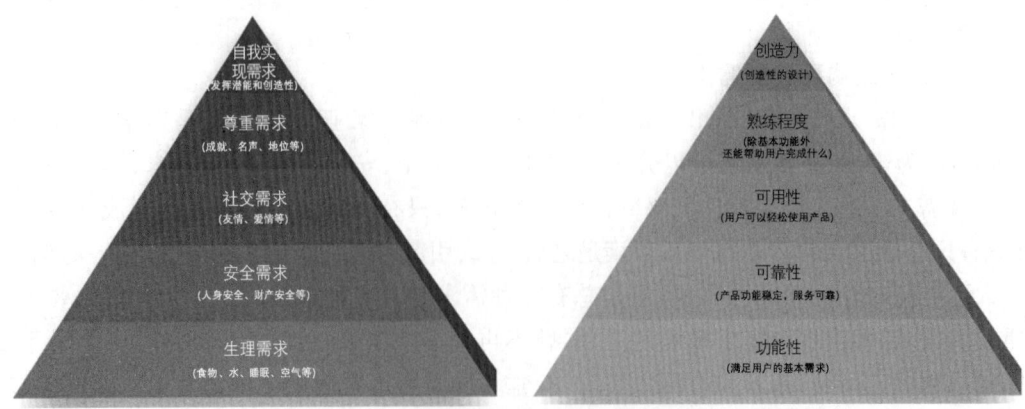

图1-7　马斯洛理论与产品需求层次设计

来源：高不来.由马斯洛需求延伸出的产品需求层次设计[EB/OL].（2021-07-15）[2024-06-20]. https://www.woshipm.com/it/4871215.html.

4. 金融产品购买者市场

金融卖方市场和金融买方市场的可交易市场结构主要是存款市场、贷款市场、证券市场、货币市场与外汇市场及保险市场。在这些交易的结构性市场中，买卖双方在买方市场中的特征表现如下。

1）存款市场

假定吸收存款的银行是卖方，银行出售附加利息和服务的储蓄存单，而顾客购买能够带来利润的金融产品；假定银行等存款性金融机构是买方，银行用信用和利息购买顾客的信任和金融资产的使用权，通过对顾客的金融资产进行借贷、证券投资等方式获取更高的利润价值，而顾客是卖方，通过出让其金融资产的使用权来获取收益。按照经济学和管理学约定俗成的使用习惯，假定银行等金融机构在存款、借贷、理财、投资时的角色都是卖方，而不考虑在不同的条件下其买、卖角色的互换，吸收存款的银行是卖方，进行存款的顾客是买方。

2）贷款市场

金融市场是一个提供金融中介服务的市场：银行等金融机构对存款者和贷款者来说是一个逆向的循环过程。银行在这个逆向的循环过程中处于中介者状态或者说是提供有偿服务的中介市场。若银行等金融机构是卖方，需要贷款的顾客是买方，从市场总需求和需要贷款的顾客数量、贷款规模方面来看，贷款市场呈现出以卖方市场为主的市场特征。贷款市场是金融分类市场中唯一一个具有卖方市场特征的子市场。但是对于金融服务性市场来说，有一个十分重要的问题需要明确，贷款市场是银行等金融企业通过提供资金借贷服务来获取经济利润的营销管理过程。

3）证券市场

证券市场主要是股票市场，由于中国证券市场设立时的特殊历史条件，中国股票市场的历史很短，现正处于不断发展和规范的过程中，还存在着信息不对称、机会不均等、政策调节和监管不得力、国有股一股独大等问题，同时还面临着国有股减持、新股发行供大于求的压力，所以股票市场是一个典型的买方市场。尤其是在2000年以后，股票市场的买方特征非常明显。中国的股票市场虽然运用了一些营销手段，但在市场营销理念的深度研究和运用等方面却停滞不前——依然保持着卖方市场的意识心理、思维模式、态度观念和行为举措。

4）货币市场与外汇市场

货币市场是短期资金市场，是指融资期限在1年以下的金融市场，是金融市场的重要组成部分。由于该市场所容纳的金融工具主要是政府、银行及工商企业发行的短期信用工具，具有期限短、流动性强和风险小的特点，在货币供应量层次划分上被置于现金货币和存款货币之后，称之为"准货币"，该市场被称为"货币市场"。外汇市场是以不同货币计值的货币市场，是个特殊的货币市场。由于货币市场交易的期限短，交易的顾客群体相对较小、占金融市场的比例较小，交易的营销特征不明显。

5）保险市场

保险市场是最具产品市场特征的金融市场，其产品化特征非常明显，而且保险服务与保险产品已经有效地结合为产品整体概念的有机体。保险市场之所以成为买方市场,是因为保险公司根据保险市场的需求分析与预测,能不断为顾客提供大于或等于市场需求的保单,或者说保险市场的特殊性决定了保险公司所提供的保单总是处于供大于求的状态。同时,由于保险公司之间的竞争,保险市场更是总体上呈现出买方市场特征。

5. 金融产品购买者的购买行为模式

企业的营销活动对一个具体的购买者来讲是否能够产生作用,能够产生多大作用,对哪些人最为有效,可以从心理学的"认识—刺激—反应"模式加以认识。这是研究购买者行为最为基本的方法,因为任何购买者的购买决策都是在一定的内在因素的促动和外在因素的激励之下而采取的。要使企业的营销活动获得成功,关键要看这些活动是怎样对消费者产生影响的,不同的消费者又各自会对其作出怎样的反应,而形成不同反应的原因又到底是什么。为此,我们可从"认识—刺激—反应"模式出发去建立购买者的购买行为模式(见图1-8)。

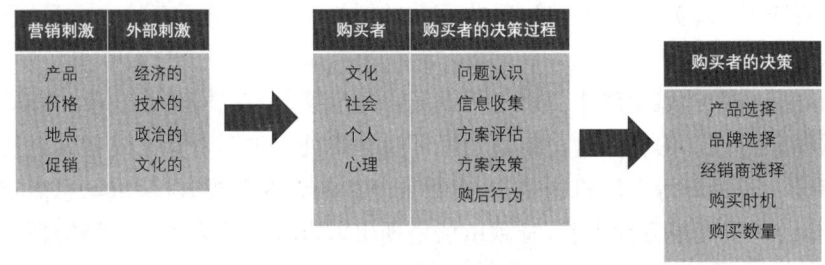

图 1-8 购买者的购买行为模式

二、影响购买者购买行为的因素

在现实经济过程中,人们对金融产品的购买受到许多复杂因素的影响。因此,金融机构制定营销策略时,必须以准确的市场判断为基础,必须对影响消费者市场和组织市场购买行为的因素和过程进行深入的分析和细致的研究。消费者的购买决策不是凭空作出的,其购买决策在很大程度上受到社会文化、个人经历、心理等因素的影响,因此,购买者的购买决策是多种影响因素共同作用的结果。

影响购买者购买行为的因素主要有外部因素和内部因素,如表1-5所示。

表 1-5　　　　　　　　　影响购买者购买行为的因素

外部因素				内部因素	
文化	社会	经济	信息化程度	个人因素	心理因素
风俗习惯 宗教信仰 价值观念 民族性格 社会阶层	参照群体 家庭	经济环境	网络的普及度 信息开放程度	年龄与性别 职业 受教育程度 个性及生活方式	动机 知觉 学习 信念与态度

三、购买者决策过程分析

1. 金融购买者决策过程的参与者

一般而言,参与购买决策的成员大体包括以下 5 种角色。

(1)倡议者。他是最先提出或者有意向购买某种金融产品的人,是决策的发起人,直接影响购买决策的认知需要。他解决买什么的问题。

(2)影响者。他是为购买决策提供各种信息和评价方案的人,在寻找、比较购买方案阶段,将直接影响到最终目标方案的确立。他分析为什么买和何时买的可行性。

(3)决策者。他是最终决定是否购买、何时购买金融产品的决断人。他对决策方案的确立最终起决定作用。

(4)购买者。他是末端直接购买人,是购买方案的实际执行者。

(5)使用者。他是实际消费或使用产品和劳务的人,也是评估购买决策正确与否的人,对未来的重复购买,也即对该种消费习惯的建立有重大影响力。

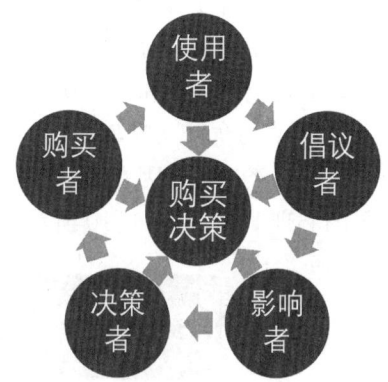

图 1-9 参与购买决策的成员及其相互作用图

这 5 种角色相辅相成(见图 1-9),共同促成了购买过程,是金融机构营销的主要对象。

2. 金融产品购买决策的主要类型

1)复杂性购买行为

复杂性购买行为是指购买者在购买时,对价格昂贵、品牌差异大、功能复杂的产品,由于缺乏必要的产品知识,需要慎重选择,仔细对比,以求降低风险的购买行为。针对复杂性购买行为,金融机构应采取的营销策略包括:一是要制作金融服务说明书,帮助购买者及时全面了解本金融机构的服务产品知识、优势及同类其他服务产品的状况,增强购买者对本产品的信心;二是实行灵活的定价策略;三是加大广告力度,创造服务品牌;四是加强金融营销人员的员工素养,提高员工的专业知识,简化购买过程;五是强化售后跟踪服务,加大金融机构与购买之间的亲和力。

2)简单性购买行为

简单性购买行为是指消费者对价格便宜、功能简单的产品的常规性购买。针对简单性购买行为的消费者,金融机构的营销策略是利用价格和促销吸引消费者,发布大量广告,加深消费者印象,增加购买参与程度和品牌差异。

3)选择性购买行为

选择性购买行为是指消费者对一些比较重要的服务产品的购买,其购买性大于简单性购买的服务产品。对于选择性购买行为的消费者,金融机构的营销策略是通过占有市场、避免脱销、增加宣传力度确立市场的领导地位,同时采取降低价格、打折及赠送等策略面对竞争者。

4) 习惯性购买行为

习惯性购买行为比较简单,基本不涉及决策过程,属于低度购买介入,包括日常必需品和品牌忠诚型产品或服务。

3. 金融产品购买者的购买程序

决策的过程是人们在特定心理驱动下,按照一定程序发生的心理和行为过程。20世纪早期,约翰·杜威的决策模型包括5个阶段:认知需要、收集信息、选择评价方案、购买决策及购后评价等。在此模型的基础上,他将决策的过程分为以下6个阶段。

1) 产品需求产生阶段

金融产品购买者对金融产品的需求是从唤起阶段开始的,这也是其购买过程的起点,这个阶段通常包括内部和外部唤起的方式。

2) 购买动机产生阶段

购买者经过心理因素、经济因素和社会因素等中间因素的影响后,就会产生对金融产品购买的心理动机,如图1-10所示。

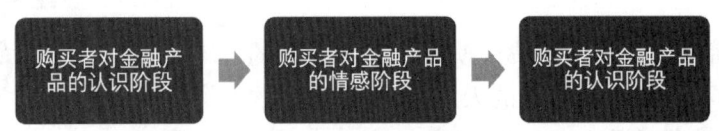

图1-10 购买者的心理动机

3) 金融产品信息搜索阶段

认知需要产生以后,人们便会根据和围绕需要来广泛地搜集信息。从获得信息的时间来看,信息分为内部来源信息(提取记忆中的信息)和外部来源信息(利用外部即时信息);从信息来源层面看,信息分为人际来源、商业来源、公共来源和经验来源等四部分。同时,购买者的风险预期、产品认知度及兴趣则影响了搜集信息的范围。

4) 待购金融产品评估阶段

对金融产品的评估主要包括评估金融产品的属性、金融产品的价格和金融产品的效用。

其中,效用是指产品或者服务能够给购买者带来的满足感,体现为对金融机构服务的满意度、金融产品的收益率、金融产品能够给消费者带来的实际上的便利。金融产品的效用是金融产品3个属性当中最重要的一个,因为效用直接决定了消费者的需求问题。

5) 实施购买阶段

在对各种方案进行评价之后,人们便会选择一个最满意的方案,作出最终的购买决策,并实施购买行为,这是决策行为的中心环节。但是,购买的决定不等于说是一定会产生购买行为,这其中受到两个方面因素的影响:一是其他人的态度;二是一些意外情况,即有时购买决策和购买行为之间常常存在着时滞。

6) 购买后评价阶段

(1) 对金融机构的产品形象作出评价。顾客购买金融产品之后便会体验到金融机构的服务态度,在大脑中留下记忆和印象,这种记忆和印象构成了产品知名度的一部分,这种知名度会影响客户下次选择金融服务的心理。

（2）对金融产品的成效作出评价。金融产品的成效表现为收益的大小、顾客满意度等，这是购买者根据自有的知识、经验来对其购买的产品进行的主观判断。此类综合评价方式类似于平衡效应，购买者成本越高，对金融产品的期望值就越高。

（3）对金融机构作出评价。其包括对金融机构的经营规模、员工的服务态度、硬件设施等涉及金融机构的部分作出替代性的评价。

4. 数字金融购买决策过程

数字金融市场购买者的金融交易行为决策过程与有形商品市场或其他无形商品市场中购买者的购买行为决策过程是一样的，包括认识需要、搜集信息、评估信息、决定交易、事后评价等活动。

1）认识需要

行为科学指出，人的行为是在动机驱使下为了实现某个目标而进行的系列活动，而动机又是由没有被满足的需要引起的，因此客户接受某种数字金融产品（或服务）的行为是他感受到需要某种数字金融产品（或服务）并转化为动机的产物。这就说明客户产生对数字金融产品（或服务）的需要是其行为发生的原动力。

动机处在一个更加抽象的心理层面上，而需要处在一个更加具体的购买者层面上。购买者不是为产品本身而购买产品，而是因为产品能够产生价值。因此，很多产品只是达到目的的一种手段，而数字金融服务大多提供的也只是达到目的的手段。

基本金融需要包括以下内容。

（1）现金提取。购买者经常需要与现金打交道，因此存在许多资金转移服务来满足这种需要，如 ATM、信用卡、支票和能够简单迅速转移资金的电话银行。

（2）资产安全。这涉及两种子需要：一种是关于个人有形资产的安全（比如防止偷窃），银行最基本的职能之一就是保证这种安全；另一种是避免个人资产的贬值，因此，购买者需要利用他们的资金争取回报。

（3）资金划转。这指的是能够满足周转资金的需要。科技的重大进步已经使之成为可能，并且减少了人们对于现金的依赖。

（4）延期付款。以合理的成本对商品（或服务）延期付款已经成为获得商品（或服务）的越来越重要的一种手段，各种信用卡、贷款和抵押满足了这种需要。

（5）财务咨询。随着数字金融产品在数量上和复杂程度上的增加，购买者需要更多的信息和建议来作出合适的购买决策。财务咨询本身并不是一种必要的解决方法，而是一种方式和手段，也许能够借此找到解决方法。

因此，金融数字营销者应认真识别与营造能使客户对数字金融产品（或服务）产生需要的特定的外界环境。营造特定的外界环境需要做好两件事：一是要努力发掘与数字金融产品（或服务）有关的驱动力，驱动力是迫使个人采取行动的强烈的内在刺激力量；二是有效地规划刺激，强化需要。刺激包括刺激物（即能满足某种特定需要的金融产品或服务）和诱因（即有关金融产品或服务的信息）。驱动力与刺激相结合会形成强烈的需要并被强化，进而推动金融交易发生。

2) 搜集信息

不同的数字金融产品（或服务）能带给客户不同的收益及风险。为了提高数字金融产品（或服务）的收益，降低或避免风险，客户往往需要对不同的数字金融产品（或服务）进行评估，而评估的前提是必须拥有信息。因此，接受某种数字金融产品（或服务）的必要步骤是搜集信息。对此，数字金融机构需要掌握客户的信息来源及客户对各种信息来源的态度，以便科学合理地传播信息，并使客户对本企业金融产品（或服务）信息产生认同感和一定记忆。一般来说，客户有四种信息来源：一是个人来源。这是客户从家庭、朋友、邻居、同事等处获取的，对此来源的信息客户相对较为信任。二是商业来源。主要是从各类广告、金融机构职员宣传、金融机构提供的咨询服务中获取的，这是客户得到信息最多的来源，但对其信任度较低，通常只起到告知作用。三是公共来源。这是客户通过各种新闻报道、官方机构公布的材料、购买者权益组织的评价获取的，客户对此较为信任。四是经验来源。这是客户使用某种数字金融产品（或服务）后的切身感受，对客户今后的行为影响最大。

3) 评估信息

客户对搜集的信息会确定评估内容、评估标准和评估方法，并进行具体评估，由此形成相应的态度，缩小思考的范围。评估内容是指产品（或服务）的属性和企业形象。数字金融产品（或服务）的属性主要由收益性、风险性、便利性、流通性和品牌名声构成。评估标准则是针对每个属性所设定的等级层次及每个层次的具体要求，以利于对评估内容作出客观评价。需要指出的是，评估标准是由客户自己设定的，不同客户设定的标准可能不同，但它并不影响各位客户对信息的评估。评估方法是指评估的技术和技巧，它也是由客户自由选择的。评估方法有以下几种。

(1) 理想模式，即客户先确定理想标准，再和现实对比，将所有属性都满足自己需要的产品（或服务）确定为购买对象。

(2) 重点模式，即客户仅仅考虑其认为最重要的属性，只要这些属性符合其设定的标准，就确定为可接受的产品（或服务）。

(3) 逐项考虑模式，即客户先将其认为需要评估的属性按重要程度由高到低依次排列，再对不同产品（或服务）比较第一属性，淘汰不合标准的产品（或服务）；然后对第二属性进行评估，淘汰不合标准的产品。以此类推，直至剩下最后一个产品（或服务），此时该产品（或服务）将被客户视为购买对象。

(4) 期望值模式，即客户先确定产品（或服务）应评估的属性，并规定每个属性的得分标准、根据属性的重要性给每个属性规定一个权数，而后客户对每个产品（或服务）进行评估。具体方法是评估每个属性的得分，并用属性得分乘以逐项属性权数计算出逐项属性期望值，此后将每项属性期望值求和，得到该产品（或服务）总的期望值。用同样的方法再计算其他产品（或服务）总的期望值。最后从所有产品（或服务）中选总期望值最大者当作购买对象。

4) 决定交易

通过评估，印象最好的产品（或服务）可能成为客户需求的目标，此时客户仅有采用意愿,还未形成交易决定(购买决定)。由采用意愿转化为交易决定,客户还需继续克服来自他人的反对态度,或者可预期或不可预期的环境变化带来的不利影响。一旦决定交易(决定购买),客户就实施具体的交易活动(或称购买活动)。这个活动主要包括客户具体的交易时间、交易地点、交易方式和交易的产品(或服务)种类。

5) 事后评价

客户完成交易后,仍会对自己的交易行为进行检验,重新衡量此次交易活动是否正确,检验满意程度,以决定今后遇到同样需求时要采取的行为。所以,客户参与数字金融交易行为的结束并不意味着交易行为过程的结束,此时数字金融机构面临的是比前几个阶段更为复杂艰巨的任务——掌握客户的使用感受,协助客户肯定交易行为,以保持忠诚的客户队伍。客户的金融交易行为及其决策过程向金融营销人员揭示了购买行为的实现是不同阶段活动共同作用的结果。在每个阶段,客户都有可能改变主意而影响购买行为的发生,营销人员应该掌握每个阶段都能与客户有效沟通的技巧,推动购买行为的发生,刺激客户持续消费。

【典型案例】

影响客户选择银行的因素

客户通常是怎样选择一项金融服务的?金融机构是否有必要指明选择过程和标准?当然,不同的客户有不同的要求。一般说来,有两种因素影响客户对银行的选择:①银行离住处或办公室、商业中心的距离;②客户与银行的关系(比如是否有亲戚朋友在银行工作)。因此,我们可以将客户的选择标准分为三类:①某类银行服务优惠;②银行的距离;③客户与银行的关系。通过采访客户,我们可以了解到有关金融服务选择决定的一系列性格特征。银行推出的特色服务对客户的选择具有重要意义,这一点可通过实例进行解释。如果我们将四个主要因素:友好的员工、优质服务、贷款审批、预算帮助的值分别计为 4、5、—1 和 4 (尺度范围从+5 至—5),就可以得到客户的偏好指标为 3[(4+5−1+4)÷4]。

我们可以用偏好指标来预测客户喜爱的银行及其服务(指标越高意味着银行受青睐度越高)。

选择银行的最终决定取决于三个因素的相对重要性:距离、关系和优惠政策。客户可以根据自身的具体情况对这三个因素进行选择。假设将这三个因素表示为:①与金融机构的距离 N1;②与金融机构的关系 N2;③服务的优惠 N3。

客户完全根据自己对这些金融机构的看法,从三方面因素权衡每一家金融机构。最后,通过比较,选出最中意的金融服务机构。例如,对银行 A,三方面因素的值为:距离 4;关系 1;优惠政策 3。我们可以据此得到加权平均值为:(4N1+N2+3N3)÷3。

总之,我们尽力去预测客户的选择步骤是为了更好地了解客户是怎样进行选择的,虽然客户并不一定完全按照这个程序行事。

来源:亚瑟·梅丹.金融服务营销学[M].王松奇,译.北京:中国金融出版社,2000.

本章小结

本章主要解释了金融数字营销的基本概念,学生通过学习金融数字营销的理论基础,可以了解金融数字营销的主体和客体,不同金融机构的数字金融产品品种及其特点,能够正确区分各类数字金融产品,同时掌握金融数字营销环境及购买者行为的具体分析,理解金融数字化营销发展过程,从而为更好地进行金融产品数字化营销打下基础。

课后习题

一、单选题

1. 金融营销的主体是( )。
   A. 金融产品　　　B. 金融市场　　　C. 金融机构　　　D. 金融营销
2. 下列各项中,属于金融数字营销微观环境的是( )。
   A. 政治法律环境　B. 经济环境　　　C. 客户　　　　　D. 社会文化环境
3. ( )是社会经济生活的主体,与经济发展有着密切的联系。
   A. 自然　　　　　B. 人口　　　　　C. 科技　　　　　D. 文化
4. 金融数字营销可以以( )年支付宝账户系统的推出为起点,但业界通常将( )年余额宝的诞生视为中国金融数字营销发展的第一年。
   A. 2003　　　　　B. 2004　　　　　C. 2013　　　　　D. 2014

二、多选题

1. 数字金融将( )数字技术应用到金融行业。
   A. 互联网　　　　B. 区块链　　　　C. 大数据　　　　D. 人工智能
2. 下列各项中,属于金融数字营销理论基础的有( )。
   A. 4P理论　　　　B. 4C理论　　　　C. 大数据理论　　D. 网络经济理论
3. 金融数字营销环境的特点包括( )。
   A. 多因素交融性　B. 差异性　　　　C. 动态性　　　　D. 不可控性
4. 购买者的需求特征主要有( )。
   A. 层次性　　　　B. 波动性　　　　C. 差异性　　　　D. 衍生性

三、判断题

1. 金融数字营销环境,可根据营销所受影响方式分为微观金融数字营销环境和金融数字宏观营销环境。( )
2. 4R理论以消费者需求为导向,重新设定了市场营销组合的四个基本要素,即消费者、成本、便利和沟通。( )
3. 购买决策不是凭空作出的,其购买决策在很大程度上要受到社会文化、个人经历、心

理等因素的影响,消费者的购买决策是多种影响因素共同作用的结果。　　　　(　　)

四、简答题

1. 简述金融数字营销环境的分析过程。
2. 如何对金融产品购买者的特征进行分析?
3. 简述SWOT分析方法的具体运用。
4. 简述马斯洛需求理论。

项 目 实 训

项目实训一　数字金融产品调研

实训目的:

使学生掌握金融数字营销主客体的具体内容,同时通过组建团队培养学生团队协作的意识。

实训内容:

根据学习的数字金融产品,选取一种数字金融产品作为小组营销的主打产品,对其进行全方面分析:

1. 了解不同金融机构目前推出的数字金融产品名称,包括创新产品。
2. 了解数字金融产品的特色及其为客户提供的保障。
3. 了解数字金融产品广告宣传和营销方法。

实训要求:

组建团队规模4~6人的营销小团队,采用竞争上岗的方式确定各岗位人选,并且对选定的数字金融产品研究透彻后形成PPT或者报告分享完成一次路演汇报!

项目实训二　金融数字营销环境分析

实训目的:

使学生掌握金融产品市场宏观环境和微观环境分析的基本技巧和方法,同时培养学生的全局意识。

实训内容:

1. 对选取金融产品进行市场营销环境调查,了解营销环境发生的变化。
2. 撰写一份金融产品市场营销环境分析报告。

实训要求:

利用SWOT分析法,制作一份金融产品市场环境调查报告,要求思路清晰,方法得当,分析合理。

项目实训三　客户购买行为分析

实训目的:

1. 学会对客户的购买行为进行分析。

2. 了解影响金融购买者行为的因素。

实训器材：

电脑、手机、互联网。

实训指导：

请各小组先选择某一数字金融产品，自行设计一份潜在客户的购买行为调查问卷，然后说明该问卷设计的目的、设置的问题及设置这些问题的原因、调查的方式及采取这种方式的原因、预计调查的人数，最后预测一下结果。

第二章

数字金融市场调研与分析

◎ **内容导图**

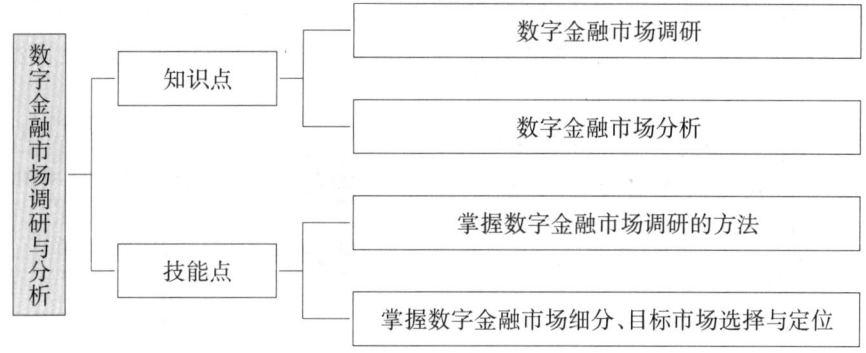

◎ **知识目标**

1. 了解数字金融市场调研的含义和作用；
2. 理解数字金融市场调研的内容；
3. 掌握数字金融市场调研的程序、方法与工具；
4. 掌握数字金融市场细分的流程和标准；
5. 掌握数字金融市场定位的流程和策略。

◎ **能力目标**

1. 能熟练掌握数字金融市场调研流程，制定并实施市场调研方案；
2. 学会运用市场细分的方法，进行有效的市场细分；
3. 能够根据目标市场选择策略，有效地选择市场。

【课程思政案例】

中国汽车金融行业市场现状及发展趋势分析
——培养爱国精神，振兴民族企业

1. 中国汽车金融行业处于多元化竞争阶段

汽车金融是以汽车主机厂为核心，向产业的上游和下游，直至终端消费者，所衍生出来的针对公司、个人、政府、汽车经营者等主体的各类相关金融产品，汽车金融产品的主要提供者包括商业银行、专业汽车金融公司、保险公司、租赁公司、保险公司等金融机构或相关机构。

中国汽车金融市场一共经历了五个阶段的发展历程，分别有萌芽阶段、爆发阶段、调整阶段、振兴阶段和多元化竞争阶段。

典型的汽车金融产品包括经销商库存融资、汽车贷款、汽车租赁和汽车保险。汽车贷款主要是面向经销商与终端用户的，此类产品包括经销商融资、企业购车贷款和个人购车消费信贷；汽车租赁是指一般性租赁或全服务租赁，产品包括融资租赁、经营租赁和车队管理外包；汽车保险包括机动车交强险和机动车商业险。

2×04年8月3日，国内第一家汽车金融公司上海通用汽车金融有限责任公司经过中国银保监会批准正式开业，自此之后，包括丰田、通用、福特、大众、沃尔沃等汽车厂商均在华建立了汽车金融公司。从2×16年开始，汽车金融企业数量停止增长，截至2×22年12月份，国内已有25家汽车金融公司。

2. 中国汽车金融市场规模逐年扩大

近年来，我国汽车金融市场规模逐年扩大，统计数据显示，2×20年，我国汽车金融行业市场规模约为13 023亿元，前瞻推算，2×22年，我国汽车金融市场规模约为15 834亿元。

3. 中国汽车金融行业发展趋势分析

在我国开展汽车金融服务，面临的主要是市场问题：一是信用体系有待完善；二是国内资本市场不发达；三是国内金融市场还不完善。根据国际经验，中国汽车金融行业发展趋势分析情况如图2-1所示。

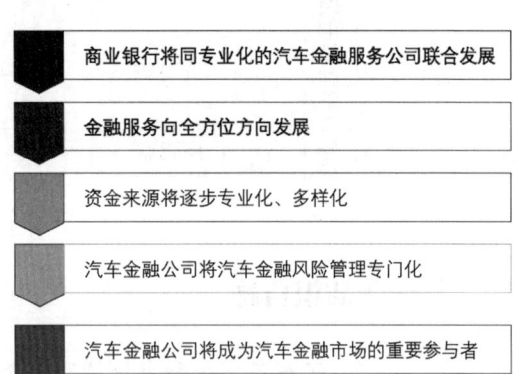

图2-1 中国汽车金融行业发展趋势分析情况图

案例来源：前瞻产业研究院.2020年中国汽车金融行业市场现状及发展趋势分析 商业银行将同专业化公司联合发展[EB/OL].（2020-07-02）[2023-7-30]. http://rizhao.dzwww.com/caijing/baoxian/bxzx/202203/t20220311_9943082.html.

思考：

1. 根据市场调研的理论分析中国汽车金融行业发展的特点。
2. 金融业能为中国汽车行业发展提供哪些帮助。

第一节 数字金融市场调研

一、数字金融市场调研的基本含义

数字金融市场调研是指金融企业有目的、系统地收集与企业经营活动相关的信息资料,并运用科学方法对其进行分析研究,从而得出有效结论的一种营销活动。也可以说,数字金融市场调研是运用科学方法,对于金融产品和服务由金融企业转移到客户过程的全部经营活动的相关资料,进行系统的收集、整理、分析和评估,为企业决策提供客观依据的一种活动,目的是满足金融市场和客户的需要。

金融营销活动是在一定的社会政治、经济、文化环境中进行的,既受到环境的影响,又会对环境产生一定的反作用。就像人类处于一个动态的生态系统中一样,金融机构会不断受到由环境变化带来的挑战,成功或失败取决于金融机构对于环境的认识和分析。因此,只有了解营销环境的特点才能更好地认识到环境对金融机构的作用,并以此作为依据,分析这些作用如何影响金融机构的营销活动。

二、数字金融市场营销调研的类型

1. 依据调研问题的性质和目的划分

依据调研问题的性质和目的不同,我们可以将数字金融市场营销调研划分为探索性调研、描述性调研和因果性调研。

探索性调研。探索性调研通常是一种非正式的定性分析,常用于企业对需要调研问题尚不十分清楚,无法确定应调查哪些内容的情况。探索性调研的主要目的是快速、间接地从各种信息源中收集有关信息,以启发思路,找出症结所在,确定企业今后调研的目的和方向。

描述性调研。描述性调研是指通过详细的调查和分析,对市场营销活动的某个特定方面进行客观的描述,以说明它的性质与特征。描述性调研是营销调研中使用较多的一种方法,与探索性调研相比,它研究的问题更加具体,数据收集的具体目标也已经明确,而且通常事先已形成了具体的研究假设,只是通过描述性调研去验证这些假设,以对研究的问题给出明确的答复。

因果性调研。因果性调研的目的是证明一种变量的变化能够引起另一种变量的变化。这种调研以实验为基础,因此又称实验调研。在这种调研中,研究人员成为研究过程中的积极参与者,他们会改变一些因素(自变量),观察这些因素的变化对其他因素(因变量)有什么影响。在营销调研中,因变量经常是衡量销售的一些指标,如总销售额、市场份额等,而自变量则经常是营销组合中的一些因素,如价格、广告支出、产品质量等。

2. 依据调研主题划分

依据调研主题不同,我们可以将数字金融市场营销调研划分为顾客满意度调研、消费需求调研、竞争动态调研、市场环境调研、渠道通路调研和市场轻重调研。

（1）顾客满意度调研。顾客满意度调研是对已经上市的产品的调研。顾客满意度可以很好地评估出企业提供的产品和服务是否让消费者感觉到满意，有利于企业在不同阶段了解消费者态度的变动趋势，进一步发掘出有价值的顾客群体并进行细心维护。

（2）消费需求调研。消费需求调研是指企业对竞争者的顾客和自己的顾客进行研究，摸清消费者的消费变动趋势，挖掘潜在需求，以采取更好的服务策略。

（3）竞争动态调研。竞争动态调研是指企业对竞争者的产品和服务进行研究，摸清竞争者的一些营销战略、战术，以及营销政策、产品优劣势等。

（4）市场环境调研。市场环境调研是指对目标市场的市场环境进行充分调研，如国家政策、地方政策等，特别是物价、城管、市场监管部门、传播媒体、社区管理等情况。

（5）渠道通路调研。渠道通路调研是指企业对目标市场的经销商网络、零售商网络等渠道通路进行充分调研，以确定企业自身产品的通路方向、渠道政策。

（6）市场轻重调研。市场轻重调研是指企业对目标市场进行的市场细分调研，用以确定目标市场的轻重缓急。对消费者根据其习惯、所处区域及生活形态等进行细分，是企业深层服务和延长产品生命周期的有效策略。

3. 依据资料来源划分

依据资料来源不同，我们可以将数字金融市场划分为案头调研和实地调研。

（1）案头调研。案头调研也称二手资料调研。二手资料也称现有资料，是指间接取得的由别人收集与整理过的内外部资料。这种方法是对既存的资料进行收集、分析。一般来讲，案头调研花费的时间短、成本低，适用于对目标市场的宏观环境调研。但是，案头调研的弊端是过于依赖市场上的二手资料。

（2）实地调研。实地调研是指应用客观的态度和科学的方法，对某种社会现象，在确定的范围内进行实地考察，并搜集大量资料以统计分析，从而探讨社会现象，同时研究分析传播媒介和受传者之间的关系和影响。实地调研的目的不仅在于发现事实，还在于形成新的推论或假说。实地调研有两种方法：现场观察法和询问法。

三、数字金融市场调研的内容

数字金融市场调研的内容涉及营销活动的各个方面，具体包括营销环境、客户需求、市场供求和金融产品。

1. 营销环境

金融数字营销环境是客观存在的，为了使金融营销活动能够顺利开展，必须了解宏观环境中的各种相关因素，分析其对企业的影响，从而避免所制订的营销计划与实际环境发生偏离。金融数字营销环境具体由以下三个部分组成。

（1）法律政策环境。法律政策环境在很大程度上决定了金融企业的客户范围和业务领域。不同的国家及同一国家不同地区间的法律政策也会不尽相同，而企业只能在严格遵守法律政策的基础上开展营销活动，并根据法律政策变化及时调整其营销计划。

（2）宏观经济环境。金融营销活动在很多方面受到宏观经济环境的制约。在萧条期，企业普遍不景气,客户对金融业务(如贷款)的需求量就会大大下降,而进入繁荣期,贷款需求又会急剧上升。因此,宏观经济环境直接影响着金融市场的需求变化,企业应根据经济发展水平与市场特点采取不同的营销策略,制订相应的营销计划。

(3) 社会文化环境。人们的社会风尚、生活传统、消费习惯、消费模式及消费结构的差异都会对金融数字营销活动产生较大影响。例如,在一个具有节俭习惯的社会中,金融企业应着重于储蓄产品的开发,以吸引更多的存款,而在一个消费倾向较强的地区,金融企业则应积极开拓消费信贷业务,以引导客户的消费。此外,文化因素在金融数字营销活动中亦不容忽视,企业只有根据人们文化知识、思维方式的特点有针对性地开展营销活动,才能实现其经营目标。

2. 客户需求

金融数字营销的出发点是满足客户需求,因此,企业在制订营销计划时应充分考虑客户的基本状况,以便更好地适应客户的要求,从而吸引更多的客户,占领更大的市场份额。对客户需求的调研主要包括以下两个方面。

(1) 人口数量与构成。一般而言,人口数量决定着市场需求量,人口数量越多,对金融业务的需求量也就越大。同时,确定人口数量也要充分考虑流动人口的影响。此外,企业还要对人口构成进行分析,人口构成分析主要包括年龄构成、职业构成、性别构成、民族构成、收入构成等,而不同的人口构成会形成不同的市场需求。

(2) 金融客户行为。金融客户的消费行为多种多样,其受到需求动机、文化程度、宗教信仰、经济状况与生活方式等因素的影响,因而金融企业应对其消费动机、购买方式、购买习惯等进行全面分析,了解潜在顾客的需求情况(包括需要什么、需要多少、何时需要等)、影响其需求的因素的变化情况、品牌偏好及对本企业产品的满意度等。通过了解各种因素变化对其消费行为的影响,制订适合的营销计划,以正确引导消费者的购买行为。

3. 市场供求

市场供求是数字金融市场调研的一项重要内容,它主要包括以下内容。

(1) 金融产品的市场供求情况,即是供过于求还是供不应求或供求平衡。

(2) 市场潜在需求量,即金融产品在市场上所能达到的最大需求量是多少。

(3) 不同的细分市场对于某种金融产品的需求状况,以及各个细分市场的需求状况与潜在需求量。

(4) 金融产品的市场占有率,分析哪些细分市场对于企业经营最有利。

(5) 其他金融企业的市场动态及其在竞争中的地位和作用,分析本企业应如何扬长避短,从而在竞争中发挥自身优势。

(6) 金融新产品投放市场的最佳时机,金融企业通过对市场供求状况的分析研究,从而制订更优的金融数字营销计划。

4. 金融产品

金融产品的调研主要包括以下内容。

(1) 金融产品的种类、数量及其覆盖范围和市场占有率。

（2）金融产品生命周期。该分析有助于金融企业根据产品生命周期的不同阶段采取相应的营销策略。

（3）如何提高现有产品质量，增强其对客户的吸引力，从而维护老客户、增加新客户。

（4）如何通过产品创新，不断开发新产品，以使产品升级换代，增强产品的市场竞争能力。

（5）如何改进金融数字营销过程的服务质量，诸如咨询服务、信托服务等。

（6）如何确定本企业的资产组合，使得营利性、安全性与流动性获得满足。

（7）如何对金融产品进行比较分析，提出增强本企业金融产品竞争力的建议和措施。

（8）如何树立优秀金融企业形象，增强本企业的知名度和影响力，从而不断提高客户对本企业金融产品的信任程度。

总之，对金融产品进行调研，其目的就在于使本企业能够更好地提供适应市场需求、满足客户需求的金融产品和服务，以取得良好的经营绩效。

四、数字金融市场调研的程序

数字金融市场调研既可以由自身的调研部门进行，也可以委托外部的专业调研部门进行。无论企业自己组织还是外部调研，都要求营销人员密切配合、有计划、有步骤地进行，有效的营销调研的过程通常包括四个步骤：确定调研问题和调研目标、制订调研计划、执行调研计划及解释和报告调研结果。

1. 确定调研问题和调研目标

为保证调研的成功和有效，首先，要明确所要调研的问题，既不可过于宽泛，也不宜过于狭窄，要有明确的界定并充分考虑调研成果的实效性；其次，要在确定问题的基础上提出特定调研目标，市场营销调研一般是从探索性调研开始的；最后，再进行描述性和因果性调研。调研问题和目标的确定需要市场营销经理和调研人员密切配合，达成一致。问题和调研目标引导着整个调研过程。

2. 制订调研计划

在确定调研问题和目标后，调研人员就必须确认所需要的信息，为有效地收集这些信息制订计划，并将该计划上报给管理层。设计有效地收集需要的信息的调研计划包括概述资料的来源，如一手数据、二手数据；指出具体的调研方法，如观察法、调查法、实验法等；采用的调研工具，如调查问卷、仪器等；抽样方法，如抽样单位、范围、程序等；调研接触方法，如电话、邮寄、面谈、网络等。

1）资料来源

一手数据又称第一手资料，是指为当前特殊的目标而专门收集的信息。二手数据也叫第二手资料，是指已经存在的为企业目的而收集的信息。

市场营销人员一般先收集第二手资料以确定调研的基本方向，必要时再收集第一手资料作进一步详细的分析研究。二手数据可以从企业的内部数据库获得，也可以选择其他的方式。收集第二手资料的途径和方法主要包括：从企业现有营销资料中查找；政府出版物、统计报告或商业、贸易出版物；向市场调研公司、广告公司咨询、委托调查或购买资料;行业协会公布的资料;竞争企业的产品目录,产品说明书及其他公开宣传资料;从本企业销售、采购人员处获取市场信息情报;从供应商、中间商处获取信息资料;商业展览会;互联网查询。

二手数据成本较低,获取速度较快,但是二手数据较为繁杂,不具有针对性,需要营销人员耗费更多精力去分离出那些对企业有用的数据。

2)调研方法

在很多情况下,企业必须搜集一手数据,收集原始数据的方法主要包括观察法、调查法和实验法。

(1)观察法。观察法是指由调查人员到现场对调查对象的情况,有目的、有针对性地进行观察记录,据以研究被调查者的行为和心理。观察法最适用于探索性调研,这种调研多是在被调研者不知不觉中进行的,如到银行、股票交易所、期货交易所等金融场所进行现场观察。直接观察所得的资料比较客观,实用性也较大,但其局限性在于只能看到事态的现象,往往不能说明原因,更不能说明购买动机和意向。

(2)调查法。调查法是搜集一手数据最普遍的方法,也是最适合搜集描述性信息的方法。调查法是指企业营销人员针对想要了解的问题,如态度、偏好或者购买行为等,通过直接询问的方式来获取信息。调查法比较灵活,可以在很多不同的情况下获取信息,适用于任何市场营销问题或决策,一般通过电话、邮寄或网络等方式进行。

(3)实验法。实验法是指在给定的条件下,通过实验对比,对营销环境与营销活动过程中某些变量之间的因果关系及其发展变化进行观察分析。实验法最适合于收集反应因果关系的信息,它的结果非常直观,容易获取结论,但对调研人员的要求较高,调研人员要实现对变量之间的因果关系有一定的假设,还要善于设计实验程序,并控制可能会影响实验的其他变量。

3)调研工具

在收集一手数据时,调研人员可以选择两种调研工具:调查问卷和调查仪器。调查问卷是最常用的调研工具,其询问问题的方式多种多样,可以是封闭性问题,也可以是开放性问题。随着科技的进步,调查仪器也常作为调研工具。比如,眼动仪通过捕捉调查对象眼球的运动轨迹,可以用来研究消费者的购买动机和态度。

【知识拓展】

调研问卷设计的基本原则

一、问卷的构成

1. 被调查者的基本情况,包括被调查者的年龄、性别、文化程度、职业、住址、家庭人均月收入等。

2. 调查内容,是问卷的最重要的组成部分。

3. 编号,以便分类归档,汇总统计。

二、问题的选择

1. 要选择切合调查目的的问题,不问非必要问题。

2. 不触及"社会禁忌"问题或人们的"生活隐私"。

3. 对一些敏感性的问题、个人不愉快的经历或可能不愿意真实回答的问题,要尽量采取容易接受的和委婉的方式来问。

4. 不问复杂的、难度大的问题。

三、问题的表达

1. 措辞应客观严谨、语气亲切。

2. 文字通俗易懂,不使用生涩字眼,不超出被调查者的理解能力。

3. 提问客观公正,不带主观倾向性、暗示性。例如,不要提"你愿意……吗?""你会干……吗?"而应问"你是否愿意……?""你会不会干……?"

4. 所给出的供选择的答案应意思明确,界限清楚。

例如:你喜欢怎样的进修方式?

A. 函授　B. 脱产　C. 半年　D. 一年　E. 短训

这里的答案之间界限模糊。有的是从时间分,有的是从是否脱产分,令回答者不知如何选择。

四、问卷的题型

1. 两项选择题。即是非题。一般设置相互对立的两个答案,让被调查者选出其中一项。

2. 多项选择题。一般设置三个以上的答案,让被调查者选出其中的一项或数项。这种形式多用。

以上是封闭式问卷方式,答案规范,便于定量分析,在问卷调查中多用。

3. 问答题。这是开放式问卷,即自由式提问。没有备选答案,在问题后面留出空白供调查对象自由作答,充分发表意见。这种问题较难整理分析,故在问卷中不宜多用,主要用于深度调查和直接访问。

五、问题的数目与安排

1. 问卷中的问题的数目没有统一规定,一般在12～20个,问题太少,缺乏分析的数据。

2. 时间,一般应以5～10分钟内能答完为宜。问题太多,回答时间太长,会引起被调查者厌烦。

3. 问题排列的顺序应是先易后难,先封闭后开放,敏感性问题放在后面,以防止从一开始遇到难题或敏感性问题而产生厌恶、畏难。

4. 问题要按一定逻辑顺序排列。如时间顺序、类别顺序。

5. 答案的设计要有利于数据处理,如一些评估性问题,其答案应依等级顺序排列:

①很喜欢;②喜欢;③一般;④不喜欢;⑤很讨厌。

统计时,答案的序号数码既有类别意义,表示不同答案的类别;又有大小意义,表示厌恶的程度。

4）抽样方法

样本是从总体中挑选出来并能代表总体的一部分。理想的样本能够代表并解释总体的情况,从而帮助调研人员对人们的想法和行为作出准确的估计。

有效的抽样必须首先明确抽样单位,其次选择合理的抽样范围,最后确定抽样的程序,选择不同的抽样类型(见表 2-1)。

表 2-1　　　　　　　　　　　　　　抽样类型

随机抽样	
简单抽样	每个总体成员都有已知并相等的机会被选中
分层随机抽样	总体被分成互不相容的几组(如根据年龄分组),从每个组抽取随机样本
分群(地区)随机抽样	总体被分为互不相容的几组(如社区),从这几组中随机抽取一组进行调研
非随机抽样	
任意抽样	选择最容易获取的总体成员,从他们那里获取信息
判断抽样	调研人员根据自己的判断,这样有可能提供准确信息的总体成员
配额抽样	调研人员从各种类型的人中选取规定的人数进行调查

5）接触方法

在调研过程中,可以通过电话、邮寄、面谈、网络等方式进行询问、获取信息。电话获取信息最迅速也最及时,但是经常遭到拒绝,成功率低,且受时间限制。邮寄成本较低,经济实用,具有较强的可送达性和可接近性,特别是在被调查对象不愿接受访问或对调研人员有偏见时,效果较好,但反应速度太慢,回收率低。面谈最具有灵活性,可以提出很多问题,还可以察言观色,及时补充、修正面谈问题,但是成本很高。网络的发展给调研方式提供了更多的可能,利用网络进行调研灵活性好,也可以很好地控制样本,数据收集速度也很快,成本更低。

3. 执行调研计划——收集和分析数据

在制订调研计划后,可由本企业调研人员承担收集信息的工作,也可委托调研公司收集。面谈访问只有争取被访问者的友好和真诚合作,才能收集到有价值的第一手资料。进行实验调查时,调研人员必须注意使实验组和控制组匹配协调,在调查对象汇集时避免其相互影响,并采用统一的方法对实验处理和外来因素进行控制。

调研人员还必须加工和分析收集来的数据,从已获取的有关信息中提炼出适合调研目标的调查结果。在分析过程中,要检查数据的准确性和完整性,并将数据转化为可以分析的形式,然后可将数据资料列成表格,对主要变量计算统计值。

4. 解释和报告调研结果

调研人员向营销主管提交与进行决策有关的主要调查结果。调研报告应力求简明、准确、完整、客观,为科学决策提供依据。如能使管理决策减少不确定因素,则此项营销研究就是富有成效的。

第二节 数字金融市场分析

一、数字金融市场细分

【典型案例】

深耕细分场景,提升信用卡产品竞争力

在信用卡行业整体发卡增速趋向稳定,增量空间收窄的背景下,把握购车、家电、社区等细分赛道,以吸引潜在客户群体,有助于金融机构在日益激烈的市场竞争中抢占先机。

中国建设银行信用卡中心面向政府医疗服务场景,创新推出医保无忧无界信用卡产品,解决医保电子支付中自费账户的资金缺位问题,赋能医保支付业务的数字化转型。

中信银行的银联商务信用卡是一款专为商旅支出场景设计的产品,可作为商旅消费与报销全流程中的辅助工具,可串联企业差旅供应商、发票平台、ERP系统、协同办公全流程商旅业务,同时助力企业数字化差旅费控管理,产品可同时满足个人差旅出行、商务招待支出及助力企业财务实现安全、便捷和更加规范的报销管理。

河北银行结合新车场景消费信贷产品的高效率、高体验、高质量要求,打造出了以"快"为核心优势的新车分期产品。为给客户提供更优质、更专业的汽车金融服务,推出了"悦车卡"专属卡种。通过数字化产品创新,4S店新车分期产品的业务实现了全申请流程线上化、智能审批决策、秒批秒贷等功能,分期办理最快30分钟内审批、放款和实时入账。

郑州银行为社区客群倾力打造"爱家卡",该卡采用数字化发卡模式,真正做到实时审批、即发即用。以"金融+场景+数字化"的营销场景模式,突破网点限制,精准聚焦客群,以客户为中心,完善客户数字化经营与管理,围绕市民金融,利用贴近市民的"爱家卡",搭建社区场景,将消费场景下沉到社区。

海口农商银行的萌宠主题信用卡聚焦养宠客群,共设计四个卡面版本,其中纪念版卡面融入了万象信用卡吉祥物万小萌。产品在卡面设计、业务流程、产品权益等方面让客户尽享爱宠之乐,并联合海南区域宠物医院,为客户提供宠物洗澡、体检、疫苗、驱虫等专属权益,深化养宠场景合作拓展,匹配客户的生活及金融需求。

案例来源:银数观卡.2023卓越数字金融案例盘点:深耕细分场景,打造特色产品[EB/OL].(2023-09-26)[2024-07-15].http://news.sohu.com/a/718362470_659885.

市场细分是营销学中一个极为重要的基本概念,同时也是极为重要的营销策略和营销工具。它适用于任何行业、任何企业的营销活动,因此,金融市场细分的定义实际上也就是市场细分的定义。金融市场细分是金融机构采用一定的标准,运用一定的方法,在金融整体市场中识别具有不同金融需求的客户,将需求大致相同的金融客户予以归类,组成若干个金融次市场的活动。金融市场细分的依据是金融客户的需求差异,数字金融市场细分是数字科技与金融市场细分的融合。传统金融机构与互联网公司利用数字技术对金融客户进行分类,实现融资、支付、投资和其他新型金融业务模式。运用数字科技将传统金融服务中的人员、资金、信息、场景全面数字化。基于数字化输出的内核,数字科技企业进行风险定价,将资产数字化,继而开发出一系列数字化的消费金融产品和供应链金融产品,促使普惠金融服务覆盖被传统金融忽视的小微企业、长尾客群。

1. 数字金融市场细分的概念

1) 数字金融市场细分的含义

数字金融市场细分就是指企业按照某种标准将市场上的顾客划分成若干个顾客群,每一个顾客群构成一个子市场,不同子市场之间,需求存在着明显的差别。市场细分是选择目标市场的基础工作。市场营销在企业的活动包括细分一个市场并把它作为公司的目标市场,设计正确的产品、服务、价格、促销和分销系统组合,从而满足细分市场内顾客的需求。

2) 数字金融市场细分的基础

(1) 顾客需求的差异性。

顾客需求的差异性是指不同的顾客之间的需求是不一样的。在数字金融市场上,购买者总是希望根据自己的独特金融需求去购买产品,我们根据购买者需求的差异性可以把市场分为同质性需求和异质性需求两大类。同质性需求是指消费者的需求的差异性很小,甚至可以忽略不计,因此没有必要进行市场细分。而异质性需求是指由于消费者所处的地理位置、社会环境不同、自身的心理和购买动机不同,造成他们对产品的价格、质量款式上需求的差异性。这种需求的差异性就是我们市场细分的基础。

(2) 顾客需求的相似性。

在同一地理条件、社会环境和文化背景下的人们形成有相对类似的人生观、价值观的亚文化群,他们需求特点和购买习惯大致相同。正是因为购买需求在某些方面的相对同质,数字金融市场上绝对差异的购买者才能按一定标准聚合成不同的群体。所以购买者的需求的绝对差异造成了市场细分的必要性,购买需求的相对同质性则是使市场细分有了实现的可能性。

(3) 企业有限的资源。

现代企业由于受到自身实力的限制,不可能向数字金融市场提供能够满足一切需求的产品和服务。为了有效地进行竞争,企业必须进行市场细分,选择最有利可图的目标细分市场,集中企业的资源,制定有效的竞争策略,以取得和增加竞争优势。

3) 数字金融市场细分的种类

(1) 地理细分,按地理特征(包括地形、气候、交通、城乡、行政区等)细分市场。

(2) 人口细分,按人口特征(包括年龄、性别、家庭人口、收入、教育程度、社会阶层、宗教信仰或种族等)细分市场。

(3) 心理细分,按个性或生活方式等变量细分市场。

(4) 行为细分,按对消费者行为的评估细分市场。

(5) 社会文化细分,按社会文化特征(以民族和宗教为主)细分市场。

(6) 使用者行为细分,按个人特征(包括职业、文化、家庭、个性等)细分市场。

4）数字金融市场个人客户细分的依据

就数字金融市场而言,这些影响因素,亦即细分变量,归纳起来主要有以下几个方面:地理环境因素、人口统计因素、消费者心理因素、消费行为因素、消费受益因素等。以这些变量为依据来细分市场,就有了地理细分、人口细分、心理细分、行为细分、受益细分这五种市场细分的基本形式。

(1) 地理细分。按照消费者所处的地理位置、当地的人口密集程度等来细分市场称为"地理细分"。按照地理因素细分市场,对于分析研究不同地区消费者的需求特点,需求总量及其发展变化趋势具有一定意义,有利于金融企业开拓区域市场。通过这种市场细分,企业应考虑将自己有限的资源尽可能投向力所能及的、最能发挥自身优势的地区市场中去。

(2) 人口细分。按照各种变量,如年龄、性别、家庭人口、家庭生命周期、收入、职业、教育、宗教、种族、年代和国籍,把市场分割成不同群体。人口因素是细分消费者群体的最流行的依据,一个原因是消费者的需要、欲望和使用率经常紧随人口变量的变化而变化;另外一个原因是人口变量比绝大多数其他变量更易衡量。比如,以人口因素为例,可以看到不同消费者有着不同需求,详见表2-2。

表2-2 人口细分变量与金融产品需求

细分市场	年龄	收入	对金融产品的需求
未成年人	18岁以下	主要依靠父母资助,经济来源非常有限	简便的储蓄账户
青年人	18～23岁	接受高等教育或离开学校开始工作,收入水平较低	现金传递业务;旅行贷款;透支或信贷;简便的储蓄账户
年轻夫妇	24～28岁	已结婚,双方都有工资收入,生活稳定,为家庭各项开支制订计划,准备积蓄	共同基金;保险;预算贷款;旅行贷款;储蓄账户;消费信贷
有子女家庭	29～45岁	工资收入不断增加,已有子女或子女已长大成人,购买耐用品、住房和高价消费品	共同基金;抵押和住房贷款;为子女受教育准备长期储蓄;保险;消费贷款;为子女设立储蓄账户
中老年人	46岁至退休前	工资收入高,个人可支配收入增加	储蓄和投资;非经常性贷款;重置抵押或更换住房贷款;财务、投资咨询服务
退休老人	退休后	有可观的银行储蓄,稳定的养老金收入	现金收入管理;信托服务;财务咨询

(3) 心理细分。按照消费者的心理特征来细分市场称为"心理细分",心理因素十分复杂,包括生活方式、个性、购买动机、价值取向及对商品供求趋势和销售方式的感应程度等变量。例如,金融产品的分类会存在风险评级的设置,其目的就是细分不同心理接受能力和消费承担能力的客户群体,具有很强的针对性,为不同承担能力的客户提供相应的金融服务。

(4) 行为细分。行为细分根据消费者不同的消费(购买)行为来细分市场,消费行为的变量也很多,包括消费者进入市场的程度、购买或使用产品的时机、消费的数量规模、对品牌的忠诚度等。这些信息有利于金融机构向客户提供更合适的,也有助于将市场再度细分,规划未来的详细营销方案。例如,按照客户的交易频率划分,可以了解客户的交易偏好,掌握客户的资产持有时长,从而准确地向客户推荐心仪的金融产品。

(5)受益细分。根据消费者追求的利益不同来细分市场称为"受益细分",进行受益细分关键在于通过调研掌握消费者在一类产品上追求的多种多样的预期利益。这种调查分析不仅是企业进行受益细分的基础,对于以这种细分为起点制定整个市场营销组合方案也是极为重要的。

总之,个人消费者需求的差异性往往是以上诸多因素综合影响的结果,因此,在对个人消费者市场细分时应采取综合分析方法,对地理、人口、心理、行为、受益因素进行综合分析。

5) 数字金融市场机构客户细分的依据

许多用来细分个人客户市场的标准,同样可以用来细分机构客户市场,地理环境和行业因素中的一些变量(如购买习惯、寻找利益、使用数量和频率等)都是有效的细分标准。同时,由于机构消费者市场有其不同的特点,其市场细分标准同消费者市场细分标准不完全一致。其中常用的变量有如下几项。

(1)机构种类和行业分类标准。机构种类用来区分工业、商业、社会团体、慈善机构法人和非法人等各类社会机构,金融机构主要面对的是从事制造、贸易、服务等商业活动的法人机构。

(2)企业规模和所有权性质标准。企业规模一般以年销售收入衡量。大公司与小公司的经营理念和策略、市场行为和金融需求往往区别较大。在我国,由于历史原因,大企业往往是国有企业,中小企业往往是民营企业。随着市场化进展,这种格局在逐渐变化,许多中小民营企业已经或正在步入大企业行列。顺应企业市场规模及其地位的变化,中国的银行业已在调整经营方略。比如,银行按企业规模进行的市场细分如表2-3所示。

表2-3　　　　　　　　　　银行按企业规模的市场细分表

企业客户细分市场	对金融产品(或服务)的需求
小型企业:年营业额在5 000万元以下,服务业、零售业、制造业、农业	个人金融服务,房产购买计划 开业贷款,担保贷款 租赁 企业财产保险 现金汇兑
中型企业:年营业额在5 000万~3亿元之间,服务业、零售业、制造业、农业	结算支付服务 代理业务或贷款保险 员工工资信用卡 租赁信贷 长期贷款
大型企业:年营业额在3亿元以上,服务业、零售业、制造业、农业	结算支付服务 股权融资 企业财务咨询服务 信用卡 进出口服务长期 贷款

(3) 地理位置标准。任何一个国家或地区,由于自然资源、气候条件、社会环境、历史承继等方面的原因,以及生产的相关性和连续性的不断加深而要求的生产力合理布局,都会形成若干个产业地区,这就决定了机构市场比消费者市场更为集中。特别要注意国家的区域经济发展规划,将其作为一个符合国情的重要地理位置标准。

(4) 信用等级标准。信用等级标准是国际通用的传统划分方法,如银行将企业作为授信对象划分成 AAA 级、AA 级、A 级、BBB 级、BB 级、B 级等,用来掌握对不同企业的授信方式和授信额度,并提供相应服务,也可以作为金融营销的细分市场变量。

(5) 企业生命周期与风险承受标准。一个企业一般会经历建立阶段、扩大阶段、增长阶段、停滞阶段、衰退阶段。例如,风险资本投入高成长、高风险的新技术企业,一般在其创业阶段进入,追逐高收益;而商业银行借贷资本一般在企业的扩大和增长阶段介入,获取的收益相对较低,但因为风险较低,使用收益有较高的稳定性。

【案例分析】

大学生"养基"记

2021 年 4 月 6 日,清明小长假刚刚结束,安枫如往常一样坐在桌前写着教案,但心里却有些许隐隐的期待。14 点 45 分,手机闹铃照常响起,安枫忙打开支付宝的基金服务页面,希望清明节闭市 3 天后基金市场能有些起色。结果却发现自己入手的几支基金又跌了,好在她的心态已然平和,趁着股市低迷,又投入 60 元,低位买入已持有的基金。安枫知道所谓的开门红只是一场美梦,她只能在心底默默地期盼着它们能尽快回涨。

据 Mob 研究院《2020 中国基民图鉴》统计,仅 2020 年上半年,移动互联网新增基民就突破了 2 000 万人,在读大学生已经成为"炒基"的主力军,占比 12.1%。他们不少人都是像安枫一样迷茫又焦虑的新基民,第一次接触投资理财,想学些"真功夫",却总是摸不着门道,只能在市场这一"速成班"里摸爬滚打,用真金白银换教训。安枫认为,大学生更应得到权威、科学的引导,接受一定的金融理财教育,这才是迎合现代化市场发展需求的做法。2021 年两会,全国人民代表大会代表高琛建议,学校要进一步加强对大学生的教育和引导,对学生开展金融知识和金融管理的普及教育,培养学生形成良好的金融素养。安枫第一时间关注到这个消息,"明明我们从小就接触钱,却没有一门课教我们怎么管钱,我认为这是一个好的开始。"

案例来源: 澎湃号 有训路星火营. 大学生"养基"记:等不到的开门红[EB/OL]. (2021-04-20)[2024-06-20]. https://finance.sina.com.cn/money/fund/jjyj/2021-04-20/doc-ikmyaawc0805515.shtml.

思考:

1. 目前在校大学生的理财观念及现实情况有哪些特点?

2. 你认为易方达通过向在校大学生提供理财产品的方式打造潜在客户的做法可行吗?为什么?

6) 数字金融市场细分的作用

(1) 有利于选择目标市场和制定市场营销策略。数字金融市场细分后的子市场比较具体,比较容易了解购买者的需求,金融企业可以根据自己经营思想、方针及生产技术和营销力量,确定自己的服务对象,即目标市场。针对细分后较小的目标市场,企业便于制定特殊的营销策略。同时,在细分的数字金融市场上,信息容易被了解和反馈,一旦消费者的需求发生变化,企业可迅速改变营销策略,制定相应的对策,以适应市场需求的变化,提高企业的应变能力和竞争力。

(2) 有利于发掘市场机会,开拓新市场。通过数字金融市场细分,企业可以对每一个细分数字金融市场的购买潜力、满足程度、竞争情况等进行分析对比,探索出有利于本企业的市场机会,使企业及时作出投产、移地销售决策或根据本企业的生产技术条件编制新产品开拓计划,进行必要的产品技术储备,掌握产品更新换代的主动权,开拓新市场,以更好适应市场的需要。

(3) 有利于集中人力、物力投入目标市场。任何一家企业的资源、人力、物力、资金都是有限的。通过细分数字金融市场,选择适合自己的目标金融市场,金融企业可以集中人、财、物及资源,去争取局部金融市场优势,再占领自己的目标金融市场。

(4) 有利于金融企业提高经济效益。前面三个方面的作用都能使企业提高经济效益。此外,金融企业通过市场细分后,可以面对自己的目标金融市场,生产出适销对路的产品,既能满足金融市场需要,又可增加金融企业的收入。

2. 数字金融市场细分的类型

1) 电子商务平台

金融数字营销中大数据的广泛应用,使我国传统企业出口贸易业务遇冷,而出口贸易电子商务业务逆势高速平稳增长。为了努力支持金融数字营销,促进各行业电子商务平台信用评价体系的健康有序发展,我国需要加快电子商务平台信用评价体系的建设及完善,推进信用评价体系在服务行业的应用,推动电子商务向更高级的市场迈进。此外,我国还要建立信息采集、共享及综合分析的应用管理机制,切实研究解决好电子信用评价下的数据共享、数据安全及其应用是否充分契合我国现代社会消费者信息需求等重大实际难题,同时努力探索在我国移动互联大数据广泛应用的时代,移动电子商务平台的发展新模式。

2) 网贷

网贷属于消费金融范畴,消费金融是无抵押、无担保的个人非经营性信贷,主要有三类产品:信用卡、消费贷和现金贷。其中,消费贷和现金贷的差异在于,前者只在消费场景中使用(如电子商务购物、线下购车等),而后者的场景属性弱,虽然申请时可供选择的借款用途主要是装修、旅游等消费性开支,但实际上金融机构很难追踪其资金流向(可能流入股市、楼市等)。

如果将借款场景分为线上和线下,可以看到目前三类产品都已经覆盖了线上和线下。其中,消费贷中的蚂蚁花呗、京东白条等具有金融创新特色,因为此类产品虽然底层是小额贷款公司发放的消费贷款,但在用户使用角度却和信用卡类似——只能在消费场景中使用;使用后一个时期内无须支付利息,超过免息期后才计息,还可申请分期还款;还款后额度恢复,可供循环使用。

3) 电子银行

电子渠道的建设水平是衡量银行金融数字营销基础能力的重要标准。虽然头部银行的电子渠道替代率均值已达 97.5%,但行业整体水平仍有较大提升空间。调研发现,有近 64% 的银行客户从自身体验出发,将金融数字营销列为更为有效的营销举措;同时,有近 83% 的客户认为金融数字营销和手机银行的组合使自己能更为便捷地获得服务。然而,各类银行对金融数字营销的驾驭水平却不尽相同。通过对 30 余家商业银行的财报加以分析发现,头部银行对金融数字营销的重视程度明显高于中小型银行,后者的金融数字营销获客能力相对有限。而在头部银行中,将金融数字营销置于较高战略定位的银行获客效果更佳。

【典型案例】

新型数字银行的代表:德国新兴移动银行 N26

N26 银行 2013 年成立于德国柏林,是一家专注于为个人客户提供全线上银行服务的新型数字银行,其业务涵盖手机支付、储蓄信贷、国际转账、保险等领域。作为一家数字银行,N26 无任何实体经营机构,通过一台智能手机就能为客户提供 100% 的数字银行体验,让用户摆脱传统银行繁琐的交易程序。

在德国,几乎所有的银行开户时都需要客户提供本地的住房合同,这导致许多刚到德国的人长时间无法开户。而 N26 银行开户只需用户下载 N26 的 App,提供护照或身份证,并与客服进行视频通话,即可在 8 分钟内免费拥有一个德国银行账户。这个账户由德国联邦金融监管局(BaFin)全权授权,并且已经获得了欧洲中央银行的许可。

拥有此账户之后的一切银行业务,都可以通过智能手机 App 掌控,如查询银行账户余额、转账、补办新卡、信用消费。N26 银行的用户可以在任何一个 ATM 及在德国的 8 000 家零售商店里直接用手机 App 存取现金。

N26 以新一代的数字产品用户为目标客户群体,希望借此为用户提供一种全新的移动化银行服务体验。N26 账户从签约到后续功能的使用(消费、转账、取现等等)全部都在移动端完成,而且随时都可以收到账户变动消息推送。

案例来源: 零壹财经. 德国市值最高初创公司:N26 数字银行案例解析[EB/OL].(2021-08-11)[2024-07-15]. https://baijiahao.baidu.com/s?id=1707813203864032892&wfr=spider&for=pc.

4) 众筹

众筹(crowd funding)是一种"群众集资"的模式,也可以看作是大众筹资或群众筹资,即通过某一平台将社会上的闲散资金集中在一起的一种融资模式。在该融资模式中,项目发起人获得了一定的创业或者活动资金,在获得相应的收益之后,需要向投资人提供一定的回报。随着社会的发展,众筹的模式也在不断增多,当前较为常见的众筹模式主要为五种,即产品众筹、股权众筹、公益众筹、债权众筹以及混合众筹,其分类依据主要是投资人在投资之后获得的收益种类。产品众筹最后获得的是企业的产品或者服务,股权众筹最后获得的主要是企业的股权,债权众筹获得的是债权,而混合众筹获得的主要是股权以及债权两种。较为特殊的是公益众筹,投资者主要是为支持公益事业而进行投资,对投资者个人回报极小或者没有回报。

【典型案例】

共同富裕：探寻众筹新模式

塘栖村成功的背后是共富众筹模式的创新,这里通过众筹十步法,研究设计"村集体＋村民＋商会"众筹模式,村集体占股20%,村民占股40%,商会占股40%。动员商会成员先富带后富,众筹资金由商会成员代表为村民垫付,待众筹项目获益分红后,村民再用分红所得的资金偿还商会,亏损风险由商会承担,营业收益由村民共享。

创新共富众筹模式,发展乡村游乐产业；建设四季果园,做大做强生态农业……塘栖村走出集"美丽环境""美丽产业""美丽经济"于一体的乡村发展模式,不断描绘时代"水乡田园"的共富图景。

案例来源：央广网.探寻众筹新模式 浙江一乡村这样干[EB/OL].（2023-12-29）[2023-7-30].https://www.163.com/dy/article/IMBKMAFQ0514R9NP.html.

3. 数字金融市场细分的流程

美国市场学家麦卡锡提出细分市场的一整套程序,这一程序包括七个步骤(见图2-2)。

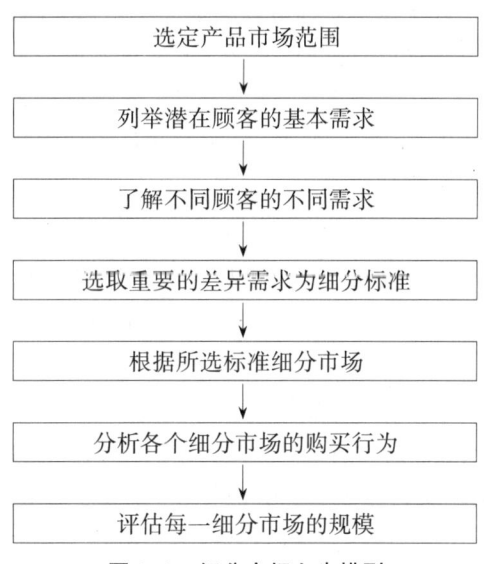

图2-2 细分市场七步模型

（1）选定产品市场范围：即确定进入什么行业,开发怎样的金融产品或服务。金融产品或服务的市场范围应以顾客的需求,而不是产品本身特性来确定。

（2）列举潜在顾客的基本需求：可以通过调查,列举潜在顾客的基本需求。

（3）了解不同顾客的不同需求：对于列举出来的基本需求,不同顾客强调的侧重点可能会存在差异。通过这种差异比较,不同的顾客群体即可初步被识别出来。

（4）选取重要的差异需求为细分标准：抽掉潜在顾客的共同需求,以特殊需求作为细分标准。

（5）根据所选标准细分市场：根据潜在顾客基本需求上的差异方面,将其划分为不同的群体或子市场,赋予每一子市场一定的名称,并据此采用不同的营销策略。

(6) 分析各个细分市场的购买行为:进一步分析每一细分市场需求与购买行为特点,并分析其原因,以便在此基础上决定是否可以对这些细分出来的市场进行合并,或作进一步细分。

(7) 评估每一细分市场的规模:即在调查基础上,估计每一细分市场的顾客数量、购买频率、平均每次的购买数量等,并对细分市场上产品竞争状况及发展趋势进行分析。

二、数字金融目标市场选择与定位

1. 数字金融目标市场选择

目标市场,就是企业营销活动所要满足的市场,是企业为实现预期目标而要进入的市场,企业的一切活动都是围绕目标市场进行的。

数字金融目标市场的选择是指根据每个细分市场的吸引程度,选择进入一个或若干个细分市场的过程。在数字金融市场细分的基础上,根据企业的经营目标和经营能力,选择有利的细分金融市场作为金融企业营销的目标市场。选择和确定数字金融目标市场,明确金融企业的具体服务对象,关系到金融企业任务、企业目标的落实,是金融企业制定营销战略的首要内容和基本出发点。数字金融目标市场的规模不是越大越好,也不是越小越好,规模太大等于没有细分和选择,规模过小难以支撑企业的后续发展。

1) 评估数字金融目标市场

进行数字金融市场细分以后,并不是每一个细分市场都值得进入的,金融企业必须对其进行评估。企业选择数字金融目标市场应注意考虑以下几个问题。

(1) 细分市场的潜量。细分市场潜量是在一定时期内,在消费者愿意支付的价格水平下,经过相应的市场营销推广,产品在该细分市场可能达到的销售规模。对细分市场潜量分析的评估十分重要,如果市场狭小,没有发掘潜力,企业进入后没有发展前途。当然,这一潜量不仅指现实的消费需求,也包括潜在需求。从长远利益看,消费者的潜在需求对企业更具吸引力。细分市场只有存在着尚未满足的需求,才需要企业提供产品,企业也才能有利可图。

(2) 细分市场的竞争状况。金融企业要进入某个细分市场,必须考虑能否通过产品开发等营销组合,在市场上站稳脚跟或居于优势地位。所以,金融企业应尽量选择那些竞争者少、竞争者实力较弱的细分市场为自己的数字金融目标市场。那些竞争十分激烈、竞争对手实力十分雄厚的市场,企业一旦进入后就要付出昂贵的代价。当然,对于竞争者已经完全控制的市场,如果企业有条件超过竞争对手,也可设法挤进这一市场。

(3) 细分市场具有的特征是否与企业优势相吻合。金融企业所选择的数字金融目标市场应该是企业力所能及的和能充分发挥自身优势的,企业能力表现在技术水平、资金实力、经营规模、地理位置、管理能力等方面。所谓优势是指上述各方面能力较竞争者略胜一筹。如果企业进入的是自身不能发挥优势的细分市场,那就无法在市场上站稳脚跟。

2) 数字金融目标市场选择策略

企业选择的涵盖市场的方式不同,营销策略也就不一样,企业所面临的基本问题是应该进入大的细分市场还是专注于满足一个或多个较小细分市场的需求。归纳起来,有四种不同的金融数字目标市场选择策略可供企业选择：无差异性营销、差异性营销、集中性营销、定制营销。

（1）无差异性营销目标市场策略。在使用无差异性营销策略时，金融企业可以决定不考虑细分市场的差异性，对整个市场只提供一种产品。企业的产品针对的是消费者的共同需求而不是不同的需求。金融企业设计出能在最大程度上吸引购买者的产品及营销方案，依靠大规模分销和大众化的广告，目的是在人们的头脑中树立起优秀的产品形象。但是这种策略对于大多数产品并不适用，对于一个金融企业来说一般也不宜长期采用。

（2）差异性营销目标市场策略。在使用差异性营销策略时，金融企业决定以几个细分市场或瞄准机会的市场为目标，并为每一市场设计独立的营销方案。但是，差异性营销也会增加交易成本，对不同的细分市场分别采取不同的市场营销方案需要额外的市场调研、预算、销售分析、促销计划和销售渠道管理。同时，为打入不同的细分市场而做的不同广告也会增加促销费用。因此，金融企业在决定采用差异性营销策略时，必须仔细考虑一下销售的增长和成本的增长孰轻孰重。

（3）集中性营销目标市场策略。在使用集中性营销策略时，金融企业不是面向整体市场，也不是把力量使用于若干个细分市场，而是集中力量进入一个细分市场（或是对该细分市场进一步细分后的几个更小的市场部分），为该市场开发一种理想的产品，实行高度专业化。集中性策略营销主要适用于资源力量有限的小型金融企业。这一策略的不足之处是潜伏着较大的风险，一旦目标市场突然不景气，企业就会因为没有回旋余地而立即陷入困境。因此，采用这一策略的企业必须密切注意目标市场的动向，并应制定适当的应急措施，以求进可攻，退可守，进退自如。

（4）定制营销目标市场策略。定制营销也被称为"细分到个人市场""个人定制营销"或者"一对一营销"，是指在大规模生产的基础上，将市场细分到极限程度——把每一位顾客视为一个潜在的细分市场，并根据每一位顾客的特定要求，单独设计、生产产品并迅捷交货的营销方式，也就是大规模定制。它的核心目标是以顾客愿意支付的价格并以能获得一定利润的成本高效率地进行产品定制。通过掌握"交易背后的模式"，突出自身服务的特点，这将成为银行和金融服务业竞争的一大热点。

3）数字金融目标市场选择因素

金融企业作出目标市场决策时，要根据企业实力、产品特点、市场特点、产品在其生命周期所处的阶段、竞争情况等方面的因素综合考虑决定。

（1）企业实力。企业的实力包括企业所拥有的资源能力、人力、财力、技术能力、生产能力、销售能力及管理能力等。如果企业实力雄厚，可以选择差异性目标市场策略，易扩大销售和利润。而企业实力不强，则比较适合选择集中性目标市场策略，用有限的资源在有限的细分市场获取竞争优势。

（2）产品特点。对于需求弹性比较小，或高度同质性的产品和服务，可以采取无差异营销策略。信用卡结算业务的差异程度小，干脆就由专业公司——中国银联代理清算业务；同样，差异程度不大的汇总业务，通常由总行统一办理或让专门机构代理，如西联汇款一类的公司办理；常规储蓄存取业务统一用ATM操作等。上述这些产品都采取无差异性营销策略,而产品差异较大的贷款业务、财务咨询等产品,或者需求弹性较大的产品或服务,则采取另两种营销策略为宜。

(3) 市场特点。如果大多数交易者的需求和偏好比较接近,而且每个时期内购买金融产品的数量或交易额变化不大,对营销刺激反应不明显,则应选择无差异性营销策略。如果市场内顾客群体差异比较大,则应采取差异性或集中性营销策略。

(4) 产品生命周期。一般来讲,在产品刚刚投放的导入期,同类产品不多,竞争不激烈,企业可采用无差异性营销策略;而在成长期和成熟期,同类产品增多,竞争日趋激烈,最好采用差异性营销策略;当产品进入衰退期,企业为了保持市场份额,延长产品生命周期,可采用集中性营销策略。

(5) 竞争情况。首先,考虑竞争者数量。市场竞争者比较少时,可采用无差异性目标市场策略;而竞争者多、竞争激烈时最好采用差异性或集中性营销策略。其次,分析、研究主要竞争者的营销策略。如果竞争者采用差异性营销策略,那么,企业可采用无差异性营销策略,满足被竞争者忽略的需求;反之,如果竞争者采取无差异性营销策略,企业就采用集中性或差异性营销策略,争取在一定的目标市场上获得优势地位。

2. 金融数字营销的市场定位

当今经济的困惑不是短缺而是过剩,如果一家金融企业的产品或服务与其他企业的产品或服务雷同,它将难以获胜。企业必须在数字金融目标市场中代表一种独特的观念,必须为忠诚的用户设想新的特征、服务和保证、特殊奖励,并使他们获得便利和享受。金融数字营销的市场定位包括三个步骤。

1) 分析所有可能的差异点和竞争优势

在向目标客户提供价值时,营销者必须比竞争者更好地了解顾客的需求,并向他们提供更多的价值。如果企业能够把自己定位在可以提供超额价值上,那么企业就赢得了竞争优势。然而,企业必须用实际行动来证明自己的定位,而不是简单地通过广告语来进行宣传。为了找到差异点(具体包括产品差异化、服务差异化、渠道差异化、人员差异化、形象差异化),营销者应当设身处地考虑顾客与企业产品或服务接触的整个过程。

2) 选择适合本企业产品的竞争优势

假定一家企业很幸运地挖掘到多个潜在的竞争优势,那么它必须决定选择以哪些优势来建立定位策略,并选择以多少或哪些差异点来进行促销。

(1) 选择多少个差异点:许多营销人员认为企业应该只向目标市场强调一个利益点,尤其是在信息过度宣传的今天更应如此,因为消费者往往只会记得位于"第一"的品牌或企业。

(2) 对哪些差异点进行促销:并非所有的差异点都是有意义或者有价值的,而每个差异点在创造顾客利益的同时,也会潜在地增加企业的成本。因此,企业必须谨慎地选择差异点,使之与竞争对手相区别。

3) 明确市场定位并有效地向市场传播

市场定位是对企业的供应品和形象进行设计,从而使其能在目标市场中占有一个独特位置的行为。定位的最后结果是成功地创立一个以顾客为重点的价值建议,它简单明了地阐述为什么目标市场会购买这种产品。一旦公司明确了自己的定位,就必须坚定地向目标市场传播这一定位,通过设计营销组合——产品、价格、渠道和促销策略进行价值传递。

一个竞争者主要有以下三种主要的定位方式可供选择。

(1) 避强定位。

这是一种避开强有力的竞争对手的市场定位。其优点是能够迅速地在市场上站稳脚跟,并能在消费者或用户心目中迅速树立起一种形象。由于这种定位方式市场竞争风险较小,成功率较高,常常为多数企业所采用,但空白的细分市场往往也是难度最大的细分市场。

(2) 迎头定位。

这是一种与在市场上占据支配地位的,亦即最强的竞争对手"对着干"的市场定位。显然,迎头定位有时会是一种危险的战术,但不少企业认为这是一种更能激励自己奋发上进的可行的定位尝试,一旦成功就会取得巨大的市场优势。事实上,这类事例亦屡见不鲜,如可口可乐与百事可乐之间持续不断的争斗,"汉堡王"与"麦当劳"快餐系统的"对着干",等等。实行迎头定位,必须知己知彼,尤其应清醒估计自己的实力,不一定试图压垮对方,只要能够平分秋色已是巨大的成功。

(3) 重新定位。

重新定位通常是指对销路少、市场反应差的产品进行二次定位,旨在摆脱困境,重新获得增长与活力。这种困境可能是企业决策失误引起的,也可能是对手有力反击或出现新的强有力竞争对手造成的。不过,也有的重新定位并非因为陷入困境,而是因为产品意外地扩大了销售范围而引起的。

3. 金融数字营销的市场定位原则

全面掌握、灵活运用定位原则,是确保金融数字营销的市场定位成功的重要条件,金融数字营销的市场定位作为金融机构与目标消费者的互动性活动,其成功与否依赖于企业对目标消费者的吸引力。为此,总体来讲,在金融数字营销的市场定位过程中,企业要考虑目标市场的特征,确保定位与目标消费者的需求相一致。只有这样,才能使其品牌形象真正深入目标消费者的心中并占据不可替代的位置。例如,将青年人作为目标市场,就应赋予品牌以年轻科技感、充满活力、努力拼搏等特色;若将老年人作为目标市场,则应赋予品牌温暖、体贴的形象。

1) 根据具体的金融产品或服务的特点定位

构成金融产品或服务内在特色的诸多因素都可以作为金融机构数字营销市场定位所依据的原则。根据产品或服务的具体特点定位可采用罗瑟·瑞夫斯(Rosser Reeves)在20世纪30年代首创的独特的销售主张(unique selling proposition,USP)策略,即一个产品只提供一个卖点。以广告为例,USP是消费者从广告中得到的东西,而不是广告人员硬性赋予广告的东西。USP策略是在研究产品和目标消费者基础上进行的,寻找产品或服务中最符合消费者需要的并且是竞争对手所不具备的最为独特的部分。比如,农村信用合作社是由农民自愿入股成立的,由入股农民民主管理,其市场定位是服务农民、支持农业和农村经济发展。

2) 根据消费者的类型定位

依托数字化手段,精准定位核心。可以根据平台算法、人群洞察模型等获取消费者的行为信息,以此进行人群分类。根据消费者的性格特征、购买力水平、购买偏好等进行定位,使产品个性与消费者个性尽量吻合。

3) 尽量选择市场空档定位

市场空档定位是指金融机构寻求金融市场上尚无人重视或未被竞争对手控制的位置、使自己推出的金融产品或服务能适应这一潜在目标市场的需要。然而,金融机构在作出这种决定时,需要对以下三个问题有足够的把握。

(1) 企业推出的新产品、新服务在技术上是可行的。

(2) 能够按照计划价格水平实施,即在经济上是可行的。

(3) 有足够的消费者购买。

上述三个条件必须全部满足,这一定位策略才能取得成功。如星展银行的前身为新加坡发展银行,多年蝉联"世界上最好的数字银行"称号。在没有数字化转型之前,星展银行在客户满意度方面常年垫底。为了赢得新一代客户,星展银行认为它需要利用新技术来摆脱传统银行业务问题。创新从模仿开始,星展银行做得很决绝,并且做到了极致。

星展银行内部树立了标杆意识,还特意用暗语来推动亚文化数字化转型:用朗朗上口的助记符"甘道夫(GANDALF)"表示从领先的科技公司中汲取的经验。G 是指像谷歌(Google)一样开放、开源;A 是指像亚马逊(Amazon)一样建设云平台;N 是指像网飞(Netflix)一样大规模使用数据和自动化,实现个性化推荐;D 是指像星展银行(DBS)一样展开行业化、本地化应用;A 是指像苹果(Apple)一样设计系统,提升客户体验;L 是指追随领英(LlinkedIn)的思考,推动员工培训学习;F 是指建立像脸书(Facebook)一样的社交网络社区。

在市场上的金融机构才刚开始数字化转型时,星展银行就果断抓住了数字化转型的机会。2018 年,星展银行发布"Live more,Bank less"新品牌战略,承诺不断化繁为简,成就广大客户更美好的生活。星展银行还开发出了一套衡量数字化价值创造的方法,用于衡量数字化发展对财务指标的影响。以新加坡、中国香港的客户和中小企业为样本,星展银行将这些客户分为数字化客户和传统客户两组。通过计算发现,2017 年数字化组以 42% 的客户占比,贡献了 63% 的收入和 72% 的拨备前利润;2015—2017 年数字化组收入年均增速为 27%,净资产收益率为 27%,高于传统组－4% 的年均增速和 18% 的净资产收益率水平。

4) 区别竞争者定位

竞争者是影响定位的重要因素。考虑竞争者就是为了给金融机构定位找一个参考系。在市场竞争日益激烈的情况下,几乎任何一个细分市场都存在竞争者,可垄断的细分市场越来越少。这就要求企业更多地考虑竞争者,以和竞争者相区别而存在,凸显品牌优势。我国中小商业银行采用此战略区别于国有大型银行进行定位,取得了较大的成功。

【典型案例】

长沙银行"快乐"差异化定位　普惠金融市场拓展空间大

作为城市商业银行,长沙银行一开始所处的梯队并不优越。纵观各大排行榜可以发现,当前业绩表现较好的城商行多集中于江浙沪地区,身处中西部地区的其他城市商业银行无不面临着"突围"的考验。位于中部省份的长沙银行想要破局可不容易,毕竟当前城市商业银行与大型银行的实力对比十分明显,同质化竞争并不明智。

于是,围绕大型银行意愿不强、覆盖不到、小型银行能力不够的领域,加大资源投入,形成区分度较高的利基市场定位,遂成为其品牌竞争的必由之路。

长沙银行的打法是:正视体量差异,避免正面声量对抗,追求"独一份"的差异型特色,并将其逐步沉淀形成自身的优质品牌资产。其大胆而精明的"快乐"定位,在一众城商行中格外耀眼。其实,多年前"快乐银行"的标签就被誉为业界清流,这种打法很符合长沙银行一贯以来的"出其不意"。而当下银行业的大分化,则进一步刺激长沙银行为"快乐"注入更加清晰的灵魂。

可以看到,这次长沙银行品牌显著变化,就是快乐多了"一点"——"就是这么快·乐"拆开来看,实际上道出了银行最核心的两个竞争维度:速度和温度。在速度上,长沙银行具备湖南本地法人优势,发挥高效灵活、流程减简的特性,可以为客户提供敏捷快速的金融响应方案。在温度上,长沙银行淡化行业共有的、无特色的金钱属性,融入本地生态,展现温暖的、亲切的、浓浓的生活气息,让客户看得见摸得着。

"速度+温度",始终不离"客户价值"。在长沙银行的语境中,未来的金融产品服务速度与温度共同赋能,在金融科技不断加持与推动下,孕育着金融向上向善的力量,这给了长沙银行独辟蹊径玩转品牌的胆量。

案例来源:小司聊理财.快乐多"一点":长沙银行品牌战略解锁增长新密码[EB/OL].(2021-12-10)[2024-06-20]. https://baijiahao.baidu.com/s? id=1718731407196428793&wfr=spider&for=pc.

4. 金融数字营销市场定位的过程与步骤

金融数字营销市场定位的关键是金融机构要设法在自己的产品上找出比竞争对手更具有竞争优势的特性。金融数字营销市场定位的全过程可以通过以下三大步骤完成。

1)确认企业的潜在竞争优势

这一步骤的中心任务是回答以下三大问题。

(1)竞争对手的市场定位如何?

(2)目标市场上足够数量的消费者欲望满足程度如何?他们实际上还需要什么?

(3)对竞争对手市场定位和潜在消费者真正需要的利益要求,本企业能够做什么?

要回答这三个问题,金融品牌经营人员必须通过一切调研手段,系统地设计、搜集、分析并报告有关上述问题的资料和研究结果。通过回答上述三个问题,金融机构就可以从中把握和确定自己的潜在竞争优势。

2)准确选择相对竞争优势

相对竞争优势表明企业能够胜过竞争对手的能力,它既可以是现有的,也可以是潜在的。准确选择相对竞争优势就是一个企业各方面的实力与竞争者的实力相比较的过程。比较的指标应是一个完整的体系,只有这样,才能准确地选择相对竞争优势。金融机构应分析自身与竞争对手相比在以下六个方面具备哪些优势和劣势。

(1)在经营管理方面,金融机构主要分析经营者素质,包括领导能力、决策水平、计划能力、组织协调能力和应变的经验等指标。

(2) 在技术开发方面,金融机构主要分析技术资源(如专利、技术诀窍等)、技术手段、技术人员能力和资金来源是否充足等指标。

(3) 在运营管理方面,金融机构主要分析企业运营水平、运营过程控制以及职工素质等指标。

(4) 在品牌营销方面,金融机构主要分析营销网络控制、市场研究服务与销售战略、广告、资本来源是否充足以及市场营销人员的能力等指标。

(5) 在财务方面,金融机构主要分析长期资本和短期资本的来源、资本成本、支付能力、现金流量以及财务制度与理财素质等指标。

(6) 在产品和服务方面,金融机构主要分析可利用的产品和服务特色、价格、质量、分销渠道、服务、市场份额,形象声誉等指标。

通过对上述指标体系的分析与比较,金融机构选出最适合本企业的优势项目。

3) 显示独特的竞争优势

这一步骤的主要任务是金融机构通过一系列的宣传促销活动,将其独特的竞争优势准确地传递给消费者,并在消费者心目中留下良好的印象。为此,金融机构应使目标消费者了解、知道、熟悉、认同、喜欢和偏爱本企业的金融产品;在消费者心目中建立与市场定位相一致的形象。金融机构应通过一切努力强化金融品牌形象,通过保持与消费者的关系、稳定其态度和加深其感情来巩固与品牌相一致的形象。金融机构应注意消费者对金融品牌定位理解出现的偏差或企业品牌定位宣传的失误造成品牌诉求主题的模糊、混乱和误会,及时纠正与品牌定位不一致的形象。

【典型案例】

光大银行:与抖音的跨界营销

美食垂直类是抖音用户的内容消费重镇,光大银行信用卡应势发起"阳光星图计划"之"Dou 来打榜寻味计划",并运用总分行联动打造子母话题矩阵的方式,以点带面,实现从 20 座城市至全民的影响力渗透。凭借与美食话题的联动,该活动快速吸引了大批普通用户关注、参与。同时,在"抖音美食制作人""美食趣胃计划"等创作人扶持活动下,抖音汇聚了大批优质的美食创作者,光大银行信用卡充分利用抖音达人原生化内容创作力,联动众多美食与泛生活类达人,面向用户进行内容推荐。达人以美食为纽带,面向用户渗透光大银联抖音信用卡的多样化权益。数据显示,仅三支达人短视频便累计收获超 500 万曝光量。

凭借这样的做法,光大银行信用卡将金融这一抖音"窄众"话题,转化为富有温度与号召力的全民话题,将信用卡的消费属性与记录美好生活的抖音平台属性相融合,并与美食、美好目的地等娱乐消费体验相联结。截至目前,"Dou 来打榜寻味计划"话题实现超 2.6 亿曝光量、千万级点击量,在大面积吸引用户关注的同时,扭动通向用户心门的钥匙,为后续的沉淀转化打造基石。在品牌跨界营销中,有趣的用户互动玩法是必攻关卡,但它也面临诸多痛点。例如,娱乐性话题稀释品牌存在感,跨界产品反而淡出用户视野,成为用户狂欢背后的

"无名之辈"。基于对跨界营销痛点的洞察,光大银行信用卡将光大银联抖音信用卡权益作为营销"重头戏"之一,保证品牌与产品的话题性、身份感。

巨量算数抖音用户调研数据显示,近八成用户表示会或可能会通过抖音搜索特定城市、景区、商圈,可见,抖音已展现出引导用户从"线上内容消费"前往"线下场景消费"的平台能力。

光大银行信用卡借力这一平台优势,将抖音热门美食打卡地、网红实体店等植入光大银联抖音信用卡权益,并以强力度的优惠与折扣,有效激发用户的实地"探店"消费热情,进而反哺抖音平台的推荐能力;同时借助抖音用户的线下打卡潮流,确保用户办卡后的高频消费,凭借这样的玩法,增进光大银联抖音信用卡对品牌、用户、平台的三方利好。

在注重数字资产交互与沉淀的跨界营销3.0时代,光大银行信用卡深入抖音平台生态,以深刻的用户洞察、新颖的营销玩法、独到的资源组合,将光大银联抖音信用卡推荐给广大用户;抖音则以不断升级的内容与产品生态,为跨界营销品效增值。光大银行信用卡与抖音的再度联动,向行业展现出"合拍"跨界营销的正确打开方式。

案例来源:金融大爆点.光大银行信用卡×抖音撩动用户心,解锁金融营销新玩.[EB/OL].(2021-02-03)[2023-07-30]. https://www.163.com/dy/article/IMBKMAFQ0514R9NP.html.

三、数字金融消费者用户画像

1. 用户画像

1) 用户画像的概念

用户画像的概念最早由艾伦·库珀(Alan Cooper)提出,是指从真实的用户行为中提炼出来的一些特征属性,并以此形成用户模型,用以代表不同的用户类型和他们具有的相似态度或行为。这些提炼出来的用户画像是虚拟的用户形象。用户画像所描述的是不同的客户群体之间最显著的差异化特点。

用户画像最核心的功能在于帮助企业明确促使不同的用户群体购买本企业的产品和服务。用户画像所包含的基本信息示例见表2-4。

表 2-4　　　　　　　　　用户画像所包含的基本信息示例

基本信息	行为	需求与目标
26岁 创业者 与朋友合租 喜欢学习新事物 对创新技术感兴趣	通过上网来搜索答案; 关注不同问题的专题内容; 通过搜索意见领袖的建议来帮助自己; 找到有用的内容	通过获得可靠的答案来缩短学习曲线的耗时; 发现非常有用的内容,以满足好奇心

2) 用户画像的特点

(1) 借用虚构的用户形象来代表理想的(而非真实的)典型用户。

(2) 基于市场调研与现有用户的真实行为,采用专题工作坊或小组讨论的形式,形成用户画像。

(3) 通常而言,每个产品会形成多个不同的用户画像,每个用户画像描述了不同类型的用户。

（4）用户画像描绘了客户的动机、目标、习惯和喜好等，比如，每一类用户喜欢去哪里购物、时间花在哪里、使用哪种科技手段、喜欢浏览哪些网站等，用户画像描述用户并且试图表述出用户的需求和欲望。

2. 消费者画像

1）消费者画像的概念

消费者画像虽然通常与用户画像被视为同一事物，但是随着大数据技术的不断发展，消费者画像实际上演化出了一些与传统用户画像不一样的功效，因此，也被称为大数据消费者画像。消费者画像是指在已知的数据之上，整理出每一个消费者相对完整的档案。每一个抽象出来的用户特征可以用一个相应的标签来代表，因此，消费者画像也可以看作表示用户信息的各种标签的集合。大数据消费者画像不再是一个虚构的用户形象，而是所有用户的不同类型的数据所呈现出来的总体特征的集合。

描绘消费者画像时所使用的数据维度划分方法，依据各企业的使用目的而有所不同。典型的消费者画像通常会采用以下划分维度，在使用时，这些维度也可能会有重叠的部分。具体包括：人口学特征、生活方式特征、线上行为特征、线下行为特征、社交行为特征。

2）消费者画像的特点

（1）消费者画像描绘出的是真实用户抽象后的全貌，而用户画像是虚拟的典型客户形象。

（2）消费者画像的数据量非常庞大，与传统用户画像相比几乎是全样本的数据量，并且汇总了每个用户的各种数据，是一种全方位的数据集合。

（3）消费者画像的数据来源方式比传统用户画像更广，包括用户的网络行为数据、商业数据、CRM（客户关系管理）数据及第三方数据等，甚至涵盖了从前被认为与营销毫不相干的方面。

（4）消费者画像数据获得的方式不再依赖市场调研，企业不再需要组织小组调研，也不需要直接与客户进行面对面的交流。

（5）消费者画像不仅描述用户的类型和动机，还能直接展示用户正在干什么，灵活再现客户的生活活动。

（6）传统用户画像是静态的，大数据消费者画像则是动态的，可以实时搜集用户数据。

3. 消费者画像的生产过程

消费者画像的生成过程包括数据搜集、数据挖掘、规则挖掘与数据建模、验证和形成画像五个步骤。

1）数据搜集

数据搜集是指结合本企业的战略需求和业务目标，寻找适当的数据源，如商业数据、CRM 数据等，进行数据采集的过程。

2）数据挖掘

数据挖掘主要包括以下几个方面。

（1）数据清洗。需要去掉不完整的或重复的信息。

（2）用户识别。需要确认用户的唯一性，与识别身份相关的数据包括三种类型：人口统计身份识别、设备身份识别、数字身份识别。在现实生活中,一个用户会拥有许多人口统计身份标识,如身份证号、车牌号、手机号等。一个用户通常也会使用多部设备,同时,同一个用户还会在网络上因用途不同而创建不同的账号,如 QQ/微信、新浪微博 ID、论坛 ID、电子邮箱账号等。因此,需要辨别不同身份是否归属于同一用户,将用户的多重身份进行"归户"。

(3) 对有效数据进行分类。通常需要区分静态数据和动态数据。静态数据呈现的是用户的事实性数据,如"顾客 A 喜欢喝甲品牌的牛奶"。动态数据呈现的则是用户的行为性数据,如"顾客 A 在上午 11 点浏览了 A 购物网站,并购买了一箱乙品牌的牛奶"。

(4) 构建标签及权重体系。标签化是指对人、物、事或场景的显著特征进行分类、提炼和总结的过程,主要是通过技术手段让计算机自动识别和提炼各种对象的特征。权重是指某一因素或指标相对于某一事物的重要程度,这里表示用户发生某种行为或产生某种需求的重要程度。

3) 规则挖掘与数据建模

在规则挖掘和数据建模工作中,可使用聚类和关联规则、逻辑回归等技术方法,进行数据分析,发现数据间存在的相关性;也可以进行数据建模,根据客户的行为特征来建构相应的数据模型。

4) 验证

验证是指对所挖掘到的数据规则或构建的数据模型进行验证,以保证它们准确抓住了用户特征的过程。只有经过验证的规则和模型,才能正确预测营销结果。

5) 形成画像

形成画像是指将那些偶然的相关性规律或者不能准确反映现实的数据模型剔除掉以后,用剩下的经过验证的模型组成消费者画像的过程。可以为目标客户打上标签,了解他们的行为特征,并应用到营销决策中。

4. 大数据消费者画像的特点

与传统的消费者洞察相比,大数据消费者画像是全景化的、透明化的、高精度的、动态化的。

1) 全景化

过去进行消费者洞察的主要手段是市场调研,其原理是从数量众多的目标客户中进行抽样调查,从而通过样本来推测整体。采样形式、问题设计、信息筛选及管理者的经验和判断力都会直接影响结果的偏差程度。

而大数据消费者画像可以面对更多(甚至全部)用户,处理与之相关的海量数据,这种"全样本"分析模式能够更完整地洞察复杂的集体多样性,大幅减少统计偏差。

2) 透明化

消费者画像能够采集到的数据维度极其宽泛,不再局限于静态数据或极为简单的动态数据。因此,大数据消费者画像能够根据使用需要,从各个维度呈现出消费者的全貌。

大数据消费者画像意味着在手段合法的前提下,企业可以尽可能多地了解到与客户相关的信息,实现信息透明化。

3）高精度

大数据消费者画像解决了传统抽样调研中存在的两个与精度相关的问题。

（1）主观因素对结果精准度的干扰。传统采样调研需要预设问题和环境，在调研过程中不可避免地需要人为地组织和引导，因此，调研对象的调研结果很可能会受到各种主观因素的影响。在大数据消费者画像中，"样本"在未经预设的环境中，不需要面对采访者的提问，因而其行为和反应是真实可信的。

（2）传统采样调研的观察粒度较粗，不能聚焦到更细微的层面。对于多层次的观察，传统采样调研因受到样本量和数据数量的影响，层次越深，采样调研结果的错误率越高，结果的可信度也随之降低。而大数据消费者画像因其样本量足够"大"，每个层次的样本量都是足够多的，所以细节精度也得以保障。

4）动态化

传统的消费者洞察所获取的数据通常是静态的、相对稳定的数据，只能基于过去已经发生的行为或特征。然而，消费者的行为是会随着时间、情境及环境的改变而改变的。大数据消费者画像不仅可以采集大量的动态行为数据，而且可以实时采集、分析数据，因此，可以观察消费者的动态变化。

5. 金融企业用户画像

参考金融企业的数据类型和业务需求，可以将金融企业用户画像工作进行细化。基本上从数据集中到数据处理，从强相关数据到定性分类数据，从引入外部数据到依据业务场景进行筛选目标用户。具体步骤如下。

1）画像相关数据的整理和集中

金融企业内部的信息分布在不同的系统中，一般情况下，人口属性信息主要集中在客户关系管理系统，信用信息主要集中在交易系统和产品系统之中，也集中在客户关系管理系统中，消费特征主要集中在渠道和产品系统中。

兴趣爱好和社交信息需要从外部引入，例如，客户的行为轨迹可以代表其兴趣爱好和品牌爱好，移动设备到位置信息可以提供较为准确的兴趣爱好信息。社交信息，可以借助于金融行业自身的文本挖掘能力进行采集和分析，也是可以借助于厂商的技术能力在社交网站上直接获得。社交信息往往是实时信息，商业价值较高，转化率也较高，是大数据预测方面的主要信息来源。

客户画像数据主要分为五类：人口属性、信用信息、消费特征、兴趣爱好、社交信息。这些数据都分布在不同的信息系统，金融企业都上线了数据仓库（DW），所有画像的强相关信息都可以从数据仓库里面整理和集中，并且依据画像商业需求，利用跑批作业，加工数据，生成用户画像的原始数据。

数据仓库成为用户画像数据的主要处理工具，依据业务场景和画像需求将原始数据进行分类、筛选、归纳、加工等，生成用户画像需要的原始数据。

用户画像的纬度信息不是越多越好，只需要找到同五大类画像信息强相关信息、同业务场景强相关信息、同产品和目标客户强相关信息即可。根本不存在全方位的用户画像信息，另外，数据的实效性也要重点考虑。

2）找到同业务场景强相关数据

依据用户画像的原则，所有画像信息应该是五大分类的强相关信息。强相关信息是指同业务场景强相关信息，可以帮助金融行业定位目标客户，了解客户潜在需求，开发需求产品。

只有强相关信息才能帮助金融企业有效结合业务需求，创造商业价值。例如，姓名、手机号、家庭地址就是能够触达客户的强人口属性信息；收入、学历、职业、资产就是客户信用信息的强相关信息；差旅人群、境外游人群、汽车用户、旅游人群、母婴人群就是消费特征的强相关信息；摄影爱好者、游戏爱好者、健身爱好者、电影人群、户外爱好者就是客户兴趣爱好的强相关信息；社交媒体上发表的旅游需求、旅游攻略、理财咨询、汽车需求、房产需求等信息代表了用户的内心需求，是社交信息场景应用的强相关信息。

金融企业内部信息较多，在用户画像阶段不需要对所有信息都采用，只需要采用同业务场景和目标客户群相关的信息即可，这样有助于提高产品转化率，降低投资回报率（ROI），有利于简单找到业务应用场景，在数据变现过程中也容易实现。为企业带来商业价值才是用户画像工作的主要动力和主要目的。

3）对数据进行分类和标签化

金融企业集中了所有信息之后，依据业务需求，对信息进行加工整理，需要对定量的信息进行定性，以方便信息分类和筛选。这部分工作建议在数据仓库进行，不建议在大数据管理平台（data management platform，DMP）里进行加工。

定性信息进行定量分类是用户画像的一个重要工作环节，具有较高的业务场景要求，考验用户画像商业需求的转化。其主要目的是帮助企业将复杂数据简单化，将交易数据定性进行归类，并且融入商业分析的要求，对数据进行商业加工。

例如，可以将客户按照年龄区间分为学生、青年、中青年、中年、中老年、老年等人生阶段。由于各人生阶段的金融服务需求不同，企业在寻找目标客户时，可以通过人生阶段进行定位。企业还可以利用客户的收入、学历、资产等情况将客户分为低、中、高端客户，并依据其金融服务需求，提供不同的金融服务。企业也可以参考其金融消费记录和资产信息、购买的产品，以及交易的产品，将其消费特征进行定性描述，区分出电商客户、理财客户、保险客户、稳健投资客户、激进投资客户、餐饮客户、旅游客户、高端客户、公务员客户等。

利用外部的数据可以界定客户的兴趣爱好，如户外爱好者、奢侈品爱好者、科技产品发烧友、摄影爱好者、高端汽车需求者等信息。

将定量信息归纳为定性信息，并依据业务需求进行标签化，有助于金融企业找到目标客户，并了解客户的潜在需求，为其产品找到目标客户，进行精准营销，降低营销成本，提高产品转化率。另外，金融企业还可以依据客户的消费特征、兴趣爱好、社交信息等及时为客户推荐产品、设计产品、优化产品流程。提高产品销售的活跃率，可以帮助金融企业更好地为客户设计产品。

4）依据业务需求引入外部数据

利用数据进行画像的目的主要是为业务场景提供数据支持，包括寻找到产品的目标客户和触达客户。金融企业自身的数据不足以了解客户的消费特征、兴趣爱好和社交信息。

因此，金融企业可以引入外部信息来丰富客户画像信息。例如，引入银联和电商的信息来丰富消费特征信息，引入移动大数据的位置信息来丰富客户的兴趣爱好信息，引入外部厂商的数据来丰富社交信息等。

外部信息的纬度较多，内容也很丰富，但是如何引入外部信息是一项具有挑战的工作。金融企业在引入外部信息时需要考虑几个问题，分别是：外部数据的覆盖率，如何和内部数据打通，内部信息的匹配程度，信息的相关程度，以及数据的鲜活度。数据的合规性也是金融企业在引入外部数据时的一个重要考虑，敏感的信息，如手机号、家庭住址、身份证号等在引入或匹配时都应该注意隐私问题，基本的原则是不进行数据交换，但可以进行数据匹配和验证。

外部数据不会集中在某一家，这就需要金融企业花费大量时间进行寻找。外部数据和内部数据的打通是个很复杂的问题，手机号/设备号/身份证号的 MD5 数值匹配是一种好的方法，它不涉及隐私数据的交换，可以进行唯一匹配。依据行业内部的经验，没有一家企业的外部数据可以满足其自身要求，外部数据的引入需要多方面数据。一般情况下，数据覆盖率达到 70% 以上，就非常高了，覆盖率达到 20% 以上就可以进行商业应用了。

金融企业外部数据源较好的合作方有银联、芝麻信用、运营商、中航信、腾云天下、腾讯、微博、前海征信、各大电商平台等。市场上数据提供商已经很多，并且数据质量都不错，需要金融企业一家一家去挖掘，或者委托厂商代理引入。独立第三方帮助金融企业引入外部数据可以降低数据交易成本，同时也可以降低数据合规风险，是一个不错的尝试。另外，各大城市和区域的大数据交易平台，也是一个较好的外部数据引入方式。

5）按照业务需求进行筛选客户

用户画像从业务场景出发，实现数据商业变现重要方式。用户画像是数据思维运营过程中的一个重要闭环，帮助金融企业利用数据进行精细化运营、市场营销，以及产品设计。用户画像是一切以数据商业化运营为中心，帮助金融企业深度分析客户，找到目标客户。

DMP 在整个用户画像过程中起到了一个数据变现的作用。从技术角度来讲，DMP 将画像数据进行标签化，利用机器学习算法来找到相似人群，同业务场景深度结合，筛选出具有价值的数据和客户，定位目标客户，触达客户，对营销效果进行记录和反馈。DMP 过去主要应用在广告行业，在金融行业应用不多，未来会成为数据商业应用的主要平台。

DMP 可以帮助信用卡公司筛选出未来一个月可能进行分期付款的客户，电子产品重度购买客户，金融理财客户，高端客户（在本行资产很少，但是在他行资产很多），保障险种、寿险、教育险、车险等客户，筛选出稳健投资人、激进投资人、财富管理等方面等客户，并且可以触达这些客户，提高产品转化率，利用数据进行价值变现。DMP 还可以了解客户的消费习惯、兴趣爱好，以及近期需求，为客户定制金融产品和服务，进行跨界营销。利用客户的消费偏好，提高产品转化率，提高用户黏度。

DMP 还作为引入外部数据的平台，将外部具有价值的数据引入到金融企业内部，补充用户画像数据，创建不同业务应用场景和商业需求，特别是移动大数据、电商数据、社交数据的应用，可以帮助金融企业来进行数据价值变现，让用户画像离商业应用更加近一些，体现用户画像的商业价值。

　　用户画像的关键不是360度分析客户,而是为企业带来商业价值。金融企业用户画像出发点一定要从业务需求出发,从强相关数据出发,从业务场景应用出发。用户画像的本质就是深度分析客户,掌握具有价值的数据,找到目标客户,按照客户需求来定制产品,利用数据实现价值变现。

本 章 小 结

　　数字金融市场调研是指金融企业运用科学的方法,有目的、有计划地收集、整理和分析研究有关市场营销方面的信息,提出解决问题的建议,供金融营销管理人员了解营销环境,发现机会与问题,作为市场预测和营销决策的依据。

　　数字金融市场调研可以分为探索性调研、描述性调研和因果性调研。营销调研的过程包括确定问题和调研目标、制定调研计划、执行调研计划及解释和报告调研结果四个步骤。其中,企业信息的来源可以是二手数据,也可以是一手数据。对于一手数据,一般利用调查问卷和仪器,通过电话、邮寄、面谈或网络等手段,采用观察法、调查法和实验法进行收集。在进行市场调研时往往需要进行样本的选择,不同的抽样类型有不同的特点,调研人员根据自己的目标及资源选择随机抽样或非随机抽样。

课 后 习 题

一、单选题

1. 金融企业是在(　　)的基础上,根据自己的资金实力和客观的条件来选择目标市场策略。

　　A. 竞争对手　　　　B. 市场细分　　　　C. 市场调查　　　　D. 市场导向

2. 通过详细的调查和分析,对市场营销活动的某个特定方面进行客观的描述,以说明它的性质与特征的调查方法是(　　)。

　　A. 探索性调研　　　　　　　　　　B. 描述性调研

　　C. 因果性调研　　　　　　　　　　D. 渠道通路调研

3. 调研人员从各种类型的人中选取规定的人数进行的调查是(　　)调查。

　　A. 分层随机抽样　　B. 配额抽样　　C. 任意抽样　　D. 判断抽样

4. (　　)即区别于已存在的产品定位。

　　A. 区别定位　　　B. 市场定位　　　C. 特色定位　　　D. 特点定位

5. 下列各项中,不属于心理定价策略的是(　　)。

　　A. 尾数定价策略　　　　　　　　　B. 数量定价策略

　　C. 声望定价策略　　　　　　　　　D. 招徕定价策略

二、多选题

1. 下列各项中,数字金融市场调研的内容涉及的营销活动有（　　）。
   A. 营销环境　　　B. 金融产品　　　C. 客户需求　　　D. 市场供求
2. 一手资料的信息主要来源有（　　）。
   A. 政府刊物　　　B. 报刊书籍　　　C. 观察获得　　　D. 实验调查
3. 金融企业作出目标市场决策时,要根据（　　）在其生命周期所处的阶段、竞争情况等方面的因素综合考虑决定。
   A. 企业实力　　　B. 产品特点　　　C. 市场特点　　　D. 产品
4. 下列各项中,属于消费者画像的生成过程的有（　　）。
   A. 数据搜集　　　　　　　　　　　B. 数据挖掘
   C. 规则挖掘与数据建模、验证　　　D. 形成画像

三、简答题

1. 我国金融企业迫于何种压力必须重视数字金融市场调研?
2. 描述数字金融市场调研的过程,分析为什么需要制订调研计划?
3. 以下问题适合采用哪种类型的调研? 为什么?
   (1) 越来越多的竞争对手进入市场。
   (2) 消费者对企业产品的满意度。
   (3) 产品价格下降对消费者忠诚度的影响。
4. 解释一手数据和二手数据,分别说明它们适合的时机和搜集的方法。
5. 以下描述适合采用哪种调研类型? 为什么?
   (1) 金融企业业绩不佳,我们却不知道原因。
   (2) 选择购买金融产品的都是什么人? 哪些人在购买竞争企业的产品?
   (3) 金融产品经过创新后,产品类型更全面,客户是否会买更多?
6. 在运用抽样调查时,有哪些注意事项?

项 目 实 训

金融产品市场调研

实训目的：学会针对某一金融产品设计市场调研方案。

实训内容：针对某一金融产品,开展市场调研,设计调研问卷。

实训要求：
(1) 运用所学知识,对目标金融产品设计合适的市场调研方案。
(2) 设计调研问卷。
(3) 分析调研结果形成调研报告。

第三章

金融数字营销策略

◎ **内容导图**

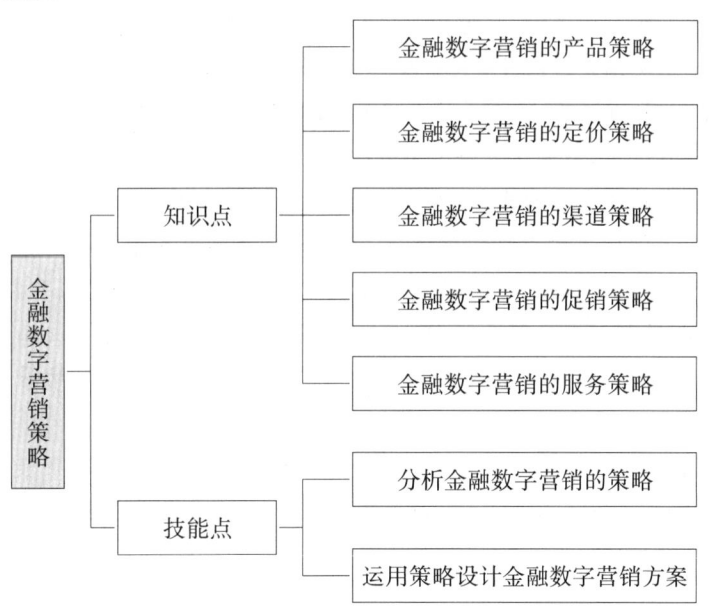

◎ **知识目标**

1. 理解数字金融产品的特征和生命周期各阶段特点；
2. 掌握数字金融产品的具体定价方法与基本定价策略；
3. 了解金融数字营销渠道的常用策略；
4. 了解金融数字营销的含义和影响因素；
5. 了解数字金融营销工具的特点；

6. 熟悉常见的金融服务数字营销策略。

◎ 能力目标

1. 能够识别数字金融产品所处的生命阶段,并给出相应的营销策略;
2. 能够设计、评估和选择合适的金融数字营销的渠道;
3. 能够制定可行的数字金融营销策略;
4. 能够运用金融服务数字营销策略为金融机构制定营销方案。

【课程思政案例】

平安信用卡直播首秀　探索零售金融新模式
——敢于突破陈规、培育创新精神

2020年8月8日,平安信用卡"88直播盛典"完成多平台首秀。这是平安信用卡首次运用直播工具与消费者进行互动,也是首次通过直播方式向用户展示一张信用卡背后所构建的金融生态圈。据了解,"88直播盛典"是平安信用卡全域整合营销活动"全城寻找热8"的收官盛典。在本次活动过程中,平安信用卡聚焦客户高频消费场景,撬动如肯德基、星巴克、饿了么、京东到家、屈臣氏、全家、永辉超市、每日优鲜等10万多家商户力量展开深度合作,构建强大的商户生态,百城千店联动狂欢。

平安信用卡相关负责人表示,在竞争存量、加速整合的行业背景下,精耕细作、加强存量用户粘性成为不少信用卡机构的选择,这带来的最大变化在于,围绕信用卡的金融服务不再是简简单单的支付、专属权益等,而是逐步向场景化、智能化转变。平安信用卡也一直在深挖客户场景,打造创新产品服务用户。以平安好车主卡为例,它不仅涵盖了加油优惠、洗车代驾、接送机、出行保障等车主权益,还延伸到了美食外卖、视频网站等车主生活,做到了为车主提供一站式、全生命周期的生态服务。

案例来源: 毕磊,夏晓伦. 平安信用卡直播首秀 探索零售金融新模式[EB/OL]. (2020-08-08)[2024-06-20]. http://finance.people.com.cn/n1/2020/0808/c1004-31815508.html.

思考:
1. 根据市场细分的理论分析平安信用卡的做法。
2. 根据金融产品营销策略理论分析平安银行的做法。

第一节　金融数字营销的产品策略

实行适宜的产品策略,是金融机构开发业务品种、开拓市场机会的重要途径和具体方法,是金融机构开展营销活动的首要环节。通过对数字金融产品基本特点和现有数字金融产品类型的介绍,引入金融机构数字金融产品的开发策略和组合策略,并从数字金融产品的生命周期角度阐述不同阶段的营销策略,充分了解数字金融产品的开发过程并熟悉如何根据不同的经营环境与不同的要求来开发和组合金融产品。

一、数字金融产品概述

1. 数字金融产品的概念

随着互联网技术、人工智能的快速发展,以现代数字信息为载体,借助移动通信技术和互联网技术等数字化知识和信息等生产要素实现传统金融产品与服务、数字产品与服务、数字信息和支付的高效配置,催生了数字金融产品。

数字金融产品从金融产品服务渠道与服务产品的数字化角度出发,将其定义为:银行或非银行机构通过在线或移动等数字渠道开展金融产品和服务数字化。其内容涵盖两个维度:一是通过在线互联网浏览器或数字设备上的移动应用程序访问产品和服务的客户所使用的数字渠道,即服务渠道的数字化,这些数字化过程主要使用了互联网、人工智能、区块链、云计算及大数据等技术工具;二是通过应用数字技术将传统形式下看得见的产品与服务数字化,即金融产品与服务的数字化。数字化产品与服务和传统产品与服务的本质区别主要表现在服务渠道、服务产品的数字化上。

金融企业营销是为了满足客户的需求并从中获利。这一目标是通过向客户提供满意的产品和服务来实现的。因此,产品是金融企业市场营销组合中的一个重要因素,它直接影响着其他市场营销组合因素的决策的制定。

金融机构的营销活动,实际上是从金融产品的构思、设计与推广开始的。金融机构将某种数字金融产品推向市场前,需要根据顾客的购买和使用情况,作出这种数字金融产品是否适合市场要求的判断,然后根据对市场情况及各种相关因素的判断,来决定这种数字金融产品的未来及应该采用的市场策略。

2. 数字金融产品的特征

数字金融产品是金融机构传递价值的载体,金融机构通过提供数字金融产品来满足客户的需求。金融数字营销组合中的其他要素是以数字金融产品为核心的(虽然其他要素也很重要,但它们的主要功能是促进市场接受产品)。因此,了解数字金融产品的特征,在此基础上增加附加利益和服务,才能获得竞争优势。具体来说,数字金融产品具有以下特征。

1)普惠性

金融科技的发展和金融基础设施的不断完善提升了数字金融产品和服务的覆盖面和普惠效果。一方面,数字金融的发展提高了金融服务的可得性,尤其是缺少金融服务的农村偏远地区。数字金融借助互联网信息技术平台推出相应的 App、微信公众号等,将数字产品和服务延伸到农村偏远地区,扩大金融产品和服务的覆盖人群和覆盖地区,增强其金融的普惠性。另一方面,数字金融产品借助科技实现金融商业模式的创新,从而提升金融的普惠程度。数字金融产品借助区块链、云计算和大数据等技术颠覆传统征信方式,从而将金融服务覆盖到传统银行较少覆盖的长尾客户。

2）数据驱动性

传统的金融产品更多是金融机构根据自身的优势进行设计的，没有很好地切合客户的需求，在产品的营销、服务、运营和维护上也更多依靠人工。区别于传统的金融产品设计，数字金融产品设计使用大数据和云计算技术解决金融业务的复杂运算难题，在数据搜集、整合和应用方面重塑金融业务。首先，数字金融产品突破以往数据搜集工作以人为主导的状况，实现数据搜集存储自动化。从数据搜集的效率来看，物联网、云计算和人工智能等新技术可以对目标人群行为数据进行智能化的自动采集和处理。其次，在数据应用方面，大数据等数字技术全面应用于金融的征信、营销、支付、保险、理财和风控等各个方面，为金融业务的开展提供更高效和精准的数据支持。

3）创新性

数字金融利用数字技术和互联网技术促进金融效率、信息的对称性和普惠作用的发挥。正是在此背景下，数字金融推动了金融产品的创新，也推动了金融的二次脱媒。理财产品、P2P和第三方支付等金融数字产品通过高收益和商业模式的创新吸收市场上的存款。支付宝等一系列第三方支付 App 通过对金融产品模式的创新吸引长尾客户，提高了金融产品的市场渗透率。余额宝、微信理财通等产品成为人们高频使用的数字金融产品。P2P 的金融模式重塑了投资和借款的渠道和过程，原有的金融机构从投资贷款的中介角色转变为撮合平台，为投资和借贷双方提供了交易的平台，使供求双方直接联系，极大地增加了市场上投融资行为的频率。

4）服务便捷性

金融服务与客户关系具有持续性，这和普通的商品消费不同。金融机构与客户关系的保持取决于相互信任，以及金融机构提供的可靠的顾问服务等。目前，金融服务线上化、智能化虽然减少了与客户的面对面交流，但是智能化的数字金融产品能够快速响应客户的需求，不仅体现为数字金融产品操作流程的便捷性，还体现为在线智能客服或者投资顾问可以为客户提供个性化、多样化的服务。

二、金融数字营销产品组合及生命周期策略

1. 数字金融产品组合的概念

数字金融产品组合是指金融机构所经营的全部产品线和产品品目的组合或搭配。其中，产品线是指金融机构所提供的具有同种功能或服务的一组数字金融产品。如商业银行的储蓄存单就是一条产品线，包含活期存单、1年期存单、3年期存单、大额可转让定期存单等产品。产品品目是指在商业银行某条产品线内，各种不同品种、规格、质量和价格的特定产品。例如，大额可转让定期存单产品包括不同起存金额或不同存款期限的具体存单品种。所有的产品品目和产品线便构成银行的金融产品组合。

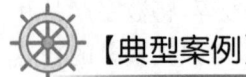【典型案例】

中信银行发布理财产品组合"信芯家族"

2023年3月21日，中信银行举办了App春季财富大会，在会上发布了全新理财产品组

合"信芯家族"。此次发布会以"信任为芯,更有信心"为主题,从客户日常理财的痛点出发,推出不同投资周期的理财产品组合,旨在为客户提供更加安心省心的投资理财体验。

据悉,"信芯家族"底层的产品是从市场多家理财子公司优选、追求稳健低波动的理财产品,涵盖现金管理类、固定收益类、固定收益等十类资产,属于风险评级为PRI~PR2级(较低风险)的净值型理财。"信芯家族"具体包含日信芯、周信芯、月信芯、季信芯、半年芯和年信芯六款产品,客户可以从产品名称中直观了解投资期限,更加简单地安排资金。

其中,日信芯主打现金管理类产品,最低1分起购,方便日常消费使用,灵活便捷。周信芯、月信芯、季信芯三款产品重点投资于债券等债权类资产,最低1元起购,以追求稳定收益为目标,具备稳健低波动的属性。这些产品适合手上有闲置资金,追求短期投资获得稳健收益的客户。

半年芯和年信芯产品重点投资债券等债权类资产,最低1元起购,部分固定收益十类产品会增加不高于5%~20%的权益进行收益增厚。这些产品适用于倾向中长期稳健投资、追求更进一步收益的客户。

丰富的产品矩阵满足不同客户的投资需求,让客户的选择更加简单化。客户登录中信银行手机App"信芯家族"理财专区,可以清晰地看到产品赎回时间,了解账户资金情况,从而更加轻松便捷地打理资产。

在理财产品同质化、客户需求多元化、市场竞争白热化的背景下,中信银行依托丰富的产品类型、专业的投资研发能力、强大的风险控制及定价能力塑造自身具有市场影响力的特色品牌。一方面,丰富短期限产品供应、发力固定收益类产品,以低波动、更灵活的产品线助力客户的中短期活钱打理;另一方面,把握市场机会,推出增厚收益的债权类、权益类基金中的基金(FOF)等产品,满足追求更进一步收益的客户需求。

"信芯家族"在中信银行现有产品体系上,甄选优质产品进行重新归整,使客户可以更加直观地按需选择适配产品,资产打理省事省心,优化客户财富管理体验的全流程。可以说,"信芯家族"让中信银行幸福财富的产品体系更加完善,财富管理生态愈加焕发生机。

案例来源:金融界.中信银行发布理财产品组合"信芯家族".[EB/OL].(2023-03-21)[2023-07-30]. https://baijiahao.baidu.com/s?id=17609792833362667444&wfr=spider&for=pc.

2. 金融数字营销产品组合策略

金融机构对于数字产品组合策略的选取,不仅受相关金融法规的限制,还受机构的经营规模、竞争力、市场前景和市场发展方向及机构的自身管理水平、能力等诸多条件的限制。因此,金融机构在进行数字产品组合选择时,应考虑多方面的影响因素,并考察自身的实力、目标和条件。若金融机构具有较强实力,且经营目标在于占有更多的市场份额和增加产品销售,则其在金融产品组合中,就应增加产品品目的数量,即增加其数字产品组合的宽度与深度,多开发新的数字金融产品;反之,则应选取范围较窄的数字金融产品组合,将营销的重点放在某一种或几种数字金融产品上。

金融机构可以采用的数字产品组合策略主要有以下几种。

(1)优质产品和服务取胜策略。金融机构市场形象的树立,首先取决于其产品和服务的信誉。因为客户只有通过产品和服务才能真正认识并了解金融机构。优良的产品和服务,会使金融机构名声大振;而劣质的产品和服务,只能使金融机构的名誉扫地。金融机构产品和服务质量的优劣,是客户认定的,是在消费与购买同类产品和服务中比较、鉴别的结果。优良的产品和服务能够为客户带来更多的利益,也是金融机构与客户建立良好公共关系的桥梁。因此,利用优质的金融产品和服务,可以帮助形成金融机构的忠实客户群,从而有助于金融机构在竞争中取胜。金融机构可以通过创建和推广具有鲜明特色、有代表性的金融产品或金融品牌,通过优质的金融产品及优良的金融服务来树立其在市场上的独特形象,以吸引客户,占领市场。

(2) 以新取胜策略。金融机构的生命力在于不断创新,不断开发新产品和新服务。银行4.0时代步入数字化转型阶段,人工智能算法快速发展,市场瞬息万变,新的数字金融产品不断进入市场,金融机构要在激烈的竞争中树立自己的市场形象,取得既定的经营目标,关键就在于开发出让客户愿意接受、使用甚至是追求的金融产品。同时,金融机构也只有不断地开发出适应市场需要的新数字金融产品,利用大数据对客户需求进行分析获取潜在需求点,提供新的业务与服务,才能在竞争激烈的市场环境中把握主动权,树立良好的市场形象,提高其信誉和地位,既满足客户的需求,又达到金融机构获利与自我发展的目的。

(3) 以快取胜策略。兵贵神速,以快取胜,这是金融机构迎接和应对竞争的重要手段之一。金融机构的产品和服务要想在激烈的竞争环境下为客户所接受,除要有优异的质量、合理的价格、有效的促销外,还要把握住准确的市场信息,在适宜的时机迅速推出新的产品和服务。数字化产品则可以通过智能分析模型算法获取当前热点数据,从而分析出时下流行的产品和服务。这类产品和服务的时效性强,机会转瞬即逝,如果推出速度慢或者推向市场时已过,就会成为"短命"的产品和服务,可能很快就被淘汰。

(4) 以廉取胜策略。大多数客户都有一种偏见,愿意购买低价产品和服务,因为这样他们可以获得一定的消费者剩余。因此,金融机构要想使自己的产品和服务迅速占领市场,在推销阶段,可以考虑将产品和服务的价格适当定得低一些,必要时甚至可以低于成本。当产品和服务的销路畅通后,结合产品质量和服务水平的提高等,逐步将价格提高到预期的水平。采用此策略还有一种考虑,即以产品和服务的低价出售与提供为手段,把利益让给客户,从而树立起良好的市场形象,招徕更多的忠实客户,牢牢地占领市场,战胜竞争对手。

(5) 高档产品策略与低档产品策略。高档产品策略是指在一条产品线内,增加高档、高价产品项目,以提高金融机构现有产品的声望的策略。这样既可以增加现有产品的销售,又可以吸引高收入者购买这类产品。低档产品策略是指在高价产品线中增加廉价产品项目,目的是利用高档产品的声望和地位,吸引无力购买高档产品的客户,使其慕名来购买名牌产品线中的低价产品的策略。因此,经营高档产品可使金融机构的整体业务获得声誉,而经营低档产品则可增加销量、提高收益。金融机构可以根据自身情况,选择其中之一或两者结合使用。

(6) 系列产品策略。通过为客户提供全套金融产品或一站式服务、客户能够获得系列的产品或全套的金融服务,这样一方面可以满足客户对不同金融产品的不同需求,使其可以在一家金融机构处理大部分甚至全部金融活动,留住客户;另一方面通过增加产品线、扩展产品组合的广度和深度,达到金融机构经营上的规模经济和分散金融业务风险的目的。比如,目前,全球金融界大量出现的全能银行业务,就是系列产品策略实施的最好例证。

3. 数字金融产品的生命周期

数字金融产品从开始投放市场到被淘汰而退出市场的全过程所经历的时间被称为数字金融产品的生命周期。通常根据销售额和销售增长率的情况将这一过程划分为投入（导入）期、成长期、成熟期和衰退期四个阶段，如图3-1所示。

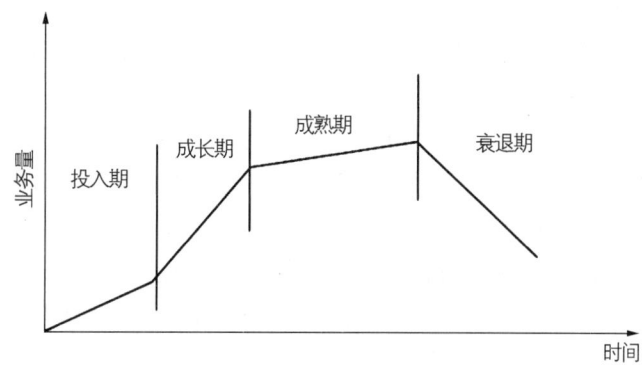

图3-1　数字金融产品生命周期的四个阶段

影响数字金融产品销售量的因素有很多，而经济形势、宏观政策、汇率、投资组合等因素是造成市场需求波动的常见原因，即使在成熟期，也可能存在大的波动。所以，数字金融产品究竟处于生命周期的什么阶段，不能仅仅从短期销售量的波动来确定。数字金融产品生命周期各阶段的主要特点如表3-1所示。

表3-1　　　　　　　数字金融产品生命周期各阶段的主要特点

项目	投入期	成长期	成熟期	衰退期
销售额	低	快速增长	缓慢增长	下降
销售增长率	0.1%～10%	大于10%	0.1%～10%	小于10%
利润	负利或微利	不断增加	稳定获利	减少或下降
净现金流量	负数	逐渐增大	大量增加	增量减少
购买者	少	扩散增多	大众化	保守、减少
竞争者	少或无	模仿增多	大量	减少

4. 数字金融产品生命周期各阶段的营销策略

1) 投入期的特点与营销策略

一种新的金融工具、金融产品投入市场，往往有一个扩散过程，客户对其有一个逐步的了解、认识与接受过程，同时对其安全性的要求较高，这一阶段销售增长率低甚至波动不稳；购买者不多，竞争者也较少；成本高、利润少，净现金流量可能是负数，以致亏损。对于一般的金融产品而言，投入期可能很长，但也可能相当短暂，甚至一投入就直接进入高速成长期，投入期的长短取决于该产品是否有广大的客户需求基础、投放时机、广告宣传力度及新产品营销准备是否充分等因素。所以，投入期数字金融产品营销策略应注意通过智能模型对客户进行大数据分析和挖掘，进行客户需求分析；选择最佳的时点进行市场投放；通过对应的数字营销策略进行广告投放;做好渠道网络布点、客户咨询、服务准备等营销工作,使客户的需要能够及时得到满足。价格策略多采取成本加成定价法,根据产品的类型、市场前景状况并结合竞争分析,对某些价格弹性低、客户需求急、工具新的数字金融产品可以采取高价入市、快速获利的方式投放市场。

2) 成长期的特点与营销策略

成长期是产品打开销路、业务量快速增加的阶段。在这一阶段,随着业务量的扩大,单位成本将逐步降低,净现金流量增大,利润增加。此外,随着影响的扩大,产品利润的诱惑致使竞争者纷纷进入市场,竞争会愈来愈激烈。所以,企业在成长期应根据客户的需求进行精准营销,对零售客户进行智能化分析,实现线上客户流程改善,通过构建热力分析、漏斗分析、留存分析等高阶段分析模型,分别从精准获客(产品端)和智能化推荐(客户端)两个方面,快速打造基于智能化模型的精益化服务生态圈,利用情感营销、跨界营销等客户喜闻乐见的营销方式吸引更多客户的关注,宣传、树立企业形象,创立名牌效应,并扩大细分市场的范围。这一阶段应集中体现一个"快"字,以扩大产品的市场占有率。

3) 成熟期的特点与营销策略

成熟期为产品业务量缓慢而相对稳定增长的阶段。在这一阶段,时间相对较长,产品稳定获利,竞争激烈,客户也多精心选择以使自己的利益最大化,因而特别重视服务质量和金融机构的信誉。成熟期的企业应注重提高服务质量,运用多种促销手段强化分销,利用数字化平台挖掘被忽略的长尾需求,结合线上线下融合模式优化客户的服务体验,注重特色宣传,发掘并开拓新的细分市场,改进产品和服务,延长产品生命周期,提高客户的黏性、帮助建立品牌忠诚度。

4) 衰退期的特点与营销策略

衰退期是产品业务量急剧下降并趋于淘汰的阶段。在这一阶段,客户的兴趣纷纷转移,销售量下降,企业的利润也快速减少甚至出现亏损,竞争者纷纷转移经营力量。所以,在衰退期,企业应注重减少损失,可以利用数字智能客服替代线下网点服务,维护客户的忠诚度,逐步从市场撤退。大多数金融产品的生命周期是相当长的,出现衰退并不意味着客户的需求不存在了,而是他们的兴趣转移了。通常,导致金融产品衰退的原因有以下几个。

(1) 金融机构的信用出现危机,这种危机不仅会导致一个产品的需求急剧衰退,而且可能导致金融机构的倒闭甚至整个国家或世界经济的大衰退。

(2) 新的金融工具的出现,特别是新技术导致服务方式的改变而使老产品出现衰退。

(3) 金融机构被迫停止营业。

(4) 政策影响,特别是宏观调控政策,如明显的不利于金融机构的经济政策的大变动。

(5) 政局动荡或战争爆发。

三、金融数字营销新产品开发策略

1. 数字金融新产品的概念

商业银行产品开发的形式多种多样。正如亚瑟·梅丹(Arthur Meidan)所说,在给"×新型"服务下定义时,有一个概念性的困难,即新的金融产品与金融产品改进的区别。银行信用卡与健康险是新型金融服务,而通过邮寄或信用卡保险进行储蓄则只是服务产品的一种改进。创新服务产品是基本性的新产品,比较典型的含义是指新型的技术、适当的投资、可预见的风险和具有深远意义的潜在市场价值。这些服务对于金融机构和客户来说都是新鲜的。新的产品系列是指该服务系列对金融机构来说是新的,但对市场来说却不是如此,事实上,只是这个金融机构进入了一个其他单位已经涉足领域的竞争。另外,一项金融服务也可以被重新配套或改头换面。

【典型案例】

产品设计多元,开创银龄金融服务新局面

老有所养,老有所终,不仅是中华民族的传统美德,更是关系民生福祉的所期所盼。近年来,我国实施积极应对人口老龄化国家战略,大力推进多层次、多支柱的养老服务体系建设。在此背景下,"养老金融"服务作为金融"五篇大文章"之一,其重要性日益凸显。

作为国内养老金融的先行者,兴业银行广州分行不断创新和完善养老金融服务、推出多元养老金融产品,用科技赋能适老化改造,全渠道加强金融知识普及,提升全民金融素养,扎实推进谱写养老金融大文章。

在养老储蓄产品方面,推出多款安愉养老储蓄产品,包含敬老存款、安愉储蓄按月付息定期,安愉储蓄年年升息定期等。在养老理财产品方面,共计推出3款养老理财产品,安愉养老理财系列产品,与常规产品的区别是安全稳健,追求长期收益,更适合大龄客户或风险偏好较低的客户。在养老基金产品方面,个人养老金账户里可以投资的基金产品养老目标基金养老(FOF)为了迎合不同风险承受能力以及个性化需求的客户,主要分为两大类:养老目标日期基金(TDF)和养老目标风险基金(TRF)。在养老保险产品方面,兴业银行自2022年起代销个人养老金保险产品,是首批参与个人养老金保险产品销售的银行,目前在售的保险产品有7款,商业养老金产品也即将上线。

案例来源:南方都市报.产品设计多元,开创银龄金融服务新局面[EB/OL].(2024-06-28)[2024-07-14]. https://baijiahao.baidu.com/s?id=18030570670648 91728&wfr=spider&for=pc.

2. 数字金融新产品开发和创新的流程

在数字化时代,同业竞争越来越注重产品创新。然而,当前的金融机构产品研发并未系统地从客户需求出发细化分析调研,而是对同业的成熟产品直接复制,产品没有差异化定位和准确命中客户痛点,只能被动地在存量市场竞争,无法产生"爆品"。数字化产品能力是一个多维度的综合能力,需要跨部门协同合作。最优的运营模式是有温度、有速度的以客户为中心的数字金融创新产品服务。

1) 形成创意

数字金融新产品设计开发的第一步,即形成产品创意,具体表现为金融机构主动地通过数据模型分析或者被动地因为业务未满足客户需求而为现有客户和潜在客户设计新产品。数字金融产品创新主要的出发点是客户真正的需求,而不是金融机构主观判断客户需要什么。数字金融新产品的创意是否能够最终成为现实,与形成创意过程的长短、难易程度及金融机构本身所拥有技术的先进程度、营销管理水平的高低,以及创意的来源渠道甚至创意数量的多少有着重要的关系。

2) 创意可行性分析

产品创意对于开发新产品是必需的,但有了产品创意并不一定就能付诸实施,也不一定能使这种金融产品成为有发展前途的新产品。对此,金融机构可以根据其具体目标和经营能力进行创意可行性分析,主要目的在于一定程度地保证新产品落地性,减少不必要的资源消耗。金融机构在进行创意优选时可考虑以下因素:新产品的市场空间,新产品的技术先进性与开发可行性,新产品开发需要的资源条件与其配套服务的要求,新产品的上市促销、营销能力,新产品的获利能力和风险的定性定量分析。

3) 市场调研

在对金融产品的创意进行可行性分析后,金融机构会得到一些有初步可行性的创意,但这些创意是否真正可行,还应经过一些具体的分析。

(1) 产品概念的测试。产品概念是指已经成型的产品创意,可用一定的文字或模型来表示。对产品概念的测试是指金融机构对这种成型的数字金融产品创意进行一定范围的客户调查。在调查过程中,可以要求客户对产品概念的描述是否清楚、产品特点是否便于了解、产品上市后是否想购买、产品特征是否需要改进等提出意见和建议。

(2) 营销分析。产品的营销分析是从市场需求出发,仔细分析产品概念的测试结果,主要是为了确定目标市场,以确定产品价格及销售量。

(3) 商业分析。商业分析主要是就新产品的适宜性与有益性,从经济效益和财务项目、指标等方面来进行分析,包括市场调查分析、财务分析(如成本与销售额预测、现金流量分析、投资回报分析)等。

4) 产品开发

数字金融新产品的开发包括以下三个并列的、相互关联的过程。

(1) 产品样品的设计与开发。

(2) 在宣传刊物、合同书、推销材料等中向预期客户介绍该数字金融新产品及其特点。

(3) 进行数字金融新产品的设计、包装和商标注册。

5) 产品试销和使用调查

经过以上阶段的工作后,数字金融新产品基本设计完毕,但新产品在实践中是否可行仍不得而知,因此,可以对其进行小规模、小范围的试销,即在选定的一定地区实际销售产品。

6) 正式推出

数字金融新产品经过试销后,如果从信息反馈和试销的实际情况看其开发是成功的,金融机构即可大批量地进行该产品的商业性生产,并将其投放到市场上。

3. 金融数字营销新产品开发策略

新产品开发策略即新产品的开发手段与途径是多种多样的。例如,可以通过新技术来开发新产品;可以通过对现有产品的不足进行改进与修正,进行新功能的挖掘和创造,从而改进与革新数字金融产品;还可以通过仿效与模拟或者重新组合和包装等来开发新产品。

总的来说,金融机构在开发数字金融新产品时可根据需要采用以下不同的策略,或将几个策略交叉使用。

1）扩张型开发策略

金融机构在确立了自己在金融市场中的位置,建立起一定的业务发展空间,提供了传统或主要的业务之后,通过扩展现有服务、增加交叉销售的方法,将其业务向更广阔的市场推进,使其业务类型、产品品种和服务向纵深方向发展,使客户能够在一家金融机构中获得所有的服务项目。扩张型开发策略的好处是便于操作,对客户具有较强的吸引力,且能使客户获得一定的利益。例如,目前很多金融机构对客户提供一站式金融服务,商业银行向全能式、综合式金融百货公司方向发展等,均可看作扩张型开发策略的结果。

2）差异型开发策略

差异型开发策略是指金融机构根据细分市场进行特殊产品开发的一种策略。金融机构采取这种策略,是以提高自己选定的目标市场占有率为目标的。在市场细分和市场定位的基础上,金融机构放弃不相关的或无竞争力的产品和服务,而把着眼点放在少数有特色与竞争力的产品和服务的细分市场上,这样既可以减少不相关的服务所带来的成本,又可以通过垄断优势提高特色产品和服务的价格。差异型开发策略的特点是根据金融机构市场细分的结果进行设计,每个产品一般只适应特定人群的某种或某几种需要。因此,金融机构需在经营特色上下功夫,并且在推销宣传中注重特色宣传,以使新产品特点突出、明确,易于接受。

3）卫星产品策略

卫星产品策略是指金融机构开发出一种独立的产品,它的购买者或使用者无须是该金融机构核心账户的持有者,甚至可能是该金融机构的非账户持有者。这种产品策略的实质是创造一种脱离金融机构核心服务的独立产品,目标是增加对非开户客户的产品销售。卫星产品策略比较适用于没有庞大的分支机构网络和资金雄厚的大客户的小型金融机构。对于一些大中型金融机构来说,这种产品策略也有一定的好处;一方面提高了金融机构对非账户持有者的产品销售额,增加了其对该金融机构的了解与认同;另一方面也有利于增强金融机构的总体服务,增加对账户持有者的产品交叉销售额。

【典型案例】

数字人民币上线SIM卡硬钱包

无须扫码或出示二维码,手机在锁屏状态碰一碰商家POS机即可完成支付。2023年7月,中国移动联合中国工商银行,中国电信、中国联通联合中国银行在数字人民币App上线SIM卡硬钱包产品,为数字人民币应用提供更加普适、便捷的支付体验。

SIM卡硬钱包是将数字人民币软钱包关联至超级SIM卡,其最大亮点是无电无网支付功能,手机可在断网、亮屏、熄屏、无电关机等情况下使用,即使遇到无法开机的突发情况也能轻松应对。如果手机丢失,用户可在另外一部手机上登录数字人民币App,挂失SIM卡硬钱包,防止资金损失。当用户更换手机时,只要超级SIM卡没有变化,用户无须重新开立或绑定钱包,只需将SIM卡插入更换后的手机即可轻松实现一卡变更,不影响用户的支付体验。

此外,数字人民币SIM卡硬钱包还具备安全可靠、通用便利、共享余额的核心特点。

(1) 安全可靠——SIM卡管理规范、成熟,内置安全单元安全可控,在监管可控性、安全性、便利性等方面表现突出,可以确保用户在钱包开立、使用中的信息与资金安全。

(2) 通用便利——SIM卡是使用最广泛的安全硬件介质,具有极高的渗透率和接受度,并且没有时间、空间的限制,客户随时随地可以进行支付、交易等,降低了使用成本,增强了数字人民币使用的普适性。

(3) 共享余额——数字人民币SIM卡硬钱包在使用过程中,与所属的母钱包共享余额,无须单独进行充值,支付更方便、易用。

该产品以通信运营商发行的SIM卡为安全载体,加载数字人民币钱包应用,打造一卡多应用的融合应用场景,实现运营商渠道、用户、场景、服务、大数据等能力与数字人民币的紧密结合,实现差异化的数字人民币推广运营模式。产品的推出充分依托商业银行和运营商各自优势,使数字人民币金融基础设施与信息技术基础设施有机结合、相互赋能。数字人民币SIM卡硬钱包的落地,进一步拓展了数字人民币的应用场景,丰富了数字人民币的业务形态,有助于数字人民币的普及推广。

案例来源:人民日报海外版.平安数字人民币上线SIM卡硬钱包[EB/OL].(2023-07-19)[2024-07-14]. https://baijiahao.baidu.com/s?id=1771797218677462555&wfr=spider&for=pc.

第二节　金融数字营销的定价策略

【课程思政案例】

是什么导致了信用卡权益缩水
——树立诚信意识,践行社会责任

近日,继平安银行卡境外接送机业务细则调整之后,网红产品"浦发AE白"的权益调整紧接着成为卡圈热议话题。银行制定信用卡权益的背后是些什么样的影响或决定因素呢。

作为商业机构,收入是权益的基石。简单来看,信用卡业务的收入基本分为四块:刷卡手续费收入、年费收入、循环利息收入、分期业务手续费收入。对大多数银行而言,年费收入仅在其收入结构中占很小部分,刷卡手续费收入仍是重要组成部分,而循环利息收入和分期业务则是信用卡业务重要的增长点。

信用卡权益的制定一定是经过收入和成本的精密测算。例如,因竞争激烈,国内的信用卡收单手续费远远低于海外成熟市场的刷卡手续费,前者在0.6%上下,而后者则基本在

1%～3%。正因为有更高的手续费收入作为基础,各大银行才会联合卡组织推出动辄高达10%以上的高额境外消费返现权益(通常有封顶金额),而国内就很少出现这样的权益产品。

同样的,买房购车环节的刷卡交易也不会产生信用卡积分,同样也是因为这两大领域的交易属于零扣率商户,银行没有手续费收入可赚,自然不会有积分权益的补贴。明明了这一点之后,我们就可以看到,所谓的信用卡权益"缩水",往往是基于两种情况:权益成本的变化和战略的调整。

案例来源: 十字财经. 信用卡权益缩水,谁的锅? [EB/OL]. (2018-12-05)[2024-06-20]. https://www.mpaypass.com.cn/news/201812/05085452.html.

思考:

1. 使用信用卡的过程中,存在哪些信用问题?

2. 银行信用卡业务的获客成本一直居高不下,结合此案例,如何运用价格策略及其他营销策略,以体现更明确的客户群体细分,增强用户粘性,提升单客的贡献度,加强风控剔除不良用户?

数字金融产品定价的意义非同一般,因为它是营销组合中唯一代表创造收入的因素。在数字金融交易中,定价可以针对不同行业与机构的金融产品采用多种形式,如确定收费结构(银行业)、确定保险费及保险费率(保险业)、确定抵押利率(房屋互助协会)、确定交易成本(证券经纪机构)等。数字金融产品的价格直接影响企业的竞争力和收入水平。企业的定价程序分为几个步骤,首先需要制定定价目标,其次需要对定价的影响因素进行分析,接着企业会采用一定的定价方法制定出一个价格或价格范围,而后会在定价策略的指导下对这个价格进行调整。通过这一系列活动,企业才能最终确定产品的价格。价格确定后,企业还需要根据环境的变化对价格进行调整。

定价策略是以金融产品和服务定价及变更为主要研究对象,以取得最佳营销效果为目的的营销决策,是金融企业最难决策的营销要素之一。金融产品的定价不仅影响客户的青睐程度,而且影响金融机构在推出新产品后是否能够赢得市场份额和实现收益。最大限度地满足客户要求、尽量吸引客户、保持可观利润是定价策略的核心。

一、数字金融产品的定价概述

1. 数字金融产品价格的种类

价格是商品价值的一种货币表现形式。数字金融产品的价格是指金融机构用货币形式表现的数字金融产品对客户的价值。数字金融产品的种类繁多决定了其价格形式的多样性。根据金融机构提供服务的不同,其价格表现为利率、汇率、保险费、手续费等。

利率是数字金融产品价格最重要的组成部分,是金融机构利润的主要来源之一。众多金融机构都从事涉及资金借贷的信用业务,尤其是银行,其主要通过吸收存款、借入款项等途径筹措资金并对资金提供者支付利息,再通过发放贷款等方式运用资金并对资金使用者收取利息。在我国金融市场中,银行业占据大部分市场份额,但其经营结构较为单一,利息收入成为其盈利的最重要来源,利息支出构成其最主要的营业支出。利率作为衡量利息的标准,在金融产品的价格中便显得至关重要。

汇率也称汇价,是指不同国家之间的货币兑换比率。经济全球化促使各国金融业也出现了全球化倾向。国际资本越发活跃,金融业务也越发呈现国际化现象,外汇交易的迅速增加,促使金融机构必须在其经营活动中慎重考虑汇率这一价格因素。

手续费是指金融机构在调剂社会剩余资金的同时,运用其本身技术、人才、资金等优势为消费者提供丰富多彩的金融服务,在方便大众的同时也为自己创造了重要的利润来源。金融机构的手续费收入大体上有以下几个来源:结算类业务收入、基础交易服务类收入、担保类业务收入、衍生工具类业务收入、资产管理类收入。

为增加利润,规避管制,各国的金融机构都在积极拓展创新业务。数据显示,近年来西方发达国家的银行总收入中,非利息收入或中间业务收入占一半左右。由于中国目前金融业是分业经营与管理的,加之其他因素的制约,商业银行的手续费、中间业务和表外业务的收入占总收入比例还不是很高。但随着金融市场的发展、经营环境的改善、金融创新力度的加大,创新业务收入会有很大增长空间。

2. 数字金融产品定价的主要因素

1) 资金成本

作为影响定价的基本因素,成本决定着金融产品价格的最低界限,因此如何弥补成本支出是企业在进行金融产品定价时必须首先考虑的因素。金融机构的成本主要包括资金筹集成本、运营成本和劳动力成本等。在经营过程中,金融机构只有在充分补偿成本支出后,才能实现盈利。定价与成本之间的差额即金融机构实现的利润。成本越低,数字金融产品的定价弹性越大,企业制定定价策略时的自主权越大。

2) 市场需求

金融产品与其他产品一样受到供求规律的制约,当某种金融产品受到客户的强烈追捧时,价格的走势必然上升;反之,价格则会走低。因此,金融机构在制定数字金融产品的价格时,必须从客户的潜在需求角度出发,充分考虑其产品的市场需求弹性。在推出数字金融产品或服务的同时,需要对产品的价格弹性进行认真的估计和测算。当需求量的变动程度大于价格的变动程度时,金融产品被认为是富有弹性的,可以采取降价策略;反之,当金融产品缺乏弹性时,金融机构的低价策略则并不一定能发挥出预期效果。

3) 竞争对手状况

在由成本决定的定价底线和由市场需求决定的定价上限所限制的可能价格范围内,竞争者的成本、价格水平和可能的价格反应与金融产品定价的关联度极大。因此,金融机构在制定产品价格时,必须将其产品的成本和功能与竞争者进行仔细比较,以了解自己的产品有无竞争优势。如果自己提供的产品与主要竞争者的产品相似,则可把价格定得接近于竞争者;若自己的产品功能欠缺,就不能像竞争者那样定价;若自己的产品功能优越,定价就可以比竞争者高。同时,金融机构应充分参考竞争者现有的相似产品价格信息,对其未来价格走向作出预测,为自己的数字金融产品定价策略提供客观及合理依据。

4) 生命周期的不同阶段

数字金融产品从开始投放到退出市场所经历的整个过程中,将经历投入期、成长期、成熟期和衰退期的生命周期。在不同的阶段,金融产品的销售量、利润、竞争程度、客户.特征等都有很大差异。例如，客户对处于投入期的金融产品认知度不高，产品销售量较少，广告费等营销费用开支较大，但市场竞争对手也较少；对处于成熟期的金融产品而言，产品内容已被大多数客户熟知并接受，销售量较高并逐渐达到饱和状态，市场竞争也变得激烈。金融机构将根据不同阶段的特点制定相应的数字金融产品定价策略。

5）客户的价值

根据二八定律，20%的高端客户为金融机构带来了80%的利润。为维护优质客户的忠诚度，降低经营风险，金融机构在为产品定价时，必须对客户的价值进行客观评价，包括客户给金融机构带来的收益、客户的信用等级、客户的风险偏好等。具体来讲，一是对于给金融机构带来高综合回报率的优良客户，金融机构可在基准价格上给予适当补贴，包括优惠的贷款利率和手续费等；二是根据风险收益对称原理，定价要充分反映客户的风险水平。

6）宏观经济政策和货币政策

从一些实行利率市场化国家的实践来看，利率市场化并不等于利率完全自由化。在美国，联邦储备委员会通过制定联邦基金利率，实现对市场利率的引导，体现货币管理当局的意图。利率市场化以后，出于熨平利率频繁变动、确保经济稳定的需要，政府和央行仍需通过经济政策和货币政策对利率进行宏观调控。政府调控的手段主要是依靠产业政策、投资政策来影响数字金融产品价格；央行则通过制定基准利率、公开市场业务、再贴现、调整存款准备金率等多种途径来影响市场利率水平。

二、金融数字产品的定价方法

【典型案例】

多家银行大打"价格战"，抢占个人养老金市场

临近2022年年尾，多家银行纷纷降低费率，以争夺空间十分巨大的个人养老金市场。包括邮储银行、中国农业银行、招商银行、兴业银行、民生银行等在内的多家银行都已推出优惠政策，以期用最快速度抢夺客户，在个人养老金市场占据一席之地，并长期盘踞市场份额。

日前，中国建设银行决定对部分养老公募基金产品实行申购费率5折优惠。该行官网发布的有关公告显示，将对部分养老公募基金（FOF）Y类份额实行费率优惠，自2022年12月5日起的活动期限内，投资人通过手机银行、个人网银和柜台申购（不含定投）这些金融产品时均可享有5折的申购费率优惠。类似地，邮储银行宣布自11月25日起，对开立个人养老金账户的个人客户，免收工本费、年费、小额账户管理费、账户余额变动通知短信服务费、跨行转账手续费；首次开通个人养老金资金账户的客户还可以参与抽奖活动，最多可获得500元红包。兴业银行同样自11月25日起对该行代销的个人养老金账户公募养老基金（养老份额）开展申购、定时定额申购费率1折优惠活动。

之所以会形成这种竞争局面的原因包括在这段时间内，不仅银行、保险、基金和证券等公司都各自背负着开发个人养老金账户的指标要求，一些基金公司也会要求银行只有先达到一定养老金账户客户数量，才能开始售卖本行的个人养老金账户产品，即与银行形成客户

捆绑的局面。由于银行是冲在客户开发最前端的金融机构,各家银行也不得不打出最低费率优惠、开户免费等活动拼命开拓客户。

一位银行个人养老金业务负责人表示,目前每年个人养老金业务增量为 8 500 亿元左右,随着时间的推移,该体量还将持续增长,因此从长期来看,个人养老金市场的空间十分巨大。在银行的个人养老金业务中,储蓄存款、理财产品两大类金融产品与服务本身就是银行的重要收入来源。而商业养老保险、公募基金业务对银行而言也是重要的营业收入渠道。由于在个人养老金有关实施办法中有"一人一行一账户"的要求,即每人的个人养老金账户会与一家银行长期绑定,因此,如果能在目前市场刚开始启动时就尽早抓住客户,那么承包这个中国基金报,客户到退休前的所有个人养老金业务便指日可待了。

案例来源:曹雯璟. 最低 1 折!多家银行大打"价格战",抢滩个人养老金市场[EB/OL]. (2022-12-05)[2024-06-20]. https://www.chnfund.com/article/AR202212051 5220563151296.

1) 成本加利润法

这是最传统和简单的定价方法,是以单位产品的总成本加上预期一定比例的利润为依据而制定的价格,易于理解、方便操作。其基本计算公式为:

$$商品价格 = 单位产品的总成本 \times (1 + 成本利润率)$$

这种方法具有以下几点优点。

(1) 计算较为准确、简单方便。

(2) 不必考虑市场上瞬息万变的需求状况,避免了烦琐的频繁调价。

(3) 使金融机构规避了激烈的价格竞争。

但是,此方法缺点也很明显,有以下几点。

(1) 定价缺乏灵活性,适应性差。

(2) 忽略了市场供求变化及产品的经济寿命对价格的影响。

(3) 准确核算销售量和产品成本较为困难。

(4) 没有考虑市场需求与竞争的作用。

2) 目标贡献法

目标贡献法又称变动成本定价法,是以单位变动成本加上预期利润率为依据而制定的价格,公式为:

$$单位产品价格 = (总成本 + 预期利润额) \div 预期销售量 = 单位变动成本 + 预期利润率$$

此方法需要金融机构以总成本和预期销售量为基础,确定一个预期利润,进而据此确定价格。其优点有以下几点。

(1) 计算简单,便于操作。

(2) 目标较为明确。此方法忽略了价格对需求的影响及同业机构对本产品的影响。

3) 收支平衡法

此方法以盈亏平衡原理为基础确定价格,在盈亏平衡分界点上,金融机构不亏也不盈(即收入等于投入)。收支实现平衡时,有:销售数量×保本价格=总成本,由此,保本价格=总成本÷销售数量=固定成本÷销售数量+单位可变成本,此时的销售数量即为损益平衡点产量。此方法的优点是金融机构可简便、灵活地在较大范围内掌控价格,不足之处是没有考虑市场竞争及需求的影响。

4) 需求导向定价法

需求导向定价法是在充分考虑成本的前提下,以消费者对于产品的需求状况、认知程度、价格承受心理等为基础而确定价格的一种方法。此方法以客户的价值观念及行为习惯为出发点,包括认知价值定价法和差别定价法两种。

(1) 认知价值定价法。认知价值定价法,又称"理解价值定价法"或"感受价值定价法"。金融机构通过各种营销方法影响客户对于产品的理解,引导客户形成对其有利的价值观念,进而以客户对产品的认知为基础来定价。

此方法的关键点是进行综合比较以找到准确的商品认知价值,对于产品认知价值过高或过低的估测都不利于产品销售。在计算产品的认知价值时可运用以下方法:① 直接评价法,直接邀请产品相关人员,如客户和代理商等评价产品价值;② 比较评价法,通过对比同业机构的产品来评估产品认知价值;③ 加权评价法,在对产品的各项指标的认知价值评分的基础上,计算加权平均值。

(2) 差别定价法。差别定价法以市场细分为出发点,金融机构依据消费者的购买力不同、需求及消费感受的差别而进行产品定价。此法的依据是客户的需求差异,而需求差异又因划分标准的不同分为以下几类:① 因人而异,不同年龄、职务、收入的顾客需求不同,因此同样的产品价格因人而异或同样的价格服务因人而异;② 因地而异,市场地点的差异导致人们对产品的需求相差很大,因此价格有所不同;③ 因时而异,人们在不同的时间阶段对产品需求的不同致使产品价格因时而异,运用此方法时,金融机构还应慎重考虑以下问题:

第一,市场细分之后各个细分市场上的顾客是否互相让渡服务。

第二,同业竞争者是否容易低价拉走已有客户。

第三,仔细衡量管理市场细分的成本。

5) 竞争导向定价法

竞争导向定价法指的是金融机构将自身产品与竞争对手的产品对比之后,以对方价格为参考标准,选择出利己的产品价格的方法。通常表现为较少考虑市场需求及自身的成本变化,产品价格只跟随竞争者的价格而变动,主要包含以下方法。

(1) 竞争参考定价法。金融机构参考竞争对象的价格进行定价,有三种表现形式:① 跟随策略,产品价格与竞争对象一样,规避价格战;② 高价策略,当产品有明显优势时,产品价格高于竞争对手,以高价赚取高额利润;③ 低价策略,为迅速占领市场、扩大销量,实行低价促销,前提是竞争对象不实行价格报复,或有足够能力抵抗价格报复。

(2) 随行就市定价法。金融机构以行业平均价格水平为准,使自己的产品与市场通行价格保持一致。此方法可以在成本较难估测、难以了解市场反应时使用,深受许多中小企业的推崇,具有以下优点:① 节约成本,简单易行;② 可以和同业机构和平竞争,避免价格战争,保持市场均衡;③ 行业平均水平体现了集体智慧、能准确反应产品的价值。

三、数字金融产品的定价策略

金融机构在进行产品定价时,除运用正确的定价方法之外,还应灵活搭配各种定价策略,从而使产品更具吸引力。常用的数字金融产品的定价策略包络以下几种方法。

1. 产品生命周期定价策略

金融机构通过分析产品生命周期四个阶段中产品的供求变化、成本状况、竞争形式等,运用不同的策略进行产品定价即为产品生命周期定价策略。

1) 导入期定价策略

在这个时期,产品刚进入市场,产品销量少、竞争少、客户对其熟悉度低,金融机构定价时可从撇脂定价、渗透定价、适中定价三种定价策略中作出选择。

(1) 撇脂定价策略,又称高价策略(先高后低),是指金融机构将新产品以高价投入市场,快速回收资本,之后适当降价,以继续增加销售额的策略,因与从牛奶中撇取奶油相似而取名。此策略又因促销程度的不同分为快速撇脂与缓慢撇脂:前者要求金融机构大力促销和宣传,适合寿命短和需求弹性小的新产品;后者要求金融机构既实施高定价又控制产品的扩展速度,此策略可使金融机构实现短期利润的最大化,但若使用不当会使企业的长期利益受损。

(2) 渗透定价策略,又称低价策略(先低后高),是指金融机构将新产品以低价投入市场,使产品广为渗透,之后适当提价,以实现一定盈利的策略。同撇脂定价策略类似,此策略也因促销水平的高低分为快速渗透与缓慢渗透两类。此策略适合需求弹性大的新产品,薄利多销,符合企业的长期利益,但其有回收期限过长、价格变化小、难以适应市场骤然变化的缺点。

(3) 适中定价策略,又称稳定价格策略,是指金融机构以稳定价格和盈利为目的,将产品维持在一个稳定的、适中的价格上的策略。此策略适用于具有稳定市场及产销量都较大的产品。

2) 成长期定价策略

在这个时期,伴随着产量及销量的大幅增长,成本大幅下降,竞争开始变得比较激烈。此时,金融机构可在选择目标贡献法的定价方法的基础上,配合适当的降价来吸引顾客和阻碍竞争者。

3) 成熟期定价策略

在这个时期,市场逐渐呈现饱和态势,销量在抵顶之后开始下降,市场竞争白热化,利润趋于最大。此时金融机构应当降低产品价格,以驱赶竞争者退出,维持盈利。但金融企业必须准确把握降价幅度,以避免价格战引起的亏损。

4) 衰退期定价策略

在这个时期,常采用维持定价策略和驱逐定价策略:前者指继续保持成熟期产品的价格或略微降低的策略,此策略可以维系产品在客户心中的形象,使企业继续盈利;后者多适用于需求弹性大的产品,此时金融机构可以将价格降到与成本相当,驱逐竞争者,回收资金。

2. 心理定价策略

心理定价策略使产品价格制定因客户消费心理的差异而不同,具体包括以下几种策略。

(1) 尾数定价策略。金融机构利用客户对于数字的认知心理及对于消费的求廉心理,在定价时保留价格的尾数,不进位。此策略适用于需求弹性大的商品。

(2) 整数定价策略。此策略刚好与尾数定价策略相反,为使顾客形成价高质高的印象,金融机构将产品价格设置为整数,以吸引高收入的客户。此策略适用于高端的金融产品。

(3) 声望定价策略。为了显示身份、彰显地位,对于某些声誉较高的产品,客户对其价格反而不敏感,体现了消费者的一种"质优价高"的心理,在其影响下,价格的下降会使产品形象受损。

3. 折扣定价策略

为了提高客户的积极性,金融机构往往会采取降低客户费用而减少客户支出的方法来扩大盈利。通常该策略形式多样、操作灵活,包含以下几类。

(1) 现金折扣策略。这是指金融机构给予客户一定的现金优惠,但这些客户要按照约定期限付款或是提前付款。此策略可以帮助金融机构加快收回款项。

(2) 数量折扣策略。这是指当客户购买金融机构的产品数量很大时,一般会享受一定的折扣。折扣的力度会随着客户购买产品数量或金额的增加而加大,进而鼓励消费者加大购买力度。此策略有利于增加顾客对特定机构的购买力度。

(3) 价格折让策略。这是指金融机构可通过以旧换新、老客户优惠、促销折让等方法进行减价,此策略可以更好地维系老客户,刺激需求的增加。

4. 产品组合定价策略

产品组合定价策略是指金融机构在综合考虑一系列的产品或者服务之后,根据其中某些产品的总成本而制定的一种总和目标价格。此策略并不太关注单独的某个产品或是某项服务。金融机构运用此策略可以为其带来以下几个好处。

(1) 可以充分利用低价的产品或服务来吸引客户,并将这些客户推向该机构的其他高收益的产品和服务。

(2) 可以将盈利程度不同的各种产品组合起来,从而实现总体上的盈利。

金融机构还可以从以下产品组合定价策略中作出选择:①产品系列定价策略;②补充产品定价策略;③选择品定价策略;④分步定价策略(如固定费加上一定比例的使用费);⑤产品大类定价策略。

【典型案例】

苏州银行:积极探索客户下沉和差异化定价策略

在 2022 年 12 月 23 日发布的公司投资者关系活动记录表中,苏州银行表示在结合银行外部市场环境与银行业内部竞争现状之后,于现阶段正积极探索消费贷的客户下沉和差异化定价策略。

苏州银行透露,在个人消费贷方面,该行已在夯实原有的公务员、事业单位员工等优质客群的基础上,进一步扩大客户群体服务范围,将消费贷产品的使用群体更多聚焦在普通企业员工身上,尤其关注那些与苏州银行有公司业务合作的单位员工、第三代省社保卡客户和江苏省内的新市民群体。在这一年中,苏州银行通过制定差异化的消费贷款产品策略,实现了满足不同层次客户多方位的消费金融信贷需求的目标。在苏州银行官网上的消费金融板块,可以看到其开通了无担保和有担保两类消费贷。在无担保消费贷中,共有8种消费贷可供不同客户群体挑选。

案例来源: 有连云.苏州银行:积极探索客户下沉和差异化定价策略[EB/OL].(2022-12-23)[2024-07-14].https://www.jiemian.com/article/8621676.html.

第三节　金融数字营销的渠道策略

【课程思政案例】

线上银行上线有作为

——培养创新精神、坚守初心使命

在党的二十大报告中指出,"加快发展数字经济,促进数字经济和实体经济深度融合"。中国银行业数字化转型加速,银行数字化如何纵深发展成为关注热点。银行数字化转型不仅是产品和服务的线上化,还应加强组织和管理的数字化。

不出门,如何申请贷款?不见面,如何完成授信?招商银行南京分行就遇到了类似的问题。一位公司法人回乡探亲后无法及时返回江苏,而公司急需开立工行账户。以往,企业开户需要企业法人亲赴银行网点进行现场面核,如今有何新招?

招商银行南京分行基于手机移动平台,运用人脸识别、音视频采集、大数据等多项技术,上线不见面审批功能,用5分钟时间就完成了远程开户意愿核实,成功开立了公司基本账户。安徽省亳州药都农村商业银行日前研发"金农企e贷"新产品。客户在线申请,2小时至48小时内,系统会根据大数据分析完成授信。金融科技的助力让银行很快就满足了客户需求。

多家银行强化手机银行、网上银行等电子渠道服务,减少客户不必要的出行,也催生出"非接触银行"服务的理念和需求。新网银行首席研究员董希淼表示,"非接触银行"服务关键在于银行数字化能力。近年来,越来越多商业银行设立金融科技部、数字金融部等,引入金融科技公司开放合作,打造数字化银行。以招商银行为例,1999年,招商银行启动"一网通",在国内率先推出网上银行业务。根据招行2×19年年报,"招商银行"和"掌上生活"两大App月活跃用户已突破1亿人。如今,许多业务不用跑去网点、柜台,人们通过银行的手机客户端,动动指尖就能完成转账汇款、购买理财产品等,正是得益于银行的数字化转型。

案例来源: 中国新闻网.推进数字化转型 线上银行上线有作为[EB/OL].(2020-05-06)[2024-06-20].https://tech.sina.com.cn/roll/2020-05-06/doc-iircuyvi1536559.shtml.

思考: 数字转型给各类金融机构的分销渠道建设带来了哪些机遇与挑战?

金融数字营销渠道是指数字金融产品或服务从生产领域流向消费领域所经过的整个通道,以及在产品的整个传递过程中,为满足目标市场客户的需求面向其提供各种服务,所利用的各种信息技术和基于信息技术发展起来的网络终端。它的基本功能是根据客户的不同需求,将数字金融产品进行有效的组织和传送,从而转换成有意义的产品组合。在数字金融营销中,渠道扮演着重要的角色。

一、金融数字营销渠道概述

金融数字营销渠道是指数字金融产品从金融企业转移至金融消费者的过程中所经历的市场通道,也就是数字金融产品和服务通过各种手段和途径推向金融客户的过程。由于数字金融产品和服务的特殊性,金融数字营销渠道则有其独特的运作方式,一般是通过建立分支机构网络来实现的。因而,分支机构网络是金融分销的主要手段,广设网点成为金融企业争夺市场的最有力武器。

随着数字金融产品和服务的不断创新,业务功能日渐多样化,目前金融分销渠道正日益复杂和多元,尤其是电子信息技术的充分运用,促进金融数字营销渠道更加多样化。为了适应市场需要,各种新型分销渠道的出现,极大地强化了金融数字营销渠道的作用,增强了金融企业提供金融产品和服务的能力。金融数字营销渠道作为联结数字金融产品供应者与需求者的基本纽带,是金融企业扩大产品销售、加速资金周转、降低经营成本、节约流通费用、提高经济效益的重要因素。

1. 金融数字营销渠道的含义和种类

金融数字营销渠道是指数字金融产品或服务从生产领域到消费领域的整个渠道。在整个传输过程中,金融机构为了满足目标市场客户的需求。利用各种信息技术和基于信息技术开发的网络终端为客户提供各种服务。

金融数字营销渠道可按四个方面进行划分。

1)按产品划分

按产品划分,金融数字营销渠道包括互联网金融平台、信用卡网络、统一营销体系等。不同类型的营销渠道提供的产品或服务范围和类型非常不同,如互联网金融平台通过数字互联网提供数字金融服务;信用卡网络通过银行发行信用卡,向持卡人直接提供数字金融服务。

2)按营业场所划分

数字金融产品或服务营销渠道中场所的多样性是一个全新的概念。传统上,金融数字营销渠道简单直接。就银行而言,存款、取款、贷款、支票账户等服务直接由银行自己的网点提供给客户。随着数字金融产品的创新和信息技术的发展,金融业逐渐开辟了更复杂的营销渠道:通过 ATM 可完成提款服务,通过手机银行可完成转账支付,通过各银行专属手机应用可完成耐用消费品信贷业务。

3)按网点的控制程度划分

在各种情况下,金融机构习惯于将扩大营销网点作为竞争策略。广设分支网络是银行非价格竞争的主要手段。这种网络建设可以包括自动柜员机的网络化、ATM 系统和信用卡特约店的网络化。通过这些网络化,金融机构不仅可以销售自己的产品或服务,还可以代销其他金融机构的数字金融产品或服务。这种情况削弱了金融机构对其产品或服务营销渠道的控制。

4）按营业时间划分

在某种意义上，金融数字服务是一种需要随时提供的服务，但是传统的金融服务在时间上有很大的局限性，比如由于成本等因素，银行一周工作5天，一天工作8小时。越来越多的银行试图打破营业时间的限制，以减少给客户带来的不便。虽然手机银行和网上银行在一定程度上打破了这一限制，但由于其服务范围有限，一些银行增加了一些营业时间更长的营业网点或延长了一些营业网点的服务时间。

2. 金融数字营销渠道的功能

在数字金融产品或服务的营销过程中，金融数字营销渠道主要具有以下功能：

（1）销售功能。金融机构通过金融数字营销渠道向目标客户销售数字金融产品，提供金融服务。

（2）服务功能。通过向终端客户提供一系列金融服务，金融数字营销渠道可以让客户效益增值。例如，通过批量拆分，为客户提供小批量购买规模，降低客户的额外支付成本（如存储成本），为终端客户提供空间便利。降低目标客户的运输成本和搜索成本，缩短消费或购买过程中的等待时间，降低消费成本（时间成本和能源成本）；增加数字金融产品的功能，更好地满足客户的个性化需求，增加额外服务，给客户带来更高的转移价值，提高客户满意度，培养客户对企业或企业数字金融产品或服务的忠诚度。

（3）便利功能。金融机构通过金融数字营销渠道为客户提供了时间、空间距离和信息技术终端网络渠道的便利，不仅方便客户购买，而且降低了金融数字产品或服务的成本，提高了客户满意度。

（4）信息功能。金融机构通过金融数字营销渠道搜集和分析处理客户所需的信息。随着现代信息技术的发展，特别是互联网技术和通信技术的发展，最新的金融数字信息可以通过终端渠道更广泛地搜集和分析，并以快速、方便的方式传递给目标客户。

（5）宣传功能。金融机构通过金融数字营销渠道为数字金融产品制订营销计划，设计更有效的广告和促销活动，实施人员推广、公共关系等促销策略。

3. 金融数字营销渠道的类型

与实体产品一样，数字金融产品或服务也需要通过某些渠道向客户销售。数字金融产品或服务的营销渠道可分为直接营销渠道和间接营销渠道。

1）直接营销渠道

数字金融产品的营销通常不能与金融机构本身完全分开，因为它通常依靠金融机构直接联系客户，直接向客户提供各种数字金融产品，即使用直接营销渠道。这些渠道通常包括分支机构、面对面销售、互联网金融平台和信用卡网络。

（1）分支机构。各金融机构直接投资于全国乃至世界各地的分支机构，形成了其产品的直接营销网络，可以直接为客户服务。例如，商业银行在各省市设立的支行，在县市设立的分行，在各街区、农村设立的网点和储蓄中心构成了银行的产品营销网络。类似地，保险公司在各地设立的分支机构，证券公司从事一二级市场业务的分支机构，以及从事经纪业务（股票交易业务）的业务部门，分别构成了保险公司和证券公司的直接营销网络。

（2）面对面销售。除柜台等待服务外，直接营销网络中的每个网点都派员工进行面对面推广,成为直接营销渠道中最基本、最原始的形式。如今,越来越多的公司,包括各种金融机构,依靠专业的销售团队来访问预期客户,将他们发展成真正的客户,并不断增加他们的业务。银行客户经理、保险代理行客户经理、保险代理、股票经纪等,是从事面对面销售的直接销售机构。

(3) 互联网金融平台。商业银行应充分发挥网络技术的作用,将传统的物理网点转移到移动终端、官方账号、移动银行等网上途径。在线平台的功能不应局限于发布官方信息、单向传达企业精神和品牌理念,而应建立智能一站式综合服务平台,为客户提供更专业、更智能的服务。平台还应深入挖掘客户使用场景,为客户提供互动体验和金融服务,建立金融社区,分享金融经验,寻求帮助,相互推荐金融产品。在平台上,除查看交易和账单明细外,还可以方便地切换到自己的社交圈。银行依靠这些功能留住客户,增加其黏性,打破传统网站体系模式,整合社会共享机制,真正搭建垂直一体化金融服务平台。

(4) 信用卡网络。信用卡网络是银行的直接营销方式,是银行通过发行信用卡直接向持卡人提供数字金融服务而建立的信用卡网络,是银行向客户营销产品的直接渠道。当然,信用卡网络还包括零售商场、酒店等消费场所。因此,为了让客户享受信用卡服务,银行需要将其信用卡业务推销给这些机构,并借助它们为客户服务。

(5) 统一营销体系。商业银行应有效整合互联网金融资源,形成统一的营销渠道体系。目前,商业银行之间的信息无法完全共享,数据无法集成,导致以产品或渠道为核心的营销模式相互分离,对客户的信息知之甚少。因此,商业银行应整合不同渠道的营销数据,与其他营销部门共享客户的购买倾向、购买次数、浏览偏好、信誉等相关数据,使客户能够在任何渠道咨询产品信息,获得有针对性的服务。此外,商业银行还可以通过获取证券公司、基金公司等客户信息,与第三方金融机构合作,为客户提供有针对性的金融产品,获得营销主动权。

2) 间接营销渠道

数字金融对资本配置效率既可能直接产生影响,也可能通过商业银行等传统金融中介间接产生影响。虽然我国资本市场近年来发展迅速,但迄今为止我国仍以间接融资为主、即金融中介对数字金融的影响仍可能发挥着重要作用。提供金融数字产品是一个动态的服务过程。在某些营销环节,可以通过一定的中介使金融机构本身与销售分离。事实上,数字金融产品的营销渠道可以看作一个价值增值链。数字金融产品的初始开发商和最终客户之间的渠道是占有或不占有该产品所有权的中介。当该中介机构同时拥有产品所有权时,它必须是最初的开发商本身或其下属机构. 此时,金融机构在进行直接销售;如果该中介机构独立于最初的开发商,则金融机构正在进行间接销售。数字金融产品的营销中介机构应站在与原开发商相同的价值增值链上,使数字金融产品增值。

(1) 数字化平台营销渠道。在数字化平台管理下,企业对销售渠道的依赖体现在对产品推广的重视上。客户数字化平台建设、App 开发、在线购物程序等与数字服务相结合的营销模式已成为一种有效的促销手段,有利于产品销售和品牌推广,增加企业销售收入,比线下销售节省更多时间。电子支付的加持使得销售收入能够尽快到账,减少应收账款的回笼时间。先进的数字化平台还可以计算销售数据和产品数据,预测和推断未来的产品策略和获利情况,提高资产利用效率。

（2）证券公司和基金公司的间接营销渠道。证券公司除直接开展一级市场业务和为散户投资者提供股票交易和经纪业务外，还通过发展中介机构间接寻求二级市场的投资者。此外，证券公司还以银行为主承销商，借助其网点间接向投资者销售金融产品或公司债券。在建立和销售基金的过程中，基金公司大多通过开发中介来开发和服务客户。

与金融机构的下属分支机构一样，间接营销渠道中的中介机构在全面服务最终客户方面发挥着重要作用。

【典型案例】

中国银行打造金融产品游戏化营销的新模式

"福仔云游记"以小葫芦福仔云游世界为主线，解锁国内外旅游目的地，整合养成、社交、旅游、推广、收藏、装饰等游戏设计，完成金融和非金融任务。

第一步：引入互联网理念，游戏化金融产品营销。

将掌上银行登录、医疗保险电子凭证激活、银行卡绑定、民生支付、基金金融浏览等金融任务融入有趣的游戏，通过游戏降低金融产品的推广成本。

第二步：实现多渠道引流用户获取，充分发挥手机银行与微信双端联动的优势。

"福仔云游记"同时在中国银行手机银行和中国银行微银行推出，充分发挥双端优势，通过奖励分级和分工联动，实现微信生态对手机银行的用户获取，促进手机银行用户活跃度提高。

第三步：构建丰富多变的激励体系，构建多种权益反馈模式。

一是用户级别形成的权益反馈，为不同级别的用户配置不同的权益，如电话优惠券、微信立减金额等；二是做任务产生激励权益，给予用户祝福、纪念品、明信片等道具奖励；三是针对资产提高的用户开展抽奖活动。

第四步：引入社交功能，帮助拉新活客。

"福仔云游记"一方面建立了游戏邀请分享、明信片分享等分享裂变机制，另一方面实现了朋友住宅参观、纪念品交换、双人旅游等朋友互动功能。

第五步：搭建开放式营销平台，聚集集团营销资源。

"福仔云游记"支持分行和综合运营公司定制游戏特色区，有利于聚集总行、分行和综合运营公司的营销资源，提高集团整体营销活动的效率。

第六步：紧跟营销热点，快速迭代支线活动。

针对冬奥会热点，开展冬奥会吉祥物和福仔周边实物礼品限量抢购活动；针对妇女节、劳动节等节日热点，向游戏用户分发特殊纪念品，提供敏捷的营销服务能力。

案例来源：云中鹤企业购.银行数字营销案例盘点，看看有哪些"有趣"又"有料"的干货？[EB/OL].（2022-09-01）[2024-06-20].https://www.163.com/dy/article/HG6NOQ3I05385O95.html.

二、金融数字营销渠道的建设

1. 分析影响金融数字营销渠道选择的因素

金融机构在选择自己的营销渠道时，应将营销目标与营销策略相结合。以商业银行为例,在选择渠道时,应充分考虑以下因素。

1) 数字金融产品的特征

不同种类的数字金融产品具有不同的特点,这是影响营销渠道选择的一个非常重要的因素。数字金融产品一般分为便利产品和特殊产品。便利产品连接密集渠道和长期渠道,特殊数字金融产品在既定地区的选择性营销决定了其营销渠道的临时性和短期性。此外,数字金融产品的创新和多样化使产品质量更加标准化,极大地促进了其营销渠道的发展。

(1) 数字金融产品的特点。数字金融产品的特点在金融机构营销渠道选择中起着重要作用。如果同质产品差异较小,主要竞争项目是价格,则金融机构可以采用无差异的营销渠道,即以整个市场作为大目标市场,所有客户对某些数字金融产品有共同需求,忽略差异,如国库券交易。对于价格差异较大的产品,应采用差异化的营销渠道,即将整个市场分为几个细分市场。金融机构可以根据自己的条件和环境,同时从事两个或两个以上的营销活动。随着我国利率市场化改革的深入,存款市场和储蓄市场也在扩大。数字金融产品的类型也是金融机构在选择营销渠道时应该考虑的一个重要因素。如果金融机构生产单一、大批量的数字金融产品,则在选择营销渠道时应采取无差异的营销渠道;如果生产小批量、多品种的数字金融产品,开展多种数字金融服务,产品品种越来越多,则应采取无差异的营销渠道。金融机构在开发新的金融数字产品时,一般采用密集的营销渠道,利用强大的营销手段,形成直接向客户销售的营销团队,也可以委托代理销售。

(2) 数字金融产品的生命周期。当数字金融产品处于投入期和成长期时,可以选择无差异的营销渠道,扩大市场份额;当产品进入成熟期时,应选择差异化或密集的营销渠道,以保持原有的市场。

2) 其他因素

金融机构竞争对手产品的营销渠道、目标市场所在地的居民状况、企业规模、信息技术、营销技术以及政策因素等都会影响营销渠道的选择。

(1) 竞争对手。金融机构的营销渠道也受到竞争对手使用的营销渠道的限制。在金融市场上、一些金融机构经常使用与竞争对手相同的营销渠道,而另一些金融机构则避免了竞争对手使用的营销渠道。此外,金融机构的营销渠道也会受到竞争对手行业影响力的制约,如果竞争对手在行业中的影响力较弱,则制约较弱,可不予考虑。

(2) 居民状况。目标市场客户的人口和心理特征是选择营销渠道的基础。营销渠道的成功在很大程度上取决于该地区的居民。居民状况包括性别、年龄、职业和居住区的变化。金融机构的金融数字营销渠道取决于客户需要什么、为什么需要、何时以及如何购买。金融机构在选择营销渠道时,应充分考虑年轻人的需求。此外,随着经济的发展和城市居民区的大规模发展,人口也会迁移。其中,最主要的迁移方向是新开发区或郊区。在这些更好的生活环境中,金融机构可以通过选择合适的营销渠道来扩大数字金融产品的销售。

(3) 企业规模、信息技术等因素。企业规模、资源能力、信用水平、销售能力、服务和要求都会影响金融机构营销渠道的选择。信息技术的发展也可以促进金融机构的发展,为其扩大营销渠道,如通过手机银行提供数字金融服务。

金融机构的资源能力决定了所选渠道的类型和渠道成员之间的关系。如果资源能力不足(包括人力、物力和财力),金融机构就无法占领整个市场或几个市场,应选择密集的营销渠道,即专注于一个或少数细分市场,实施专业的生产和销售。

(4)营销技术。营销技术直接影响数字金融产品的销售。广告对某些产品非常重要,而有些产品必须通过人员销售。因此,企业在选择营销渠道时,应先要衡量自己的营销技术,以便作出合理的营销渠道决策。

(5)政策因素。政府对各种数字金融产品采取的价格政策和税收政策将影响金融机构营销渠道的选择。如果允许自由购销各种数字金融产品,渠道就会多样化;相反,渠道将是单一的。同时,地方政府的行为也会影响企业营销渠道的选择。

2. 评估金融数字营销渠道

企业建立营销渠道并投入运营后,还必须按照一定的标准定期衡量和评估渠道成员的表现、检查销售定额的完成情况、服务水平、市场覆盖情况、支付情况、促销合作程度、为客户提供服务的情况,并按照一定的标准进行评估,目的是了解和掌握渠道成员的情况,并随时进行必要的调整。对不符合规定标准的成员,应采取各种措施调动其积极性,或将其从渠道中排除。

3. 发现和解决金融数字营销渠道成员之间的冲突

渠道成员之间的冲突是利益关系的反映,是渠道成员追求的基本和重要目标的冲突。利益反映了成员之间的分配关系,当这种关系难以协调一致时,就会导致冲突。然而,合作应该是每个营销渠道的主题,只有促进合作,才能最大限度地提高渠道的整体活动效率,是解决冲突的基本途径。

数字金融产品提供商应密切关注渠道成员之间的合作,采取激励措施,使渠道成员能够更好地与企业合作,共同努力实现企业的营销目标。激励措施包括物质奖励、精神奖励,人员培训等。

4. 金融数字营销渠道管理

营销渠道管理本质上是利用营销渠道开展业务的动态过程。这个过程包括管理金融机构的分支机构,销售网点及直接营销(以下简称直销)渠道。此外,在金融数字营销渠道的管理中,整个渠道技术体系的管理是一个非常突出的问题。以下仅涉及渠道一股管理。

1)销售网点管理

利用销售网点等下属分支机构直接为客户开展服务活动,是金融机构特别是银行最基本的营销渠道。为了有效地向客户推广各种数字金融产品及其服务,金融机构应从以下两个方面管理其销售网点:

第一,导入企业识别体系。

导入企业识别体系,即为金融机构创造良好的企业文化,树立良好的市场形象。借助企业识别体系管理金融机构的销售网点是一个很好的方法。特别是银行,由于网点密集,直接为消费者和机构客户服务,需要统一的经营管理。

第二,加强服务质量管理。

金融机构本身属于服务业,加强服务质量管理是下属机构和网点统一规范行为、完善服务、加强质量管理的关键工作。

服务质量和产品质量差别很大。一旦将产品质量量化为一定的技术指标或质量系数,就能保证连续生产的相对稳定性。而服务质量是一种具有易变性特征的动态感知过程。在接受优质服务的过程中,客户会感到周到、热情、快捷、方便、可信、可靠、有保障,会感到满意、快乐。提高服务质量要求建立完善的服务链或岗位链,因此,加强服务质量管理十分重要。

2) 管理直销渠道

除建立分支机构及网点外,金融机构的直销渠道还包括邮寄销售、电话销售、在线销售等。这些渠道的应用和管理集中在如何组织有效的直接活动上。这要求从以下几个方面进行管理。

第一,确定直销目标。

金融机构采用直销渠道的最基本目标或最终目标是收到预期客户的订单。但实际上,直销目标有以下几个方面:一是为销售团队寻找预期客户线索;二是加强客户关系;三是传递信息,通知客户,为未来购买做准备;四是传播理念和知识,使潜在客户产生需求。

第二,确定目标客户。

直销时应区分最有可能购买、最愿意购买或准备购买的客户和潜在客户的各种特征。金融机构可应用 R-F-M 模式(近期购买、购买次数、购买金额)选择客户。最好的目标客户应该是近期经常购买、购买金额最多的客户。按不同的 R-F-M 给每个客户打分,然后得到其总分,分数越高,客户就越有吸引力。直销可以利用年龄、性别、收入、教育水平、生活方式,购买直销产品的历史等市场细分标准来确定预期的目标市场。一旦确定了目标市场,就需要获得潜在客户名单。

第三,设计直销信息。

和广告设计一样,设计直销信息是一件非常具体和重要的事情。对于邮寄销售,需要仔细考虑和确定信封封面的设计,信件的标题、正文和结尾的写作,广告传单的字体、图案,颜色和宣传内容,回复表的设计,邮资已付回复信封的使用等。网页的设计对于在线销售非常重要,其形式和内容应以激发潜在客户的购买欲望为中心。当然,购买是否真的发生取决于网络系统的技术因素和金融机构相关服务的提供。对于电话销售,要传递的信息应简洁明了,以便客户能够在有限的时间内获得有用的信息或享受满意的服务。当然,如果使用免费通话,效果会更好。直销信息设计完成后,在正式推向市场之前,应测试视觉、技术和使用的效果,以检验其营销能力。

第四,评价直销效果。

管理直销渠道的最后一项工作是定期评价直销效果。其包括:①评价直销的沟通效果,如产品或机构的知名度、客户对产品的理解、客户心理份额等;②评价直销的实际效果,即比较投入产出,了解业务增长和利润增长;③对于效果差的直销活动,可以分析原因,作出必要的调整。

5. 金融数字营销渠道优化

(1) 全面推进智能网点数字银行战略,加快转型步伐。数字金融的建设需要实施智能网点战略,尤其重要的是商业银行的物理网点。对于大多数依赖物理网点生存的商业银行来说,智能网点的转型至关重要。除了技术和数据,客户培训、品牌形象、渠道建设和生态布局都需要依靠物理网点。由于物理网点的生存压力和转型问题,全面推进智能网点数字银行战略势在必行,具体包括:一是以数字银行战略为智能网络二次转型的目标,加快物理网络在线和离线整合,寻求物理网络功能升级;二是将数字银行的概念和管理纳入智能网络运营,改变过去的被动服务和高成本模式,除在线业务外,还需要整合网络数字流程和金融技术成果,提高数字银行的应用效果。

(2)加强数字金融应用和成果内化,提高数字化水平。数字金融的应用取决于三个要素:一是数字银行建设的系统和技术需求,支持智能网络服务。二是通过金融技术提高金融服务能力,解决客户需求的痛点。因此,在智能网络转型后,只有完成数字银行的基本工作,才能真正激活网络发展的活力,促进金融技术与业务的整合和渠道建设。不仅要加快金融技术应用探索,加快信贷、投资银行、跨境金融、包容性银行、供应链金融等复杂业务利用技术降低风险和处理问题;还要通过第三方合作提高数字银行渠道建设效率,由互联网技术公司和金融技术子公司支持智能网络运营和建设营销渠道,利用移动办公软件、线上化等科技管理工具,加强数字银行建设能力。三是加强基层网点金融技术应用反馈机制,及时了解数字银行的实践经验,帮助金融技术部门掌握数字银行建设的难点。

(3)完善智能网点数字渠道建设,构建生态系统。智能网点改造后,客户到达率和客户维护仍未达到预期效果,其原因很复杂,可能是市场竞争、客户偏好和数字银行品牌因素,也可能与传统银行路径依赖有关。比如,数字银行渠道未建立,失去数字金融应用价值,因此必须关注数字渠道和生态系统。为此,我们要做到如下两点:一是要认识到智能网点的物理渠道与数字渠道是相辅相成的。在过渡阶段,我们应该探索更多基于泛金融业务的生态系统,以B端、C端和G端为核心渠道资源,扩大物理网络的业务增长空间和客户来源。二是要与互联网公司、品牌企业建立多渠道数字银行网络,扩大智能网络服务的边界,扩大物理网点的工作内容和功能,将智能网点建设为渠道建设的中心,通过数字化扩大媒体辐射面。

【典型案例】

中信银行"一体化"贯通全渠道 链接客户全旅程

中信银行一直非常重视数字化的建设和投入,全面布局推进数字化转型,从组织上看,设有数字化转型办公室,成立了大数据中心一级部门,从经营模式上看,构建了"网点+远程+App"全渠道数字化经营策略,客服中心借全行转型之势,自2019年获得认证以来,三年磨一剑,通过"四位一体"的发展思路,打通了服务和经营的界限,贯通了线上线下全渠道,以智能作业和内部管理的一体化,支撑全行规模上亿级客户的服务。通过提升数字化运营能力将"以客户为中心"的宗旨落到实处,围绕"三全五主"新零售核心战略,即链接全客户、全产品、全渠道,维护主结算、主投资、主融资、主服务、主活动的"五主"客户关系,提高客户满意度,实现了中信银行远程渠道数字化转型落地和市场竞争力的提升。

从业务模式上看,建设了远程渠道客户经营服务一体化业务模式,厘清管理推动模式与直接经营客户模式的边界,充分整合资源,提高经营服务效率;从运营模式上看,整合并打造集约化管理的远程客户经营服务中心,实现资源高效利用,大幅降低运营成本。通过统一的人才培养标准、共享的知识库体系和快速迭代的科技智能平台,打造出高效高质量的敏捷运营模式;从系统支撑上看,基于信用卡5G全IP系统,升级远程渠道平台,实现全渠道、全媒体的客户交互触达。并与M+系统充分整合,实现统一账户登录,多技能、多模态调用,线上、线下结合,实现全渠道、全媒体的客户分层触达;从AI建设上看,建设运营高效的统一非结构化NLP分析平台,打造自有化的模型训练能力,助推存量渠道AI产品知识统一监控、统一训练、统一标注;赋能业务中台数字化,打破各个渠道客户交互的非结构化数据"孤岛"问题,提升团队成员的专业度,丰富客户动态行为标签体系,延长客户生命周期,实现交叉销售率、资产配置实施率、产品销量的提升。赋能一线数字化,采用企微助手、坐席助手等人机协同模式,构建优秀话术库和营销产品库,全自动推荐客户异议应对话术,精准推荐匹配产品,全方位赋能为一线人员提供多种应答知识,实现高效沟通,增加客户经理的同时经营客户数,提升企业微信沟通质效,实现更多客户触达。

在未来,银行客服中心的数字化转型将继续深入发展,更多的技术和模式将被引入和应用,如人工智能、云计算、大数据等,这些技术将为银行客服中心带来更多的优势和便利。同时,银行客服中心也将更加注重客户体验和满意度,通过数字化转型,将为客户提供更加便捷、高效、智能的服务。数字化技术也将在银行客服中心得到更加广泛和深入的应用,为银行的发展和客户的体验带来更多的优势和便利。

案例来源:panjl.数字化运营标杆案例:中信银行"一体化"贯通全渠道 链接客户全旅程[EB/OL].(2023-12-27)[2024-07-14].https://www.ccmw.net/article/188965.html.

三、金融数字营销渠道的策略

1. 金融分销渠道的具体选择

金融机构在制定及选择其分销策略时,一般应考虑灵活制定分销策略、加强与中介机构沟通、有效控制其分销渠道,以便以最小的成本实现利润的最大化。要想科学合理地选择分销策略,具体有以下几种方法。

1)目标客户需求法

金融机构需在进行市场细分之后,才可以确定目标市场,进而了解目标客户的需求,以便更好地提供商品或服务。

金融机构在进行销售活动时,要时刻关注客户的需求,根据既定客户的需要提供金融产品;在客户需要的时间段内,销售正确的产品;根据客户需要所产生的地点,决定产品的销售地点。只有充分认识到客户需求的多样性、差异性、时效性,才能做到有的放矢,提高营销效益。

2)竞争需要法

为了生存和发展,金融机构必须时刻关注竞争者的状况,而这里所说的状况包含市场竞争者的多少、竞争对手的策略、竞争优势及其战略目标等。

竞争对手的多少:分销策略的复杂程度与市场竞争者的数量成正比。竞争者越多,不仅暗示着市场竞争越激烈,还说明市场的饱和程度越高,因此就迫使金融企业更加谨慎地经营;但另一方面,竞争对手越多也使得产品普及率越高,反而更加有利于产品的分销和促销。

竞争对手的策略：所谓"知己知彼，百战不殆"，在金融市场上也是如此。金融机构只有在仔细调查、研究、分析竞争对手的分销策略之后，再依据自身的情况选择合适的分销策略，才能取得营销的成功。通常，金融企业应选择与竞争对手不同的策略，扬长避短，实现金融市场上各机构的协调发展。例如：我国的城市商业银行与国有商业银行相比，实力较弱、分支机构较少，无法与它们开展竞争，因此，城市商业银行通常对一些自己有相对优势的市场进行细分，然后再对该细分市场实行单一渠道或短渠道的分销策略。

3) 产品生命周期法

无论哪种分销策略都不能保证金融产品在整个生命周期内都具有持续的竞争力。所以，金融机构必须充分考虑金融产品生命周期的变动、所处的阶段、期限的长短等因素，然后据此作出分销策略的抉择。如同其他产品一样，金融产品的生命周期也分导入期、成长期、成熟期和衰退期这四个阶段。但是与工业产品相比，其生命周期又有很大不同。

2. 金融数字营销新型渠道——网络营销

金融数字网络营销是一种基于互联网、电子通信和数字互动媒体实现营销目标的新营销方式。它是企业与客户之间的即时反应互动信息交流系统。互联网本身具有许多营销特点。是最强大的营销工具，具有如下各种功能：渠道、促销、电子交易、互动客户服务、市场信息搜集、分析和提供。网络营销是一种跨越时空限制的营销媒体。网络营销具有客户主导、成本低、操作方便、沟通充分、营销市场无限、营销环境开放、营销方式多样等特点。与传统的营销方式相比，网络营销在降低成本、促进销售、提升企业形象等方面具有明显的优势。企业应加强网络营销理念、创新营销手段、摆脱区域限制，尽快向市场推出产品，分享网络技术带来的新机遇。这是提高企业竞争力的有效途径。随着金融电子化和网络化的快速发展，网络营销将成为金融机构市场竞争的新趋势。

3. 金融数字营销网络营销渠道的作用

金融数字网络营销渠道利用电子技术和网络技术，在金融数字信息、数字金融产品和服务的基础上，推出金融机构虚拟化，实现金融交易无纸化和金融市场网络化。其功能和作用主要体现在以下几个方面：

（1）拓宽数字金融服务领域。网络金融可以整合银行、证券、保险等金融市场，支持各种形式的资本混合管理，减少同一客户的重复劳动，拓宽金融数字产品开发和综合创新渠道，提高传统金融管理的深度、广度和效率，为客户提供丰富、多层次、个性化的数字金融服务。网络金融还可以利用自身的网络优势，与其他实体网络合作，开展金融业以外的相关业务。例如，发布银行信息、宣传材料和公共业务信息；发布客户搜索和下载客户账户信息；搜集和分析最新的金融信息，并将其传递给在线金融客户，为客户提供个性化的信息服务。

（2）提高数字金融服务效率。毫无疑问，网络金融以计算机为基本操作工具、使业务处理程序化、标准化。同时，由于其强大的网络技术支持。业务处理零在途。网络金融被称为全天候银行，因为它不需要固定的营业场所和指定的终端，也不受地区和时间的限制。只要拿起电话或使用计算机终端。客户就可以立即处理各种金融业务。

（3）获得竞争优势。由于电子技术的应用，金融业务成本大大降低。统计数据显示、网络银行的运营成本仅为传统银行的 20%；网络银行的运营成本仅占运营收入的 15%～

20%,而传统银行的运营成本约占运营收入的60%。在中国,网络转账交易的成本仅为手机银行和网络柜台服务成本的10%。降低运营成本,使网络金融机构能够通过让利客户争取到更多的客户和市场。

【案例阅读】

国际金融脱媒和信息系统的持续发展,支撑证券公司渠道创新

国际金融加速脱媒,尽管证券中小企业自身数量较大的优势限制了企业的较慢持续发展,但从长期看,国际金融脱媒将有利于证券企业的持续发展。金融脱媒是指随着直接融资(即依托股票、债券、投资基金等金融工具的融资)的发展,资金的供给通过一些新的机构或新的手段绕开商业银行这个媒介体系,输送到需求单位,也称为资金的体外循环,实际上就是资金融通的去中介化,包括存款的去中介化和贷款的去中介化。

随着金融市场、技术的大大持续发展,近几年的证券营业部所处的环境已发生明显变化。一是投资人交易习惯已从以现场买卖为主转向了非现场买卖为主,网上交易、智能手机证券等非现场交易量占比超过90%。二是移动互联网、操作系统、通讯新技术等各类技术的持续发展,为渠道策略提供了更多的新技术选择。三是随着证券营业部基本功能的转变及现场顾客数目的大幅度减少,证券营业部信息技术的安全性保障压力早已大幅缓解,网上交易等非现场买卖的网络安全保障压力停滞加大。四是非现场证券营业部建设成本大幅度降低,支行建设从一线城市渐渐向二线城市及区县发展。

信息系统的持续发展与证监会提出的"支行放开"的创新方针相结合,证券公司终将迎来分公司全省各地全面延伸的态势。增建的分公司采取微型营业部、轻型营业部的方式,基本上不提供现场买卖公共服务,或者现场买卖采用网上交易的方法。证券公司只需要专注进行网上交易、智能手机证券及该网站网页买卖的建设工程和完善。而网上交易等渠道的开发建设工程,由证券公司集中组织资源投入,后续维护集中于总部,以点带面,成本极低,这样能够大幅度降低分公司增加而带来的建设与维护成本,对于证券公司扩大市场占有率具有重要意义。

来源:吴晓求,方明浩,何青,谭松涛.资本市场成长的逻辑:金融脱媒与科技进步[J].社会科学文摘.2023(09):87-89.

思考:结合以上案例,面对新技术的推动,金融机构的渠道创新将体现在哪些方面?

第四节 金融数字营销的促销策略

【课程思政案例】

银行推出"拼团贷款"促销活动背后的原因
——拥抱市场变化、培育应变能力

近年来,"人数越多,价格越低"的拼团购物模式在日常生活中十分流行。近期,很多银

行也赶了一把时髦,纷纷推出"拼团贷款"促销活动。以南京银行的某款线上消费贷产品为例,"3人团6.08%,8人团5.88%,15人团5.58%"。很多银行都推出了消费贷利率限时优惠政策,其中,利率最低的要数工行和建行,最低可至年利率4.35%,促销活动到3月31日截止。那么,为何银行要大力促销消费贷产品?

央行公布的数据显示,2×20年2月,住户部门贷款负增长4 133亿元,其中,短期贷款减少4 504亿元。要知道,住户部门短期贷款的主要组成部分便是个人消费贷款,这意味着,受疫情冲击,2月居民消费额大幅下降。国家统计局发布的数据也证实了这一点:1~2月社会消费品零售总额仅为52 130亿元,同比下降20.5%。有业内人士指出,受疫情影响,1月下旬以来很多银行个人消费贷款、信用卡交易量明显下降。这也是银行开展个人消费贷促销活动的最主要的原因。

案例来源: 金库网理财师平台.银行推出"拼团贷款"促销活动,背后的原因是……[EB/OL].(2020-03-23)[2024-06-20].https://www.sohu.com/a/382412013_482518.

思考:

1. 银行推出"拼团贷款"促销活动,具体原因有哪些?
2. 结合该案例,思考制定金融促销策略时需要考虑哪些因素?

金融数字营销的促销策略主要指金融机构通过宣传自己的金融数字产品(或服务)并解释其本质等策略,引起消费者对这项金融数字产品的好奇心和兴趣,并进一步激发其购买欲望,最终达成购买产品的这样一项活动。实际上,金融数字促销与一般的促销活动基本类似,只是在原有的金融产品促销的基础上增添了数字化流程,或将商品数字化等纳入金融数字促销的范围,将金融机构的产品通过数字化流程传递给消费者群体。

一、金融数字营销的促销策略概述

1. 金融数字营销的促销策略的含义

金融数字营销的促销策略是指金融企业将自己的金融产品或服务通过适当方式向客户进行报道、宣传和说明,以引起其注意和兴趣,激发其购买欲望,促进其购买行为的营销活动。

在金融机构的促销活动中,促销不仅指将机构经营的产品通过宣传等方式与消费者进行交易,还包含在交易的同时所产生的沟通作用。此时,基于数字化的金融促销产品或者金融促销数字化可以为机构带来更多的选择。金融数字营销可以轻松为机构提供用于分析消费者喜好以及喜好走向的数据基础,使得机构能够在实现经营活动的同时得到来自消费者方最真实的反馈。金融数字营销活化了金融机构与消费者之间的信息沟通,拓宽了两者之间的沟通渠道,以一种更加便利的方式来帮助消费者认识产品的性能特色,满足了不同消费者的不同需求。

2. 金融数字营销的促销策略的作用

数字金融产品促销的作用有以下几个。

(1) 提供金融机构支持的产品(或服务)信息。金融数字营销可以使金融机构通过数字化的方式向消费者传递其产品的相关信息,使消费者了解该机构提供的金融产品所具有的特点、购买方式等，方便消费者参考和选购金融产品，同时也扩大了金融产品的销售范围。

（2）了解消费者需求。对于金融机构来说，促销是其扩大经营范围的一种方式，同时金融机构可以通过促销产品来了解市场上的消费者需求，及时对产品和服务进行更新以获更大的市场份额。

（3）树立品牌信誉。金融机构通过金融数字营销来宣传产品能够让消费者通过了解产品来了解整个机构的特点，宣传具有机构特色的产品则可以树立良好的企业形象和建立产品信誉，从而有利于机构进一步扩大其经营范围和占领更大的市场份额。

由此可见，金融数字营销对金融机构的经营活动有着不可或缺的影响，并且金融机构也十分注重建立良好的促销策略。基本的促销策略包括广告促销、公关促销和员工推广。尽管促销方式是多种多样的，但是只有信息能够在机构与消费者之间有效传递才能达到产品促销的目的。

3. 金融数字营销的促销策略的影响因素

（1）消费需求。对于不同消费者的不同需求，金融机构应该采取不同的数字促销策略。

（2）数字金融产品生命周期。不同数字金融产品在市场中的销量会随着时间的推移而变化。处于不同生命周期阶段的数字金融产品的需求量和能够带来的利益是不一样的，因此，机构需要综合考虑数字金融产品所处的生命周期，制定适合不同产品生命周期的最佳策略。

（3）促销费用。促销费用是金融机构在进行促销活动时需要考量的因素之一，不同形式的促销活动会带来不一样的促销成本。机构应当结合数字金融产品生命周期和促销方式对促销成本进行预估，确认促销组合的成本是否达到了最低水平，同时也要综合考量机构自身的经营状况以及综合财力等。

（4）目标市场。金融机构会根据目标市场来对其产品进行相应的调整。目标市场中的消费者、消费者偏好以及消费者购买水平都会成为金融机构制定数字促销策略的影响因素。

（5）促销策略。对于金融机构来说，从现有的市场规模和市场类型出发来制定相应的数字促销策略是非常重要的。以前金融机构所涉及的促销策略，大多数都是以较为传统的方式来吸引消费者的注意力，但是对于金融数字促销方式来说，在传统的促销方式中加入数字化的转型不仅提高了促销的效率，也扩大了促销的范围。因此，在实际的促销环节中，金融机构应将这两者更加强有力地结合在一起。例如，银行等金融机构可以通过建立客户关系网，明确每一个客户对金融产品的偏好以及接受程度等，再运用数字化的金融促销的方法将适合不同类型客户的产品在数字化层面进行促销，从而达到吸引客户购买产品的目的。

二、金融数字营销的促销策略的过程

与大多数促销过程一样，金融数字营销的促销策略的过程包括确定促销对象、制定促销目标、确定促销预算、决定促销方式、实施促销和问题反馈。

1）确定促销对象

促销对象一般是指接受了金融机构促销信息的潜在客户群体。不同的金融产品所面对的客户群体有所不同，因此，金融机构需要建立数字化的客户偏好分析结构，针对特定客户群体对金融产品的偏好来有针对性地调整促销形式。

2）制定促销目标

促销目标是指金融机构通过一定的促销活动,出售金融产品来达到的特定经营目标。在不同时期的市场环境下,客户群体的需求会发生变化,对特定金融产品的偏好也会发生转变,所以,金融机构需要制定不同的促销目标来应对客户需求的变化。

3）确定促销预算

促销预算是指金融机构用来进行促销活动所需要的费用,通常需要机构人员在市场行情变化和客户群体需求改变时对这笔费用作出预测,并对费用区间有明确的规划。促销预算会对金融机构的促销目标和促销效果造成一定的影响,因此,金融机构应该根据自身的能力来制定合理的促销预算。机构可以基于历史的销售水平对未来的销售水平进行测算,或者参考竞争机构的促销预算来适当地增加或减少预算,从而达到一个较为均衡的水平。

4）决定促销方式

促销方式包括铺设广告、员工推销、公关宣传等,金融机构在开展促销活动时,往往要实施多种促销方式,将不同的促销方式与合适的促销内容相结合,使得促销别具特色。优秀的促销方式是符合金融机构经营目标的、与金融产品自身特点相贴合的、与市场条件相匹配的。银行等金融机构在发行大额存单这类金融产品时更多针对的是市场中的工商企业,这类企业的客户群体较为集中,可以采用员工促销方式。对于信用卡、保险类产品这种份额较大的产品,通过数字化渠道来进行信息传递会更加高效,因为数字化的渠道接触面广,造成的影响大于员工促销。

5）实施促销和问题反馈

实施促销和问题反馈是每一家企业都会经历的过程。金融机构应对促销的过程进行监督,记录结果,并在此基础上及时调整促销策略、改进促销组合方式等。在促销活动结束后,金融机构可以通过电话访谈、问卷调查等方式来调查客户对促销方式的满意程度,并在此基础上判断是否实现了预期促销目标,以此为依据来调整促销策略和提高促销的质量。

三、金融数字营销的促销方式

1. 数字金融产品员工促销

每家企业都需要对其员工在促销方面有一定的要求,金融机构更是如此。员工促销的主体是企业内的员工,为了达到促销的目的,员工在与客户沟通的过程中将有关产品特点等重要信息传递给客户,并说服客户购买所在机构的数字金融产品。

员工促销的类别较为简单,分为固定员工促销和流动员工促销。以银行为例,固定员工一般指在固定岗位上工作的人员,如银行柜面人员、分理处的营业人员等。流动员工则是定期组织促销活动的人员集合,这些人员集合负责定期的外拓业务,与客户或潜在客户进行业务推销。可以进行外拓的员工包括业务推销员、客户经理和投资顾问等人员。这些人员通常需要具备一定的专业知识基础,尤其是投资理财类知识;在营销中,具有专业的营销技巧、会从客户的偏好下手、有能力去发掘潜在客户;面对市场需求变化时可以分析相应的需求变化,为客户提供全面的销售服务。

数字金融产品员工促销的方式主要包括但不限于以下几种：电话促销、研讨会促销和路演活动。

1）电话促销

通过拨打电话的方式向潜在客户宣传数字金融产品是早期较为重要的促销方式。由于科技的更新迭代和进步，电话促销方式逐步转为互联网线上促销，但电话促销如今仍然活跃。业务人员通过电话与客户进行沟通，向客户宣传机构产品特点和经营理念，解答客户的疑问，引导客户购买产品。

2）研讨会促销

从业人员需要具备一定的基础知识，有目的地针对客户对银行、保险、证券和基金等行业不同程度的理解来举办相应专题的研讨会。在突出机构人员重视客户需要的同时也建立了良好的机构形象。

3）路演活动

路演活动更适用于证券机构和上市公司。证券机构和上市公司通过在不同的地点进行路演，推荐它们的主流产品，树立企业形象。路演活动一般分为线上路演和线下路演两种形式。随着手机移动端时代的到来，路演活动也逐渐由线下转到了线上。证券等金融机构通过互联网建立自己的网站，向公众和潜在客户推荐自己的产品。目前最为广泛应用的宣传方式之一就是企业在网站上开办免费的讲座，利用讲座的形式无形中向公众和潜在客户传递企业的价值观念，树立企业形象，介绍产品及其操作方法等。

【典型案例】

银行数字员工——一场与未来的博弈

近两年，有关元宇宙概念的话题异常火爆，移动互联网的下一站将开往元宇宙、已成为部分人的共识。在火爆概念的带动下，银行也迎来了从移动金融到元宇宙金融的过渡期。其中，数字员工（虚拟数字人）成为银行踏入元宇宙的第一站。据麦肯锡预测、2025年，数字员工市场规模将达到6.7万亿元；2030年，中国因流程自动化而需要转换职业的工人数量预计将达1亿人，占2030年劳动力的12%。

数字员工是指AI＋机器人流程自动化（RPA）＋数据＋数字人。中国银行业协会首席信息官高峰曾表示："部分互联网银行和中小银行开始布局元宇宙，尤其是数字员工的引入，替代自然人担任重复简单工种岗位，为客户提供虚实相融的服务场景，增加客户黏性。"但是，与传统金融机构网点的机器人不同，银行的数字员工以一个虚拟的人物形象呈现。其除了品牌形象展示，还具有虚拟场景的业务交互能力。数字员工的核心定位是服务型数字人，替代真人服务，提升效率。另外，数字员工能7×24小时工作，是多模态的数字助手、金融客服、讲解引导、导购陪伴，是银行可以"无限压榨"的多功能"廉价劳动力"。作为员工，数字员工需要足够智能，有强力的业务数据支撑能力、自动化处理能力和让客户喜欢的虚拟形象。

银行推进数字员工，主要是因为看到了它们未来的产业价值。数字员工能够降低服务成本，缩短业务服务半径，提升服务效率，拓展更多服务场景边界，让金融业务达到或更接近

"银行4.0"。百信银行首席战略官陈龙强认为,从元宇宙的角度来看,银行需要从人、场和物三个方面来把握数字员工。人,即数字员工从虚拟品牌官进化到更多角色,实现从虚拟IP到业务赋能的演进;场,即从数字员工到元宇宙银行社区的构建,领先布局未来银行新范式;物,即数字资产的持续蓄能,最终完整搭建元宇宙经济体系。

在未来,数字员工势必会助力金融数字营销的蓬勃发展。

案例来源: 和猫抢猫粮. 数字员工行业前景?能否彻底代替人工?[EB/OL].(2023-03-23)[2024-06-20]. https://baijiahao.baidu.com/s?id=17611437380698930298&wfr=spider&for=pc.

2. 数字金融产品广告促销

数字金融产品广告促销是指金融企业通过宣传媒体以各种方式向现有的和潜在的客户介绍金融企业所能提供的产品及其功能、特点等情况,以吸引客户的注意,并诱导客户的消费行为向某种方向转变的宣传活动。

金融广告具体可以分为两类:一是旨在宣传金融数字产品和服务的广告,金融机构将产品的特点和能够带来的收益通过宣传的方式对客户进行信息传递,激发客户购买相关产品和服务的欲望。二是金融机构在宣传自身产品和服务时所建立起来的机构形象,通过对自身形象进行包装从而提升企业形象、积累企业声誉、构建机构与客户之间的信任,进而争取到客户的消费选择。

金融广告的实施主要包括确立主题、明确对象、提出构思、选择媒体和评估预算五个步骤。

(1) 确定主题。广告主题是以金融数字产品还是以企业形象作为主要宣传内容,这主要取决于金融机构目标及其产品和服务的特点。

(2) 明确对象。为达到广告效果,金融机构在设计广告创意和内容时,必须了解和分析有兴趣购买产品的个人、家庭或组织的类型,并且要判定谁能作出购买决策。

(3) 提出构思。金融广告的构思要具有说服力,富有创意,通过直接指向宣传对象的切身利益,以表明金融数字产品和服务将使宣传对象获得实际利益。

(4) 选择媒体。广告媒体是指广告信息传播的载体。广告媒体主要分为印刷媒体,如报纸、杂志、书籍等;电子媒体,如电视、广播等;邮寄媒体,如产品说明书、宣传手册、产品目录、服务指南等;户外媒体,如广告牌、海报等。金融机构要综合考虑目标客户、产品特点、各媒体的费用和效果以及竞争者所使用的媒体等情况来选择媒体类型。

(5) 评估预算。广告促销活动除传播信息、吸引客户外,还必须关注广告宣传的成本和收益。由于在产品广告中,这种联系体现得更为显著,金融机构大多采用产品广告方式,而在形象广告中,这种联系效还难以测定。

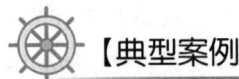
【典型案例】

"国风综艺"遇"数字金融"国有大行解锁营销新范式

随着数字经济上升为国家战略,金融科技推动金融业数字化转型持续深入发展,数字金融成为当前主流。而作为中国金融营销的引领者,中国农业银行携"时间的礼物"为数字金融时代的品牌营销树立起新典范。

比起金融行业传统营销方法,中国农业银行和腾讯新闻的深度内容共创不仅能在把握年轻消费者喜好的同时让各阶层消费者更好地理解金融的历史发展,也能帮助提升中国农业银行的品牌、产品和服务在受众中的认知度和好感度。一方面,观众在今昔对比中可以更系统地认知金融服务业的发展,感受时代变迁带来的技术、业务体验升级,从而更明晰自己在数字金融时代下的财务管理新需求,而这恰好符合中国农业银行壹私行家族信托服务"传承有道,基业长青"的理念。另一方面,从长远角度出发,潜在消费者也可以在业界学者的讨论中,对"创富""守富""传富"有更多元化的认知,继而提升自身金融素养。

这种数字金融营销方法带来的广告促销效应大大提高了中国农业银行金融营销数字化转型的效果和消费者认知度。

案例来源:腾讯广告. 当"国风综艺"遇上"数字金融",看国有大行解锁营销新范式. [EB/OL]. (2022-03-25)[2023-07-30]. https://mp.weixin.qq.com/s?__biz=MjM5NDczMzgxMQ==&mid=2662543645&idx=2&sn=789f34df78fb3211fee4bdd12a77af63&chksm=bdc4da818ab35397e7ccbf7a8454c4e9cd85ddb635d680fe61c09be61ea56efdd43b6b9a86ca&scene=27.

3. 数字金融产品推广

营业推广的概念为金融企业为刺激一定的市场需求,引起较强的市场反应而采取的一系列优惠促销措施,如减价、免费提供配套服务等,以此来吸引和刺激客户购买或扩大购买。金融机构为了抢占一定的市场份额、刺激市场需求,对其金融产品和服务进行一系列的优惠促销,如降价以及提供免费的后续服务等。金融机构通过这种方式来刺激客户购买和扩大客户的购买量,并且在与同行业竞争时也普遍采用这种方式。

产品推广的对象主要有三种:第一种是金融机构的客户,包括已经购买产品和服务的客户及潜在客户;第二种是专门负责金融产品和服务的中间销售商;第三种则是金融机构中的推销人员。

金融机构进行产品推广的主要目的是抢占市场份额,以获取更大的营业利润,而目标需要起点来支撑,所以金融机构在作出产品推广决策时一定要明确推广的目的,即对推广的群体是什么、推广的内容是什么等一系列问题作出判断。根据产品推广的对象,大致可以将产品推广的目的分为三种:保留老客户、吸引新客户和挽回已流失的客户。机构可以适当通过准备赠品、优惠券、折上折、有奖销售和合作推广等方式来吸引新老客户,开拓新市场,扩大客户对金融机构产品和服务的购买。

四、金融数字营销方式的选择和组合

对于大部分行业来说,每一家企业的促销方式都是大同小异的。有四种基本促销方式,分别是广告促销、人员推销、营业推广和公关宣传等,每种促销方式均有各自应用的场景,但在不同条件下也会受到限制,所以把握好每一种促销方式的应用场景是每个机构都应该规划的事情。机构为了适应市场需求的变化会推出非常丰富的产品和服务,如果只依靠其中一种促销手段,效果会打折扣。因此,金融机构合理运用广告促销、人员推销、营业推广和公关宣传等方式,将多元化的促销手段与丰富的产品结合起来,通过网络和大数据传播,让客户更加细致地了解机构产品和服务的特色,树立良好的企业公众形象,在得到公众认可的同时保持良好信誉和持久的竞争力。

1. 广告促销

广告促销具有一定的公开性,信息在传播时的流动性更强,更容易渗透到公众中去。在现代互联网方式的支持下,可供选择的广告促销渠道变得越来越多,也越来越稳定。金融机构在实行广告促销时,由于广告的可塑性和延展性较强,能够将产品的特点转变为公众更容易接受的艺术形式,更加生动,因此能够给公众留下更加深刻的印象。但是广告促销也有其不足之处。尤其对于金融机构的数字金融产品和服务,客户在购买这类产品和服务的时候本身拥有一定的基础理财知识,这样才能对不同金融产品进行比较,作出综合的考虑。再加之金融产品的信息专业性较强,部分晦涩难懂,在进行广告促销时极有可能达不到预期的促销结果,具有一定的局限性。

2. 人员推销

人员推销是机构推销人员与客户面对面沟通时常用到的方式,这种方式鼓励机构人员与客户直接对话,灵活性较高,并且把握一定话术的推销人员更易激发客户的兴趣,使其购买产品。推销人员可以通过客户的谈话内容来了解其偏好,根据谈话内容随机应变,更易促成交易。但是优秀的推销人才很难寻找,并且单个推销人员能够接触到的方面较为狭窄,培养推销人才的费用较高,在短期内难以成型,对于刚成立不久的机构来说,采用这种推销方式会付出较大的成本。

3. 营业推广

营业推广方式有很多种类,并且灵活多样,容易激发公众的兴趣,吸引潜在客户。机构可通过营业推广获得很多即时交易,较好把握客户。但是营业推广的费用较高,使用次数多了也会使客户失去兴趣,流失一定的客户资源。

4. 公关宣传

公关宣传可以作为机构达成长期目标的一种宣传方式,并且公关宣传的持久性要强于其他宣传方式,宣传效率也比其他方式高出很多,对于很多成熟的机构来说是促销方式的首要选择。由于公关宣传的影响力较大,覆盖面较广,可以展现出良好的机构风貌,更容易得到客户的信任。但是机构一旦选择公关宣传,后续的发展方向会难以控制,因此有时会在不可抗力的作用下脱离机构计划的管制,给机构带来负面的影响。

第五节　金融数字营销的服务策略

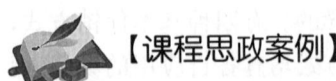
【课程思政案例】

中信银行私人银行——"钻石管家"专属服务
——树立"以人为本"职业价值观

在中信银行95558客服中心,有一个神秘色彩十足的部门。她们总是随身带着两个手机,打字速度快如闪电,所向披靡;她们总是24小时开机,时刻等待客户的呼唤,第一时间帮助客户解决问题;他们像家人一样,像朋友一样,关心着客户的吃、住、行,他们就是贵宾服务室的钻石管家团队。

过去十年,居民财富的可观增长和随之而来的财富保值增值需求,使得中国的私人银行业实现了行业规模的快速扩张。作为国内首批启动家族信托业务研发与实践的金融机构,中信银行私人银行不但在国际上得到了充分认可,而且在国内银行界也形成了鲜明的特色。中信银行私人银行针对行内超高净值客户推出"钻石管家"专属服务,可以实现零时差及时响应,7×24小时无间断。不管客户人在境内境外,都可在有需要时3分钟内得到钻石管家的回应,这是一次极致客户服务体验的创新。

随着财富积累和超高净值人群所处生命周期阶段的变化,私人银行客户的需求,不再局限于财富的保值增值和财富传承,他们更加注重一些非金融领域的综合服务。针对这种新的需求变化,中信银行私人银行推出"钻石管家"服务,以主动探索高端客户需求为导向,通过一对一专属服务模式,以管家般的服务姿态为客户提供多元化的服务渠道,定制个性化的服务。中信银行95558客服中心总经理助理卢燕介绍,钻石管家是一种主动服务模式的借鉴,其背后是私人银行强大的资源整合能力和系统支撑,树立了高端客户服务行业标杆。

案例来源:经济观察报.中信银行私人银行——用信念守护传承的温度[EB/OL].(2019-08-19)[2024-06-20]. https://finance.sina.com.cn/stock/relnews/hk/2019-08-19/doc-ihytcern1956076.shtml.

思考:站在客户的角度考虑,各类金融机构如何提升服务质量?

一、金融数字营销的服务策略概述

1960年,"AMA"最先给服务定义为"用于出售或者是同产品连在一起出售的活动、利益或满足感"。金融服务营销(financial services marketing)是指金融机构以满足客户需求为导向,以服务为手段将金融产品销售给客户的各种经营活动。金融服务营销是一个大的范畴,贯穿于产品形成、营销、业务运行、内部组织和管理等多个方面。

金融数字营销的服务策略是指金融机构以满足客户需求为导向,采取服务的形式,以数据驱动为手段,利用数字传播渠道向客户销售金融产品的各种营销活动。金融数字营销的服务营销是一个大的范畴,贯穿于产品形成、营销、业务运行、内部组织和管理等多个方面。在金融数字营销的服务营销中,服务一般也被认为是数字金融产品的一种。它以无形的状态存在于有形产品的营销过程中,并延伸到有形产品的生命之外,成为一条连续的、循环的价值链。因此,金融机构对服务营销的重视程度高于产品营销。在产品营销中蕴含着服务营销,而服务又被看作产品营销的一个总的运行环境。金融机构引入服务营销始于花旗银行,其于20世纪50年代就率先设立了市场营销部,并引入营销专业人员,从此开创了金融营销的服务营销的先河。其后,花旗银行率先对服务在银行营销中的应用进行了实践,并且在营销中屡创佳绩。中国银行业作为金融业的中坚力量应深入理解"现代金融业是金融服务"的内在含义,积极运用营销策略,提高服务水平并追求利润最大化。金融营销的服务营销是通过研究确定客户的金融需要,规划新的服务或改善原有的服务,来满足不同客户的需求,而金融数字营销的服务营销更是融合了互联网与大数据,使得分析客户的过程更加精准与专业,整个过程包括数字金融产品的设计、制作、服务、组织、控制、信息反馈等活动。

金融数字营销的服务营销是服务营销的一个分支,而服务营销脱胎于有形商品的市场营销,因此,金融数字营销的服务营销具有以下特点。

(1) 无形性。同其他行业的服务一样,金融机构的服务是无形的,只有在和数字金融产品共同运行时才表现为有形的,两者密不可分,如为客户提供眼镜布、茶水等,这种有形只是服务的一个表象和寄托。

(2) 智能性。通过将数字技术与金融服务深度融合,数字金融服务大幅提高了金融机构中业务全程的效率,如客户办理业务的效率;利用图计算等方式充分挖掘数据价值,也能更好地利用数据来为银行等金融机构的信贷决策提供支撑。这种数字金融服务为产业数字化转型升级和生态的高质量发展助力赋能。

(3) 异质性。与数字金融产品的同质性相悖,数字金融服务具有典型的异质性。在市场经济下,数字金融服务是以客户为中心、以效益为前提的,它强调客户要为金融机构带来利润,金融机构的数字服务要与客户盈利能力的大小相适应,所以要根据客户产生利润的大小提供不同的数字服务。数字服务的异质性也叫差异性,表现为数字服务内容和数字服务形式的差异。

(4) 循环性。一般的服务是随着产品的销售或使用过程的结束而消失的,是一种短暂行为。但金融机构提供的服务的周期相对较长,是从数字金融产品的起始延伸到终结之外的过程。数字金融服务从研究客户需求开始,到销售数字金融产品、售后服务、再到深层研究客户需求,是一个不断循环的过程,这个循环可以对一个客户实施,也可以对整个目标市场进行。

(5) 非储存性。服务是不能储存的,数字金融服务也不例外,这是由服务的无形性决定的。服务不能储存,但服务的经验可以积累,积累的结果是服务水平不断提高,积累到一定程度可以形成服务品牌。

二、金融数字营销的服务策略的目的

金融机构力图通过向客户提供优质、高效和个性化的服务,提高客户对金融机构的满意度,从而使其保持忠诚,与金融机构建立长期的关系,令双方在持续的业务合作中都能获得更大的收益。实行金融数字营销的服务策略,可以大幅改善传统金融营销的服务营销在现阶段面临的开发新客户难、老客户线上活跃度低的难题,因为金融数字营销的服务营销可以借助场景应用技术将金融机构的金融服务嵌入客户的高频生活场景,加大客户与产品的接触频率与互动性,提高自有平台私域流量的转化效率和客户黏性,做到真正提升客户的满意度与忠诚度。

1. 客户满意度

客户满意度是客户预想效果与感知结果之间的比较。在接受服务之前,客户往往对未来可以得到的服务有一个期望值,这个期望值是人的大脑对周围环境和历史的沿革进行判断之后所作出的一个预想。如果接受服务时感知的结果超出期望值,客户就会感到满意;反之,则不满意。金融机构不可能改变客户的期望值,所以要想提高客户满意度,就必须提高客户对服务感知的结果。

2. 客户忠诚度

客户对企业的忠诚表现在态度和行为两个方面。前者指客户对企业的员工、产品、服务的喜欢和留恋的情感,又被称为客户忠诚度。后者受到态度的影响,客户忠诚度以客户的多种行为方式表现出来,这些行为方式包括再次购买、大量购买、经常购买、长期购买,以及为企业的产品和服务做有利的宣传等。导致客户流失的原因也很多,但其根本原因是客户满意度的下降。金融机构要想留住客户,让客户保持对企业的忠诚,最重要的是让客户满意。

数字服务产品的特征可以简单归纳为:摸不着、分不开、难同质和无储备。这些特性带来了特定的营销问题,需要用特定的策略去解决。

三、金融数字营销的服务策略的原则

1. 差异化服务

金融机构的服务分为四个层次。以银行为例分别是:①基本服务,这是日常的、属于银行职责范围内的服务功能,如存取款;②在基本服务功能之上,对部分客户所提供的服务,如网上银行;③特殊服务,对一些高级客户,银行会额外提供一些令客户满意的服务;④定制服务,它是银行为客户提供的全面服务,这种服务具有包办的意味,但一定能使客户满意。

值得注意的是,金融机构提供的差异化服务只体现为针对不同客户的服务内容有差异,并非提供数字金融服务时态度的好坏。当金融机构没有能力做到面面俱到时,要通过规定业务范围或提高享受服务的门槛来锁定部分客户,让其他客户主动退出而非驱逐。主动退出的客户将来仍有可能成为该金融机构的客户,而被驱逐的客户永远也不会再成为该金融机构的客户。

2. 亲情化服务

最好的服务是让客户察觉不到服务的痕迹,这种服务被称为"亲情化服务"。银行等金融机构必须紧紧围绕客户这一元素进行金融数字营销的服务策略的制定与实施,借助数字化技术实现面向不同客户的精准服务。在这个过程中,如果金融机构采用亲情化服务策略,服务就会进入自然状态,客户会在这种亲和的服务中对金融机构产生依赖性。

3. 先进化服务

首先,金融机构服务要在服务战略、服务创新等方面具有超前意识。以变应变,才能给人以创新的形象,吸引一批具有创新意识的高端客户。其次,在对某个客户进行服务时,要经常提供一些客户没有想到的服务,给其惊喜和满足。最后,服务的先进性还体现在服务手段的先进上,先进的数字科技手段可以帮助金融机构向客户提供快速、方便的服务。

4. 有形化服务

服务的特质是无形性,但金融数字营销的服务可以借助有形的产品成为看得见、摸得着的有形物质,增强客户对金融服务的感知。例如,传统支付主要采取现金、支票及汇票等方式,而目前随着电子商务的发展衍生出来的网络支付方式本身虽无形,却能借助智能手机这个媒介,以网上银行及第三方支付的移动支付形式变得有形。

【典型案例】

"数字光大"打造银行服务新形态

进入数字经济时代后,金融客户加快了向线上操作迁移的进程,对各大银行数字化、智能化服务的需求日益提升。光大银行正是采取了数字化转型这个有效执行银行财富管理战略的方法,坚持以客户为中心,着力推进"数字光大"建设,为经济社会发展作出了良好的服务贡献。

据了解,近年来光大银行坚持创新引领与数据驱动,将数字化发展引入便民服务、场景金融、自营平台、客户经营这四大重点领域。随着"十四五"规划等相关政策的颁布实施,数字便民服务已经成为金融行业连接民生服务的重要纽带。光大云缴费就是光大集团和光大银行在民生服务领域的典型代表。这项数字金融服务打造了开放化、数字化、智能化的便民金融服务生态体系,通过整合中国的个人、企业、政务等各类缴费服务、渠道、支付结算功能,大幅提升了客户缴费的便利程度。截至2022年9月,光大云缴费服务已有超过3.5亿个活跃客户,缴费服务笔数突破13亿笔,缴费代收服务已输出至微信、支付宝、美团、银联等700余家大型互联网机构及银行同业等,其中输出至国家政务服务平台和各省、市级政务服务平台70余家。这使得我国的数字便民缴费产业得以向更加普惠均等、优质便捷、精准智能的方向蓬勃发展。此外,通过实现与光大云缴费App服务的连通,光大手机银行还上线了"社保一站通"功能,其中包含"查账单""快缴费""电子社保卡""医保电子凭证"四项高频服务,客户可以在线轻松查询个人参保信息、线上办理社保缴纳等。

在数字经济时代背景下,银行与客户的交互方式、产品服务形式都在不断发生变革,这也迫使各个银行不断提高数字化分层分群经营能力。2022年,为了进一步强化"以客户为中心"的数字化经营能力,光大银行在业务中台、数据中台等机制上不断改革创新,不仅在零售金融条线建立了零售中台,还通过企业级业务运营、大数据挖掘和数据分析、数字化展业等能力及工具建设,将"价值共生共享"落到实处,为客户带来了持久价值。光大银行的客户权益智能服务平台也是围绕客户体验进行搭建,在融合了大数据等金融科技手段后,借助互联网思维及运营方式,为全行客户经营及智能化营销提供了强有力的抓手,从而更好地满足了客户对权益活动持续增长的需求。

案例来源:齐鲁壹点."数字光大"打造银行服务新形态[EB/OL].(2022-09-01)[2024-06-20].https://baijiahao.baidu.com/s?id=1742736010282376603&wfr=spider&for=pc.

本 章 小 结

本章主要讲述了金融数字营销策略的相关概念,包括金融数字营销的产品策略、定价策略、渠道策略、促销策略以及服务营销策略。详细介绍了影响数字金融产品的特征、数字金融产品的定价方法及策略、数字金融产品的分销渠道、数字金融产品员工促销、广告促销、营业推广及金融服务营销的特点和相对应的营销策略。通过本章学习,要求学生能针对某个特定数字金融产品进行营销策略分析并制定策划方案。

课 后 习 题

一、单选题

1. 产品打开销路、业务量快速增加的阶段是(　　)。
   A. 投入期　　　　B. 成长期　　　　C. 成熟期　　　　D. 衰退期
2. (　　)是商品价值的一种货币表现形式,是金融机构用货币形式表现的金融产品对客户的价值。
   A. 价格　　　　B. 汇率　　　　C. 保险费　　　　D. 手续费
3. 按(　　)划分,金融数字营销渠道包括互联网金融平台、信用卡网络、统一营销体系等。
   A. 营业场所　　B. 网点的控制程度　C. 产品　　　　D. 营业时间
4. 通过将数字技术与金融服务深度融合,数字金融服务大幅提高了金融机构中业务全程的效率,以上属于金融数字服务营销中的(　　)特点。
   A. 无形性　　　　B. 智能性　　　　C. 异质性　　　　D. 循环性

二、多选题

1. 数字金融产品的特征包括(　　)。
   A. 普惠性　　　　B. 数据驱动性　　C. 创新性　　　　D. 服务便捷性
2. 数字金融产品定价的主要因素包括(　　)。
   A. 资金成本　　　B. 市场波动　　　C. 竞争对手　　　D. 市场需求
3. 金融产品员工促销的形式主要包括(　　)。
   A. 电话促销　　　B. 研讨会促销　　C. 面对面促销　　D. 路演促销
4. 金融数字服务营销策略的目的包括(　　)。
   A. 客户满意度　　　　　　　　　　B. 客户差异化需求
   C. 客户忠诚度　　　　　　　　　　D. 客户期望度

三、判断题

1. 数字金融产品组合是指金融机构所经营的全部产品线和产品品目的组合或搭配。(　　)
2. 金融机构提供的差异化服务是提供数字金融服务时态度的好坏。(　　)
3. 金融机构需要建立数字化的客户偏好分析结构,针对特定客户群体对金融产品的偏好来有针对性地调整促销形式。(　　)

四、简答题

1. 简述金融机构可以采用的数字产品组合策略。
2. 分析数字金融产品的生命周期和与各阶段的营销策略。
3. 分析金融数字营销的渠道类型以及影响选择渠道的因素。

4. 简述金融数字营销的过程。

项 目 实 训

金融数字营销推广方案

实训目的:

根据学习的金融数字营销策略,针对数字金融产品设计一套简单的营销推广方案。

实训内容:

假设自己是某金融机构营销部的策划人员,选择某一即将或刚上市的新金融产品,运用金融数字营销策略制定一份营销推广方案,使该新产品迅速打开市场,赢得客户的关注,并促进产品的销售。

实训要求:

(1) 运用所学知识,对目标金融产品设计合适的营销推广方案,包括产品策略、渠道策略、价格策略、促销策略、服务策略等。

(2) 将推广方案整理成PPT形式进行汇报。

第四章

金融数字营销工具与平台

◎ 内容导图

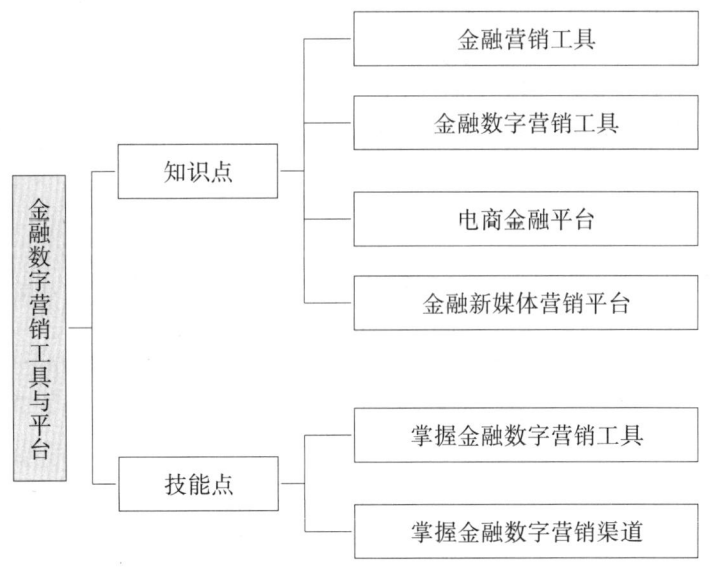

◎ 知识目标

1. 掌握金融数字营销工具；
2. 了解金融数字营销工具的特点；
3. 了解金融新媒体营销平台。

◎ 能力目标

1. 掌握金融数字营销工具的方法；
2. 掌握金融新媒体营销平台的发布。

第一节　金融营销工具

一、搜索引擎营销

搜索引擎营销(search engine marketing,SEM)，是网络营销早期经典的营销方式。它是在网络营销诞生之初的第一代营销工具——搜索引擎工具上发展而来的。搜索引擎是指根据一定的策略，运用特定的计算机程序从互联网上搜集信息，为用户提供检索服务的系统。搜索引擎可以检索海量的信息，是当前人们生活和工作中必不可少的工具之一。目前，比较常用的搜索引擎有百度、搜狗、360搜索等，大多企业都选择与这些具有实力的搜索引擎合作，开展搜索引擎营销。

1. 搜索引擎营销的实现过程

搜索引擎营销的基本思想是让用户发现并点击信息。当用户利用搜索引擎搜索某个关键词时，搜索引擎将把相关信息展示给用户。用户通过点击即可进入网站，以进一步了解所需信息，同时为企业创造价值。搜索引擎营销的实现过程主要包括以下几个阶段，如图4-1所示。

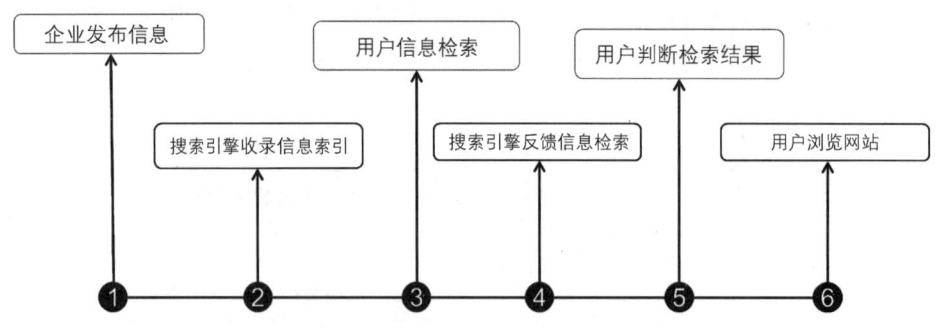

图 4-1　搜索引擎营销的实现过程

(1) 企业发布信息：企业将信息发布在网站上，成为以网页形式存在的信息源。

(2) 搜索引擎收录信息索引：搜索引擎将网站或网页信息收录到索引数据库。

(3) 用户信息检索：用户利用关键词进行检索，对于分类目录则进行逐级目录查询。

(4) 搜索引擎反馈信息检索：搜索引擎在用户的检索结果中罗列出相关索引信息及链接URL。

(5) 用户判断检索结果：用户对检索结果进行判断，选择有兴趣的信息并点击链接进入信息源所在网页。

（6）用户浏览网站：用户浏览企业官方网站、相关网站或第三方电商平台，实现访问量转化。

2. 搜索引擎营销的特点

搜索引擎营销作为经典营销的主要方式之一，具有很高的营销价值。与其他营销方式一样，搜索引擎营销具有非常广泛的用户基础，可以为企业带来很多的新用户。其主要具备以下优势和特征。

1）搜索引擎营销的基础是企业网络营销信息

企业网络营销信息包括内部信息和外部信息。两者都可以利用搜索引擎实现信息传递，但前提是信息发布的网站平台具有良好的网站优化基础。因此，无论通过企业官方网站、相关网站还是第三方电商平台发布信息，都要求信息发布平台具有搜索引擎优化基础，因为这是企业信息发布取得搜索引擎推广效果的基础。

2）以用户为主导

用户的信息检索行为具有自主性，使用什么搜索引擎、搜索什么关键词都由用户自己决定，在搜索结果中点击哪些网页也取决于用户自己的判断，不完全受搜索引擎和企业网站的诱导。因此，企业应该最大限度地减少营销活动对用户的滋扰，用有价值的内容和信息吸引用户。

3）传递的信息只发挥向导作用

搜索引擎检索的是网页信息的索引，一般是某个网站或网页的简要介绍，或者搜索引擎自动抓取的少量内容，而不是全部内容，因此，搜索结果只能发挥向导作用。企业在进行搜索引擎营销时，必须思考怎样尽可能地将有吸引力的索引内容展现给用户，怎样通过简单的信息吸引用户进入网页继续获取信息，怎样给用户提供所期望的信息等问题。

4）按效果付费

搜索引擎营销是按照效果付费的，即投放的广告被点击后才计费，展示是不收费的。因此，其广告每一次计费，都将带来一次"点击效果"。用户有点击，说明用户对广告内容具有需求，与传统的纸质、电视媒体相比，搜索引擎营销更加注重效果。

5）广告投放费用较低

搜索引擎营销的广告费用相比于传统媒体而言更低，一般搜索引擎营销有多种收费策略，企业可选择对自己更适合、更高效的策略，如按点击量收费、按展示位收费等。

6）精准的定位

搜索引擎营销可以对用户行为进行准确分析，并可实现精准定位。尤其是搜索结果页面中的关键词广告，可以实现与用户检索关键词的高度相关，从而提高企业营销信息被关注的程度和最终的营销效果。

3. 搜索引擎营销方法

搜索引擎营销方法可以归纳为三种形式，即搜索引擎登录和排名、搜索引擎优化、关键词广告。另外，还有很多形式的搜索引擎营销服务，他们都是在这些基本形式的基础上演变而来。因此，这些基本形式的研究是应用各种网络营销方法的基础。

1) 搜索引擎登录和排名

这种方法一般比较简单,只需要按照搜索引擎的提示一步步地填写完成即可。比较常用的搜索引擎登录有 Google、Yahoo、百度等。每个搜索引擎的登录细节会有所差异,但都很简单。一般来说,搜索引擎登录要求的内容有网站名称、网站地址(URL)、关键词、网站的描述和站长联系信息等。大部分的搜索引擎是需要人工审核的,因此,提交的信息会在审核后的几天或几周后才会显示。

搜索引擎一般利用关键词进行竞价,参与竞价排名的企业为自己的网站与网页购买关键词排名,用户在点击该索引结果后即产生费用。一般来说,付费越高,获得的排名就越靠前。

2) 搜索引擎优化

搜索引擎优化(search engine optimization,SEO),简单来说就是能够让网页、关键词排名靠前的各种方法。目的是为网站提供生态式的自我营销解决方案,让其在行业内占据领先地位,获得品牌收益。SEO 包含站外 SEO 和站内 SEO 两方面。为了从搜索引擎中获得更多的免费流量,企业从网站结构、内容建设方案、用户互动传播、页面等角度进行合理规划,还会使搜索引擎中显示的网站相关信息对用户来说更具有吸引力。

搜索引擎优化又被称作网站优化技术,网站优化做得好,可以在搜索引擎中获得较好的排名。因此,为了提高网站对搜索引擎的友好度,提高用户的使用体验,需要对网站的结构、页面和内容等进行优化。

3) 关键词广告

关键词广告是充分利用搜索引擎开展网络营销活动的一种手段,是付费搜索引擎营销的主要形式,近年来,它已成为搜索引擎营销中发展最快的一种。所谓关键词,就是指用户在利用搜索引擎搜索信息时,能够最大限度概括其要查找的信息内容的字或词。设置关键词的作用是增加被搜索到的可能性,增加用户在进行信息搜索时企业的曝光度。可见,企业设置搜索关键词是搜索引擎营销的重要一环。在选择关键词时,主要采用五种类型:产品词、通俗词、地域词、品牌词、人群相关词。

关键词广告有以下特点:①形式比较简单;②显示方法比较合理;③一般采用点击付费(CPC)计价,费用可控;④可以随时查看流量统计;⑤可以方便地进行管理。

随着网络营销渠道越来越多,营销手段越来越丰富,搜索引擎营销的黄金年代也逐渐过去。天天更新网站,不断发新闻稿,绞尽脑汁挖掘长尾关键词不再那么奏效,增加预算的同时,转化率却没有得到显著提高,相应的销售额也止步不前。由此可见,关键词的设置要紧跟市场主流,讲究技巧。

二、电子邮件营销

随着电子邮箱的普及,企业利用电子邮件为用户提供信息和服务,并基于邮件的传播特性,挖掘出了电子邮件营销(E-mail direct marketing,EDM)。电子邮件营销是一种用电子手段进行信息交换的通信方式。通过电子邮件系统,用户可以快速与世界各地的网络用户联系,或接收大量新闻资讯、专题邮件等。电子邮件是互联网用户最常用的服务之一,包括文字、图像、声音等多种形式,被广泛应用于人们日常生活和工作中。由于电子邮件营销方式应用范围广、成本低、精准度高,可以加强营销方与目标用户间的合作关系,提高用户忠诚度,刺激用户进行消费,其已成为早期营销方式中非常有效的一种营销方式。

1. 电子邮件营销的优势

电子邮件营销的优势极其明显,主要体现在与用户一对一的沟通上。下面对电子邮件营销的主要优势进行介绍。

1) 成本低

电子邮件营销是一种低成本的营销方式,企业一般只需要支付网络费用和搜集信息成本,比传统广告形式的宣传推广成本低。同时,电子邮件广告形式适合各行各业,具有信息量大、保存时间长、影响效果久的特点,还十分便于收藏和传阅,性价比高。

2) 简单快捷

电子邮件营销从开始制作邮件到发送,再到获得反馈,整个过程时间比较短,并且可以同时发送数量众多的邮件,操作十分简单,便于掌握。

3) 应用范围广

互联网技术的迅猛发展使网络用户的数量飞速增长,截至 2023 年,中国的网络用户规模已达 10.67 亿人。面对如此巨大的用户群,作为主要广告宣传手段之一的电子邮件营销同样拥有了更大的营销空间,被企业灵活应用到了不同的营销环境中。利用电子邮件,企业可以在很短的时间内迅速向大量目标用户发布广告信息,甚至可以将营销范围扩展至全球。此外,当邮件收件人阅读信件后,可能会将其转发给自己的亲朋好友,从而引起广告邮件的裂变传播,进一步扩大营销范围。

4) 定向性

电子邮件营销具有较强的定向性,是一种点对点的传播形式。企业可以针对某一类特定的用户发送特定的广告邮件,也可以根据需要按行业或地域等进行分类,通过高精度传播将信息发送到目标用户的邮箱中,从而增加信息的阅读率和传播率,达到更好的宣传效果。

5) 建立紧密的用户关系

企业在进行电子邮件营销时,可以通过收集用户的需求信息,投其所好地为其发送个性化、定制化的营销邮件,推广自己的产品和服务。这种营销方式具有很强的针对性,在迎合目标用户需求的基础上,逐步建立和维护了企业与用户之间的关系。

6) 满足用户的个性化需求

电子邮件营销可以为用户提供个性化服务,用户可以选择订阅感兴趣的信息,也可以退订不需要的信息。由于选择权非常自由,用户对决定接收的信息的关注度很高,这也是电子邮件营销能够获得较好效果的原因。

7) 高反馈率

在电子邮件营销过程中,企业可以非常方便地收集到目标用户的实时反馈信息,包括点击率、回复率等,从而分析得出该营销活动的市场反应,及时作出调整。

2. 电子邮件营销策略

当企业通过用户注册或活动订阅积累了大量真实用户的邮件地址时,就可以对这些用户进行循序渐进的电子邮件营销。企业可以每周或者定时发送邮件,不断让用户加深对品牌的认知和了解,在潜移默化中让用户形成产品认知,并最终购买。营销策略主要有以下几种。

1)情景化内容推送

当拥有庞大的电子邮件地址信息和用户数据列表后,企业会对分布在不同地区的用户进行细分。细分管理虽然烦琐却能获得更多的商业机会,使企业更加具有竞争力。细分管理要求基于外部天气环境和用户背景等定制情景化内容。例如,在冬季,企业要避免向广东、海南等地区的用户推销羽绒服、取暖器等;如果推广雨具,那比较适合向处于雨季的用户发送推广邮件。

2)地理定位营销

如今,超过60%的电子邮件在移动终端中被打开,地理定位邮件正变得比以往任何时候都重要。具有个性化地图的电子邮件,可以显示出距离用户最近的商店,以推动店内流量和销售额的增长,如金融等行业已经开始使用地理定位电子邮件来显示客户可兑换奖励的最近位置。

3)融合社交媒体

随着社交媒体朝气蓬勃地发展,越来越多的企业开始尝试将电子邮件营销和社交媒体融合起来。通过整合实时社交内容,无论是Facebook、Twitter,还是微信、微博等,都可以实现与电子邮件之间的链接,用户通过邮件即可自动触发微信、微博等信息。在品牌推广等电子邮件中直接引入实时社交渠道内容,可让用户了解关于主题的更多实时互动信息。

4)邮件的移动渠道

目前,移动端的邮件浏览量逐步攀升,开始受到市场营销的重视。移动端用户的电子邮件阅读及使用习惯成为一个新领域,而不仅是日常邮件营销的附加考虑点。随着移动智能设备的不断更新换代,未来可能要兼顾智能手机、平板电脑、可穿戴智能手表等更多移动邮件应用渠道。观察、分析移动渠道用户的特性,挖掘移动用户的兴奋点,企业可撰写出更有价值的电子邮件。

5)营销追踪

借助于营销追踪,企业可以在邮件营销的后台查看用户打开邮件的行为。用户打开了哪个链接,对哪种产品感兴趣都一目了然。针对这样的重点用户,企业可以根据其感兴趣的内容再次发送相关产品邮件,为用户提供需求。这种连环式的邮件推送抓住了用户的"痛点",对用户的购买行为会产生极大的推动作用。

三、IM营销

即时通信(instant messaging,IM),是指能够即时发送和接收互联网消息,通过网络进行聊天的实时通信服务,也指集交流、资讯、娱乐、搜索、电子商务、办公协作和企业客户服务为一体的综合化信息平台。比较常见的即时通信工具有QQ、阿里旺旺、微信、Skype等。

IM营销是继搜索引擎营销、电子邮件营销之后重要的网络营销方式。它克服了其他营销方式信息传递滞后的不足,实现了企业与用户之间的无延迟沟通,是企业通过即时通信工具推广产品和品牌,以实现目标用户挖掘和转化的重要手段。在网络营销中,很多企业都会选择 IM 营销,其成本低、用户群广泛、互动性强等特点,可以极大地提高企业的推广效率。同时,即时通信工具可以承载多样化的文本、语音、视频等内容,并可成为互联网网站的进入工具,将网站的各种内容、产品和服务集合在一起,向用户宣传。

1. IM 工具的类别

根据即时通信属性的不同,可将 IM 工具分为以下类别。

(1) 通用型 IM 工具:以 QQ、微信、Skype 等为代表。这类 IM 工具应用范围广,使用人数众多,并且包含各类捆绑服务,如邮箱、空间等,用户对其依赖性较强。因此,通用型 IM 有利于经营和积累营销关系网。

(2) 专用型 IM 工具:如淘宝的阿里旺旺等。这类 IM 工具的主要特点是应用于专门的平台和用户群体。因为专用型 IM 工具与固有平台结合比较紧密,拥有相对稳定的用户群,所以在功能方面专用性、特殊性较强,但由于应用人群主要是自身平台的使用者,其在应用范围、用户数量方面有一定限制。

(3) 嵌入式 IM 工具:常用于小型企业,典型代表是在线客服软件,配备特定的客服人员满足用户需求。这类 IM 工具的主要特点是嵌入网页,不需要用户安装客户端软件,直接通过浏览器就能实现沟通,是传统客服功能的延伸和拓展。

2. IM 营销的优势

即时通信受空间、地域的限制较弱,可以对企业开展营销活动起到很大的促进作用。IM 营销的主要优势有以下几点。

(1) 用户数量大。IM 营销吸引人的地方在于用户数量庞大。以 QQ 为例,其注册用户超过 10 亿,同时在线人数超过 1 亿,用户集中、覆盖面广。这就为营销提供了先天条件,企业只要能够利用好这些用户资源,就能带来优质的流量,从而取得良好的营销效果。

(2) 成本低廉。现在主流的 IM 工具几乎都是免费使用的,即使申请成为会员,其费用一般也很少。只要营销者掌握了有效的营销策略和方法,只需要极少的成本,就可以获得很好的营销效果。

(3) 针对性强。利用即时通信工具,企业营销人员可以针对不同用户的特点进行一对一沟通,也可以直接与某个具有共同特点的群体进行交流。企业还可以针对产品特点精确定位目标人群,获得很好的营销机会。

(4) 互动性强。互动是 IM 工具的基础功能。企业可以随时接待每一个用户,回答用户的任何问题,巧妙利用 IM 工具的各种互动应用和服务,掌握营销主动权,将品牌信息主动展示给用户,最终促成交易。此外,企业还能引导用户参与互动,使用户将产品和品牌信息主动分享、传播给好友,从而在维护用户关系的基础上提高了品牌影响力,促成用户的消费行为。

(5) 传播范围广。IM 工具作为人们生活、工作中常用的沟通工具,可以形成庞大的关系网。好友之间的信任感,很容易使企业有价值的信息在 IM 工具用户的关系网中得到广泛传播和扩散,产生巨大的口碑效应,使 IM 营销的传播形式更加丰富,传播范围更加广泛。

(6) 营销效率高。一方面,企业可以通过分析用户的注册信息,如年龄、职业、性别、地区、爱好等,以及兴趣相似的人组成的各类群组,针对特定人群发送用户感兴趣的品牌信息,能够诱导用户在日常沟通时主动参与信息的传播,使营销效果达到最佳;另一方面,由于 IM 受空间、地域的限制较弱,类似促销活动这种用户会感兴趣的实用信息,企业可以利用 IM 在第一时间告诉用户,有效传播率非常高。

3. IM 营销中 IM 的基本应用

企业通常将 IM 工具作为信息交互载体,实现目标客户挖掘和转化。在 IM 营销中,IM 的基本应用主要包括以下几个方面。

(1) 客户服务。对于企业来说,IM 的最大价值在于实时沟通。实时沟通的现场性,使得用户可以根据需要实现即时的问与答。

(2) 开拓新用户。利用 IM 开拓新用户或加强用户忠诚度,就是通过鼓励"某个人"向自己私人通信网络里的好友们表达他对某产品或服务的意见,来吸引其好友们成为某产品或服务的新用户。

(3) 促销宣传。通过 IM 营销,管理员能够清楚地知道网站的实时访问情况,了解潜在用户的轨迹及状态,以此来分析其潜在的需求。在此基础上,企业可通过促销宣传的方式对潜在用户主动发起交谈邀请,从而建立起沟通与互动,让用户能及时知晓相关产品的促销信息,及时、有效地获得宝贵的商机。

(4) 广告媒体。在许多广告客户和广告代理商眼中,IM 已经成为吸引大量广告费用投入的媒体平台。中小企业可以通过 IM 营销工具,发布产品信息、促销信息,也可以在各种可见的位置处插入广告位。按照广告的位置的不同,我们可以将其分为聊天窗口嵌入、IM 界面嵌入及 IM 弹出对话框等几种。

(5) 用户信息反馈。通过 IM 营销手段,企业的相关管理人员可以收集用户的状态,并对他们的需求进行分析,对于改善用户的关系具有一定效果。

4. IM 营销个人信息设置

恰当的个人信息设置是开展 IM 营销工作的第一步。一般来说,要想给用户带来良好的第一印象,头像、昵称、签名、个人资料等都是需要重点关注的设置项。具体包括:正规的头像;真实、易记的昵称;强关联的签名内容;详细的个人资料。

5. IM 群组营销

在进行 IM 营销之前,通常需要分析用户的年龄、职业、性别、地区、爱好等信息,然后针对特定人群发送其感兴趣的信息,诱导用户主动参与信息的传播,实现营销价值的最大化。群组是拥有某些共同特征的用户自主聚集起来的群体,拥有清晰的特征和定位,不需要企业在众多用户中进行分析和筛选。当然,企业也可以主动建立目标用户群的群组进行营销。

开展 IM 群组营销时,首先需要有足够的群,同时,群的质量决定了营销效果的好坏,因此在加群时需要注意以下几个问题:不加成员少的群,不加活跃度不高的群,不加同质化严重的群,不加目标不集中的群。

在群组中进行营销时,不能使用狂轰滥炸式的推广方式,可以使用以下技巧,以达到良好的营销效果。例如,使排名靠前;保持活跃度;活用表情;解决问题;转发。

第二节 金融数字营销工具

一、LBS营销

基于移动位置服务(location based service,LBS)营销的产生和发展离不开移动互联网技术和移动电子商务的支持,同时,精准营销思维在营销活动中的普及,也为LBS营销提供了巨大的动力。移动互联网使用户在不停的位置变换中依然可以保持网络连接,使LBS营销可以为用户提供更加个性化的位置服务。精准营销思维的融入让LBS营销在准确性、互动性、经济性、可控性和动态性上发挥出了更大的价值。

1. LBS营销的应用原理与内容

LBS营销是指先通过电信移动运营商的无线通信网络(如GSM网、CDMA网)或外部定位方式(如GPS)获取移动终端用户的位置信息(地理坐标或大地坐标),之后在地理信息系统(geographic information system,GIS)平台的支持下,为用户提供相应服务的一种增值业务。

LBS的概念是从美国发展起来的,起源于以军事应用为目的所部署的全球定位系统(global positioning system,GPS),随后在测绘和车辆跟踪定位等领域开始应用。当GPS民用化以后,产生了以定位为核心功能的大量应用。进入21世纪后,LBS及其涉及的技术在电子商务领域得到了广泛应用,大放异彩。如今所说的LBS是LBS与Web的应用(如SNS社区网络服务)及相应商业、娱乐元素的结合(如导航App、订餐App),极大地扩展、提高了LBS的应用空间和使用价值。

LBS包括两层含义:一层是确定移动设备或用户所在的地理位置,另一层是提供与位置相关的各类信息服务。总结起来,与定位相关的各类服务系统(以下简称定位服务)主要由移动通信网络和计算机网络组合而成,通过网关实现两个网络间的交互。即移动终端用户通过移动通信网络发送请求和定位,经过网关传递到LBS服务平台,然后LBS服务平台根据用户请求和当前定位进行处理,并将结果通过网关传送回用户终端。如用户可通过移动终端打开定位系统,然后在当前位置的一定范围内(如1 000米附近)寻找宾馆、影院、图书馆、加油站等。实际上,LBS营销就是借助互联网,在固定用户或移动用户之间完成定位和服务功能。LBS的移动终端包括移动电话、笔记本电脑和个人数字助理等。

2. LBS营销的特点与价值

与其他营销方式相比,LBS营销因为定位的特殊性,具有以下几个特点。

(1)精准营销。LBS营销是一种十分精准的营销,可以将虚拟化社会网络和实际地理位置相结合。运营商通过用户的签到、点评等信息可以抓取用户的消费行为轨迹、时间和地点等。企业通过用户使用的LBS服务可分析出用户的签到商家数等LBS数据,掌握用户的生活方式和消费习惯,从而能够有针对性地为用户推送更精准的销售信息,同时,还可以根据移动用户的消费特质制定更加准确、有效的市场细分策略和营销方式。

（2）注重培养用户习惯。LBS营销有两个基本前提：一是用户主动分享自己的地理位置，二是允许接收企业的推广信息。进行LBS营销时，一定要重视用户的习惯培养，要让用户乐于接收位置营销信息，这样才能更好地发挥LBS营销的价值。

（3）保护隐私安全。LBS营销是基于用户定位的营销方式，不可避免地要涉及用户位置隐私。LBS营销在为用户提供服务便利的同时，如果不能妥善地处理好用户隐私问题，就会造成用户兴趣爱好、运动模式、健康状况、生活习惯、年龄、收入等信息的泄露，甚至造成用户被跟踪、被攻击等严重后果。因此，LBS营销必须用严密的手段保护好用户隐私。

LBS营销的价值主要体现在两方面：一是产品促销，二是口碑传播。其实，无论LBS营销的价值以何种方式体现，都要利用用户的位置进行推荐。几乎所有的App都会在用户安装后的第一时间询问用户是否允许获得地理位置，其最大的作用就是收集用户的位置进而做精准推荐。具体如下。

（1）协助品牌进行产品促销。当用户登录LBS客户端时，LBS应用将自动获取用户当前所在位置，并显示附近正在或即将举行活动的地点，用户可以点击查看活动详情，并选择前往任意地点参加活动。这种定位式广告特别适用于有线下门店的品牌，通过线上定位和优惠策略将用户直接领到门店，促进其线下消费。

（2）通过同步形成口碑传播。社会化媒体平台上的口碑对于品牌来说是提高形象和驱动销售的最直接动力。目前，几乎所有LBS应用都可以绑定微博和常用的SNS网站，通过LBS客户端，商家优惠信息等可以同步到这些平台。巧妙的营销机制，如活动优惠、福利打折等，可以让用户成为品牌的传播因子，以该用户为核心，通过朋友圈形成更大范围的口碑传播。

3. "LBS＋地图"模式的营销应用

如今，LBS几乎成为所有App的底层工具，LBS营销离不开实时地图功能的支持。因此，基于智能移动端的"LBS＋地图"应用可以说是LBS营销的核心模式，也是LBS营销的基础。"LBS＋地图"模式几乎可以在所有移动电子商务领域使用。具体如下。

（1）导航服务。导航服务即电子地图的基本服务，如高德地图的导航功能。

（2）生活服务。餐饮、住宿、娱乐、出行等本地生活服务几乎都需要将地理位置信息推送给用户，如通过百度地图查找附近的酒店并导航。

（3）持续定位。跑步、步行等运动类数据的提供，物流类的车联网、公交换乘等服务也需要借助LBS的地理位置服务。

（4）安全设备。现在很多物品具有定位功能，可以方便用户端App实时获取物品的地理位置信息，如儿童手表等。

（5）社交。社交可以说是当前与LBS结合最紧密的互联网运营模式。凭借LBS技术，可实现定位服务和社交功能的组合，从而使网络社交顺利地完成从虚拟社交到现实社交的转变，LBS顺理成章地成为连接社交和商业的渠道，如很多社交应用具有的"查找附近好友"功能。微信作为一款圈子型的社交工具，也提供了基于LBS技术的"摇一摇""附近的人"功能。

4. "LBS＋O2O"模式的营销应用

"LBS＋O2O"模式是传统团购模式的进一步延伸，目前多应用于生活服务方面。基于

LBS定位服务的线上到线下闭环营销模式,可以缩短用户和企业之间的距离,让用户及时看到企业信息并产生消费,其多见于本地化产品和服务,要求对用户的地理位置进行定位,然后根据用户的需求推送周边的企业服务,如外卖订餐、打车等。

5. 基于LBS的广告推送

基于LBS的广告推送是指商家和LBS平台合作,向某个既定区域内的用户推送广告。根据应用方式不同,基于LBS的广告推送可以分为地理感知广告推送、地理围栏广告推送和位置图谱广告推送。

二、大数据营销

企业获取营销数据的途径一般是客户管理系统(CRM)中的顾客信息、市场促销、广告活动及企业官网中的某些数据。通常,这些信息只能满足企业的部分正常营销管理需求,而且企业不能洞察数据规律。而其他类型的用户数据,如社交媒体数据、邮件数据、地理位置等,更多地以图片、视频等形式存在,在实际营销中难以运用。大数据技术具有更强大的分析功能,能够采集和分析更多的用户数据,洞察这些数据之间的关联或规律。包括沃尔玛、家乐福、麦当劳等知名企业都安装了收集运营数据的装置,用于跟踪客户互动、店内客流和预订情况。运营人员可以将菜单变化、餐厅设计和用户意见等数据与交易记录结合起来,然后利用大数据工具展开分析,从而为产品销售、产品陈列及调整售价给出指导意见,最终为用户提供最佳的优惠策略和个性化的沟通方式。

简单地讲,大数据营销这种模式就是通过互联网采集大量的行为数据,帮助企业找出目标用户,以此为基础对广告投放的内容、时间、形式等进行预判与调配,完成广告精准投放的营销过程。

1. 营销特点

1)个性化营销

网络营销的营销理念已从"媒体导向"向"受众导向"方向转变。以往的营销活动主要以媒体为导向,选择知名度高、浏览量大的媒体进行广告投放,用户被动接收信息。如今,企业以用户为导向进行网络营销,应用大数据技术的数据采集、分析可以做到当不同用户关注同一媒体的相同界面时,广告内容有所不同,从而让广告有的放矢,实现精准化的推荐和个性化营销。

2)时效性

大数据营销具有很强的时效性。在网络时代,用户的消费行为和购买方式极易在短时间内发生变化。大数据营销可以让企业通过技术手段充分了解用户的需求,并让他们在决定购买的第一时间及时接收到产品广告。

3)关联性

关联性,是指大数据营销能够实现让用户看到的上一条广告与下一条广告有深度互动。这是因为企业在采集大数据的过程中可快速得知目标用户关注的内容,以及知晓用户所在位置和消费特征等信息,这些有效信息可使投放的广告产生关联性。例如,通过观察用户购物车中的产品,分析出用户的基本消费习惯;通过了解哪些产品频繁地被用户同时购买,发现用户的产品消费规律,从而针对此用户制定出相关产品营销策略。

4) 多平台数据采集

大数据营销的数据来源是多样化的,多平台的数据采集能将用户画像刻画得更加全面和准确。这些平台包括互联网、移动互联网、智能电视及户外智能终端等。

2. 大数据精准营销的关键要素

大数据本质上是一种工具。只有当数据被企业利用并开始创造价值时,它们才有了真正的意义。如何驾驭数据使之为己所用,利用大数据洞察用户行为变化,准确地分析用户的特征和偏好,挖掘产品的潜在高价值用户群体,实现市场营销的精准化、场景化,是企业使用大数据技术实现精准营销时必须要考虑的问题。

1) 制作用户画像

大数据精准营销的第一步是进行个性化的用户画像——针对每一类数据实体,将其进一步分解为具体的数据维度,刻画每个用户的特征,再聚集起来形成人群画像。

用户画像是根据用户的社会属性、生活习惯和消费行为等信息而抽象出的一个标签化的用户模型,具体包括以下 5 个维度:用户固定特征、用户兴趣特征、用户社会特征、用户消费特征和用户动态特征。

除此之外,在不同阶段,企业都需要观察营销的成功率,并追踪用户反馈的信息、确认整体经营策略与方向是否正确。如果效果不佳,就应该对营销策略作出相应调整,反复尝试并调整,做到循环优化。

2) 预测分析

"营销 3.0"时代的关键词是"预测",企业运营比的是早一步的预知能力。利用大数据,企业可从用户真实交易数据中预测下一次的购买行为。预测能力能够让企业专注于一小群用户,而这群用户能代表特定产品的大多数潜在用户。例如,将营销活动的目标用户锁定为 20 万潜在用户或现有用户,拨出部分预算用于吸引部分用户群(如 10%的用户),从而可预测特定产品的整个用户群,同时,可减少营销成本。

大数据营销的预测能力强调的是决策价值,与被动接收和观察数据不同。例如,与以前注重观察用户购买频率、最后购买日期不同的是,预测注重分析的是下次购买的时间,预测用户终身价值。预测催生了一种新的数据驱动营销方式,就是以用户为中心,核心在于帮助企业完成从以产品或渠道为中心到以客户为中心的转变。

3) 精准推荐

大数据最大的价值不是事后分析,而是事前预测和推荐,"精准推荐"成为大数据改变零售业的核心功能。例如,在个性化推荐机制方面,大多数服装订购网站采用的是用户提交身形、风格数据,编辑进行人工推荐的模式,而服装订购网站 Stitch Fix 还结合了机器算法进行推荐,通过用户提供的身材比例等主观数据,加上销售记录的交叉核对,挖掘出每个人专属的服装推荐模型。

数据整合改变了企业的营销方式,从海量业务广播式推送,过渡到了一对一以用户体验为中心的业务精准推荐。一对一精准营销在某一刻,以合适的价格,为用户推送了最需要的业务。运营商在注重用户体验的同时可达到最佳的营销效果,并且可以对营销过程进行全程跟踪,从而不断优化营销策略。未来,销售人员将升级成为顾问型销售,能以专业的数据预测,通过用户的行为数据去做匹配推荐。

4) 技术强化

大数据资源繁杂丰富,大数据精准营销要解决的首要问题是数据的整合汇聚。企业启动大数据营销的一个最主要的挑战是数据信息系统各自为政。在许多企业中,数据散落在互不相通的数据库中,相应的数据处理技术也存在于不同部门中。将这些孤立的数据库互联、交换,并且实现技术共享,才能够有效实现大数据精准营销。为此,需要构建大数据交换共享平台,整合共享数据,汇集用户在多个渠道上的行为数据,一方面实时监控各渠道的用户特征、运营和营销效果,另一方面集中用户数据,以便后续进行深入挖掘分析,提高数据价值,实现用户交互的精准识别和多渠道数据汇集,为用户提供更加准确的服务和营销策略。

整合汇聚数据后,再将数据进行可视化分析。通过三维表现技术来展示复杂的大数据分析结果,借助人脑的视觉思维能力,通过挖掘数据之间重要的关系,将若干关联性的可视化数据进行汇总处理,揭示出大量数据中隐含的规律和发展趋势,进一步提高大数据对精准营销的预测能力。

3. 大数据精准营销策略

未来,对市场的争夺就是对用户资源的争夺。运营商如果能够有效利用手中大量的大数据资源,在精准定位和数据分析的基础上,充分运用各种数据挖掘分析技术提供更加个性化、差异化、精准化的服务,就能深入挖掘新的市场价值,实现自身营销环节的优化演进。大数据精准营销策略表现在以下五个方面。

1) 广告投放策略

在大数据营销思维的指导下,企业已然改变了广告投放策略,转变为利用大数据的采集与分析功能定向用户,将广告投放给准确的目标用户。特别是互联网广告,需要向不同的人传递最适合的广告内容。同时,谁看了广告,看了多少次广告,通过什么渠道看的广告,以及对广告内容的反应、反馈,企业都可以通过数据化的形式来了解、监测和追踪。这样可使得企业能更好地评测广告和营销效果,从而使企业的广告投放策略更加有效,转化率更高。

2) 精准推广策略

移动社交网络的发展降低了信息的不对称性,用户能随时随地在社交平台上了解想购买产品的信息。这对企业来说,以传统营销方式制造光环来吸引用户越来越难。没有目标用户的精准定位,盲目推广可能会导致营销推广没有效果或者效果甚微。显然,企业在移动社交网络中对品牌建立营销策略时,必须分析出用户喜好和购买习惯,甚至做到比用户更知道他需要什么,才能更好地服务用户。那么,在大数据时代背景下,企业应该适时更新动态、丰富用户的数据信息,并利用数据挖掘等技术及早预测用户下一步的举措或更深层次的需求,从而进一步加大推广力度,最终达到企业利润最大化的目标。例如,电影《小时代》在预告片投放后,即从微博、微信上通过大数据分析得知其主要观众群为"90后"女性,因此,后续的营销活动主要针对该人群展开,最终取得了不错的票房成绩。究其根本,主要是通过数据了解了用户需求,根据用户特征和详细分析做出了精准推荐。

3) 个性化产品策略

在今天的消费市场中,用户呈现出的个性化特点逐步突显。用户的阅读、交际圈及消费行为等有很大的不同,并体现在日常生活的方方面面。个性化营销是市场的需求,也是企业发展过程中必不可少的重要环节。将同样包装、同等质量的产品卖给所有用户,或将同一品牌的不同包装、不同质量的产品卖给若干用户群,这种传统的营销策略对用户的吸引力越来越弱,越来越不能满足用户的个性化需求。大数据的运用则成为必备的基础性条件。

随着科技的不断发展,生产制造逐渐向生产"智"造方向转变,同时,大数据通过相关性分析,将用户和产品进行有机串联,对用户的产品偏好等进行个性化定位,进而反馈给企业的产品研发部门,使其推出与用户个性相匹配的产品。

4) 制定科学的价格体系策略

为了收集不同类型的数据,如不同用户需求、不同渠道平台的数据,企业需要基于大数据技术构建跨越多种不同系统的大数据营销平台,帮助企业快速、全面、精准地搜集用户的海量数据,洞察、分析和预测用户的偏好,以及用户对企业所规划的各种产品组合的价格段反应。这也要求企业应当根据不同的阶段,具体分析和探讨影响因素有哪些,如支付方式、价格、付款期限等内容都可以根据具体情况进行适当调整。此外,企业的存货地点、覆盖区域及运输方式等也会根据市场的变化而变化,价格、促销折扣、促销人员的收益、广告投放方式和公关关系都会随之发生变化,使之能够利用大数据技术了解用户行为和反馈,深刻理解用户的需求,关注用户行为,进而高效分析信息并作出预测,不断调整产品的功能方向,验证产品的商业价值,制定科学的价格体系策略。

5) 重视用户关系管理

产品同质化是很多企业面临的发展瓶颈。企业要想在竞争日趋激烈的市场环境中获得竞争优势,长期的良好用户关系是关键因素之一。

在大数据时代背景下,如果企业拥有良好的用户关系,那么在搜集和洞察用户动态时,这些用户关系可以提供大量的数据信息。因此,加强用户关系管理、发掘有效的用户资源应受到企业重视。由于用户信息繁杂,企业会将这些用户按照已有的标准分成不同类别。按照地域、行业、购买能力等因素划分用户的方式较为常见,但是这样的分类方式依然无法精确反映用户的不同需求。因此,企业应当进一步挖掘和分析掌握的销售数据,将影响最大的因素作为划分的标准,实现更精细的类别划分。针对不同类别,企业可以制定不同的营销策略,维护和管理好用户关系。

【拓展阅读】

营销 4.0 时代

在营销领域,我们常常会听到"营销 1.0 时代""营销 2.0 时代""营销 3.0 时代"的说法。

(1) 营销 1.0 时代:以产品为中心的时代,营销传播单纯追求对用户进行信息灌输。

(2) 营销 2.0 时代:用户掌握购买主动权,可以选择是否查看广告内容,并作出购买决策。

（3）营销3.0时代：其特征为"一对一精准营销"，用户要求了解、参与和监督企业包含营销在内的各环节，企业以媒体的创新、内容的创新、传播沟通方式的创新来征服目标用户。对企业来说，不必满足所有用户的要求，但一定要满足那些愿意购买企业产品，能够从中获利用户群体的要求。

伴随着互联网广泛且深入的应用，以及自媒体的发展成熟，发展出了一种全新的营销模式，即进入"营销4.0时代"。关于"营销4.0时代"，众说纷纭，但比较多的说法是"整合营销时代"。其是指将网络数据与智能科技相结合，包括大数据的深度应用、营销人工智能化、全新的内容交互模式、人与机器，以及机器与机器的互联等内容。

目前，我们处于"营销4.0时代"早期，虽然智能科技发展较快，但是在大范围的生产与应用之间还有一定距离。

第三节 电商金融平台

电商金融是一个新型的研究领域，是电子商务与金融业由于各自发展需要而相结合的产物。从广义上讲，电商金融是指通过运用各种金融产品基于电子商务运营全过程而开展的金融服务，在整个电子商务交易过程中，有效地组织和调剂货币资金，以达到物流、信息流、资金流的有机统一，提高资金运行效率，向客户提供结算、融资、保险等金融服务；从狭义上讲，由于融资业务是金融服务中最核心的业务，电商金融又可称为电商融资，是指银行与电商企业合作基于电商平台向客户提供的金融增值服务。

我国的电商金融起步较晚，但近几年已显示出了良好的发展势头。从2007年阿里巴巴推出阿里小贷以来，多家电商平台陆续跟进，如阿里巴巴旗下的淘宝花呗、京东的供应链贷款、京东白条等，其电商企业正在准备加入或已经加入这一领域。根据相关数据显示，截至2022年，随着直播、短视频的兴起，商家在淘宝、天猫、抖音、快手、京东、拼多多等多平台经营常态化，近七成商家在两个及以上的电商平台开店。调研显示，在电商金融领域，产品能力、品牌知名度及综合服务能力，网上银行均居第一；"便捷灵活""贴合电商经营规律""满足多平台经营"是商家首选的原因。75%以上的电商商家信贷需求增加，并呈现出"周期短""借款频繁""额度偏小"等特征。因为普遍无担保、少抵押、缺风控数据，中小电商商家要获得商业银行金融服务的难度较高。在金融体系中，以网商银行为代表的互联网银行在服务电商群体中，扮演起了重要的"补充者"角色。

一、电商金融的基本特征

电商金融作为一种新型服务模式，与传统金融服务模式相比，主要有以下基本特征。

1. 资源配置高效，降低了服务成本

电商金融提供网络化的金融服务，不具有实体网点，能大大降低服务成本。同时，在信贷审批时，电商金融可以利用大数据分析技术对电商平台中的交易信息、信用记录等数据进行系统自动分析，提高了审批效率，节约了大量的时间成本。

2. 数据信息共享，减小了信用风险

传统金融模式下，商业银行难以获取中小企业完整、准确的信息数据，存在信息不对称问题，信用风险较大，而电商金融背景下，很容易从电商平台中获取交易双方的各类信息，而且还能将参与交易双方的资金流置于监控之下，极大减少了信用风险的发生。

3. 交易方便快捷，提升了用户体验

与传统金融服务模式相比，电商金融服务提供的平台可以帮助用户自行完成信息甄别、匹配、定价和交易，提高了服务效率。同时，移动智能终端大范围普及，以及不断提升的云感知应用和高体验特性，使得电商金融服务充分体现了不同于传统金融服务的个性化优势，提升了用户体验。

二、电商金融的风险

1. 电商金融的风险类型

电商金融在发展的过程中，除了要面临和传统金融行业一样的共性风险，如信用风险、操作风险外，更需应对一些特殊的风险如技术风险、法律风险等。因此，正确地认识风险的种类、了解风险的成因是电商企业面临的一个重要问题，也是进一步进行风险防范的基础。目前，电商金融面临的风险有以下几种类型。

1）信用风险

信用风险又称违约风险，是几乎所有金融方式都会面临的风险。对于电商金融来说，信用风险是借款人（商家或消费者）因种种原因，没有能力或不愿履行合同规定的条件构成违约，从而使贷款方遭受损失的可能性。

电商金融在进行放贷前，通过自身建立的信用评价系统对借款人的交易金额、交易类型、财务数据、社会关系等进行分析，从而判断出借款人的信用状况，作为放款的依据。例如，阿里小贷对商家的考察主要通过商品交易量、真实性、商铺活跃度、用户满意度、库存、现金流量甚至该商家店铺的水电气缴纳等数据作为信用评价的依据，这些数据在一定程度上反映了商家的信息，但是需要注意的是，电商金融服务通过网络将交易双方发生联系，借款人、贷款人双方互不见面，具有虚拟性，加大了验证交易者的身份、交易的真实性的难度，也增加了交易者之间在身份确认、信用评价方面的信息不对称，因此，客户违约风险较大。除事前风险识别不完善外，事后往往也因线上贷款形式的局限，缺乏有效的追款措施，加之电商金融大都为信用贷款，缺少抵押物、担保人等，更增加了追款的难度。

2）市场风险

市场风险主要是因市场上的利率、汇率、商品价格等发生变动给贷款人造成损失的可能性。对于电商企业而言，主要是市场上的利率变动引起的，因此，市场风险在电商金融中主要体现为利率风险。对贷款人而言，以固定利率借出资金，如果未来市场利率上升，则贷款人需承担利率提高带来的损失。与传统金融机构相比，电商金融的市场风险较小，但在市场利率变动较大的情况下，还是应当警惕市场利率的变动给电商企业造成的损失。

3）操作风险

电商金融的操作风险主要体现在两个方面：一是系统本身设计的问题所导致的风险，

例如，在账户授权使用方面、风险管理系统方面存在一些系统设计的漏洞，从而导致电商金融的操作风险；二是员工由于对操作流程的不熟悉，或者主观上有意违反电商金融业务的操作规范和要求而导致的损失。

4）技术风险

电商金融以互联网技术为依托，因此，一旦计算机网络系统出现了问题，其潜在的技术风险显而易见。首先，是计算机病毒带来的风险。计算机病毒可通过互联网快速扩散，具有影响面广、传播速度快的特点，如果某个程序被病毒感染，则整台计算机甚至整个交易互联网都会受到该病毒的威胁。在电商金融业务中，技术风险甚至会导致整个体系的崩溃。其次，是数据安全风险。电商平台拥有海量的数据资源，这也是其拥有的最核心的资源，而网络通信系统具有开放性，安全管理不到位的情况下，极易造成信息的泄露、损失、丢失等。

5）法律风险

法律风险是指因无法满足或违反法律要求，导致双方不能履行合同而发生争议、诉讼或其他法律纠纷所造成经济损失的风险。造成法律风险的原因主要有两个方面：一是借款人违反相关的法律法规，这一点和传统金融的法律风险并无差别；二是目前我国在电商金融这一领域的法律、法规不健全。目前，我国金融方面法律、法规的规制对象主要是传统金融领域，如《中华人民共和国商业银行法》《中华人民共和国票据法》《中华人民共和国证券法》《中华人民共和国保险法》等，对金融科技特别是电商金融运作方式的合法性、交易者的身份认证等方面，尚无详细明确的法律规范。这使得借款人的违约成本低，电商金融企业也暴露于法律盲区和监管漏洞之间，容易陷入法律盲区的纠纷中，影响电商金融的健康发展。

2. 电商金融的风险防范措施

根据上述电商金融的风险分析，有针对性地提出以下几点电商金融的风险防范措施。

1）建立更加完善的信用风险评价体系

完善的信用风险评价体系是防范信用风险最有效的手段，能够最大程度减少交易双方的信息不对称。而完善的信用风险评价体系的建立，不仅要靠电商企业自身的努力，也需要整个社会的努力。从电商企业角度来看，应当借鉴海外成功的信用评价经验，结合自身特点，对商家和客户分别建立信用风险评价体系，加强事前控制。此外，为了克服电商金融服务虚拟性带来的缺陷，企业可以适当引入第三方进行实地考察，加强信息的真实性。从社会角度来看，应当大力推进社会信用体系的建设，在现有的征信体系的基础上，结合司法、行政执法等部门已经建立的信息平台，整合信息资源，实现信息共享，这也为电商金融的信用评价提供了参考依据，从而作出更加真实、客观的评价。

2）建立适应市场的利率风险管理系统

如上文所述，电商企业的放贷模式有两种：一种是间接放贷，即通过和银行合作进行发放贷款，这类模式可以将市场风险（主要是利率风险）转移到银行，由银行来承担；另一种是直接放贷，即通过自建的小额贷款公司进行贷款发放，这一类贷款模式的利率风险较高。因此，应该建立适应市场的利率风险管理系统，事先量化测算利率风险，对市场上的利率进行实时监控，并作出及时反应，从而减少利率变化给电商企业造成的损失。

3）加强员工素质培训，完善内部控制制度

针对电商金融中可能出现的操作风险，应做到"防患于未然"。电商金融在快速发展的同时，要注意对员工进行业务操作方面的培训，使员工在短时间内能够熟悉业务流程、操作规范等。与此同时，企业要构建完善的内部控制制度。首先，在岗位设置和职能分工上进行恰当的安排；其次，要健全授权授信审批机制，强化对权力的约束和制约；最后，建立内部稽核制度，做到事前有防范、事中有控制、事后有监督。

4）重视信息安全，采取主动防御措施

互联网技术是电商金融的载体，因此，电商企业应当注意加大对技术的投入，在技术系统的完善、数据的处理、信息的保密性上进行加强，防止病毒、黑客侵入系统。与此同时，有关监督管理部门应当对关键技术参数制定统一的标准等，促进行业技术规范，保护电商平台及客户的利益。

5）加快相关法律的制定，填补法律空白

现有的法律对金融科技，特别是电商金融的约束在很多方面还是空白的，不能够保障参与人的利益。因此，加快相关法律的制定，从法律上规范整个行业的发展是当下需要着手解决的问题。具体包括：确定电商平台开展金融业务的资质、性质及合法边界；对电商平台选择的金融合作伙伴提出过分要求，明确双方责任承担；规范引导相关用户与支付机构的权利义务；对借款人的信息使用等作出明确规定。从而为解决电商金融纠纷，维护各方利益提供有力依据。

第四节　金融新媒体营销平台

新媒体运营的载体也是多种多样的，按照新媒体平台内容属性或技术形态等侧重点的不同，可以把新媒体运营的平台分为五大类。

一、社交媒体平台

社交媒体平台主要是指互联网上基于用户关系的内容进行生产与交换的平台。社交媒体是人们彼此之间用来分享意见、见解、经验和观点的工具和平台，现阶段主要包括社交网站，如微博、微信、博客、论坛、播客等。社交媒体是大批网民自发贡献、提取、创造信息资讯，然后传播的过程。

社交媒体近十年来随着互联网 Web 2.0 技术的蓬勃发展，爆发出令人炫目的能量，其传播的信息已成为人们浏览互联网的重要内容，不仅制造了人们社交生活中争相讨论的一个又一个热门话题，而且吸引传统媒体争相跟进。

目前，我国比较普及的社交媒体平台主要有微信（公众号、朋友圈）、新浪微博和 QQ 空间。QQ 空间主要是由早期的博客演变而来的，博客在产生之初主要是作为用户自我创作和发表的平台，它的传播主要靠博客品牌的知名度或者内容的质量，进而由搜索引擎进行流量分发。QQ空间在此基础上，加入了QQ的社交关系链，使得每个用户的QQ好友很容易地就成为其传播的首批用户，从此它便成了具有社交属性的网络日志创作与分享平台。

微信与微博是近几年最流行、最普及的大众社交媒体，虽然他们都是社交媒体平台，但在基本逻辑和侧重点上还是各有侧重，不尽相同。

微信更多的是基于社交附加的媒体属性，在"朋友圈"中原创发布的普通内容并不能被直接转发，微信公众号也只有被关注了才能收到其推送的文章。所以，微信是窄传播、深社交、紧关系。微信就像一个朋友圈子，不是谁想来就能进去的，朋友圈之间必须是好友关系、熟人关系，这是一个封闭的社交圈。

在微博里，当用户看到感兴趣的信息时，只需要点击"转发"，瞬间就能将信息转发到个人主页里，任何一个人都能看到，形成病毒式的链式传播。所以，微博具有广传播、浅社交、松关系等特点，人与人之间不需要特定的关系维系，任何人都可以发表消息，任何人都可以旁听，用户可以把消息传出去，也可以发表自己的想法和观点。

二、资讯媒体平台

资讯媒体平台主要是指基于现代互联网新技术，以生产、传播新闻资讯为主要业务的媒体平台。主要分为综合性社会热点新闻资讯类平台和垂直领域新闻资讯平台，前者包括像今日头条、一点资讯、UC头条、网易新闻、搜狐新闻等新媒体平台，后者包括像教育领域的芥末堆、创新创业领域的"i黑马"等新媒体平台。

一般的新媒体运营主要是指依赖支持UGC内容生产模式的媒体平台开展运营活动，目前主流的UGC资讯媒体平台主要有今日头条号、百度百家号、企鹅自媒体，还有一些新闻门户网站推出的自媒体号，如凤凰自媒体、网易自媒体、搜狐号等。还有其他一些开放给个人用户的新媒体资讯平台，其功能逻辑也都大同小异。

三、视频媒体平台

视频媒体平台主要是指基于现代互联网科学技术，以视频形态生产和传播信息内容的新媒体平台，主要分为视频分享网站和直播平台。

比较主流的支持用户播放、上传、分享视频的网站有优酷、腾讯视频、爱奇艺等。值得指出的是，在前述所提到的资讯媒体平台的内容创作中，通常也可以嵌入来自这些视频媒体平台的视频。

直播平台是近年随着网络宽带技术升级而逐渐兴起的视频媒体平台形式，主要有抖音直播、斗鱼直播、花椒直播等。

直播营销是指在现场随着事件的发生、发展进程，同时制作和播出视频的营销方式，这种营销活动以直播平台为载体，达到企业提升品牌知名度或增长销量的目的。直播营销具有参与门槛低和内容多样化的优势。构成直播营销的四大要素是场景、人物、产品和创意，四者缺一不可。

直播营销是一种营销形式上的重要创新，也是体现互联网视频特色的营销方式。直播营销有以下优势。

（1）在当下的语境中，直播营销就是一场事件营销，直播内容除了具有广告效应外，新闻效应往往更明显，引爆性也更强。相对而言，通过直播，可以让一个事件或一个话题更轻松地进行传播和引起关注。

（2）能体现用户群的精准性。观看网络直播时，用户需要在一个特定的时间共同进入播放页面，这虽然与互联网视频所提倡的"随时随地性"不吻合，但是通过这种播出时间上的限制，也能够真正识别并抓住具有忠诚度的精准目标用户群。

（3）能实现与用户的实时互动。相对传统的电视，网络直播的一大优势是能满足用户更多元的需求。用户不仅能单向观看，还能一起发弹幕（以字幕弹出形式显示的评论），喜欢谁就直接献花奖赏，甚至还能动用民意的力量改变节目进程。这种互动的真实性和立体性，也只有在直播的时候才能完全展现。

（4）和用户深入沟通，产生情感共鸣。在碎片化阅读信息的时代，在去中心化的语境下，人们在日常生活中的交集越来越少，尤其是情感层面的交流越来越浅。网络直播这种带有仪式感的播出形式，能让一批有相同志趣的人聚集在一起，聚焦在共同的爱好上，相互感染情绪，形成情感气氛的高潮。如果品牌在这种氛围下恰到好处地推波助澜，可以产生四两拨千斤的营销效果。

四、音频媒体平台

音频媒体平台是指基于现代互联网科学技术，以音频形态生产和传播信息内容的新媒体平台。与视频媒体平台类似，音频媒体平台既可以录播语音也可以直播语音。

目前，比较综合性的音频平台主要有喜马拉雅 FM、荔枝 FM、蜻蜓 FM 等。

与文字、视频等内容形态的传播方式相比，音频在信息内容传播方面有其独特价值，具有明显优势。

音频媒体能够与其他很多行为活动同步执行。用户不论是运动、做饭，还是坐在公交上，眼睛被占用的时候，耳朵是空闲的，所以并行执行是音频具有的天然优势。音频比文字、图像拥有更多的编码，不仅能传递信息、表达审美、营造气氛，同时还能承载情感，唤醒读者本身的即时反应。

五、知识媒体平台

知识媒体平台是指基于现代互联网科学技术进行严肃知识信息生产和传播的新媒体平台。这类媒体平台主要通过一套内容生产机制确保在平台上生产和传播的内容必须是科学严谨的知识信息。

目前，知识媒体的内容生产方式主要有 PGC 和 UGC 两种方式。

以 PGC 方式生产内容的知识媒体平台的典型代表有得到 App，该 App 主要通过邀请知识大咖入驻平台，为用户提供专业的知识订阅服务。

（1）以 UGC 方式生产内容的知识媒体平台的典型代表是知乎，知乎是一个真实的网络问答社区，社区氛围友好与理性，连接各行各业的精英。用户分享着彼此的专业知识、经验和见解，为中文互联网源源不断地提供高质量的知识信息内容。

（2）以上是目前基于互联网技术的新媒体运营承载平台的主要分类。当然，上述分类并不是说各个分类中的媒体是截然不同的，只是基于其侧重点不同的人为分类，目的是便于人们了解和认识。实际上，各分类之间也会存在一些交叉，比如，绝大多数的资讯媒体平台也是支持视频、音频内容的生产和传播的。

六、二维码营销

二维码是指将特定的几何图形按照一定的规律，在二维方向上分布的黑白相间的图形。二维码图案指向的内容十分丰富，可以是产品资讯、促销活动、礼品赠送、在线预订等。它不仅可为用户提供更加便利的服务，还给企业带来了优质的营销途径。

1. 二维码营销的优势

从企业的角度看，二维码营销有以下五个比较明显的优势。

（1）便捷。用户只需通过手机扫描二维码即可随时随地浏览、查询、支付等，十分便捷。在企业产品展示、活动促销、客户服务等方面都具有不错的效果。

（2）易于修改。二维码营销内容可以根据企业的营销策略进行实时调整，只需在系统后台更改，无须重新制作投放，有效减少了企业重新制作的成本。

（3）易于进入商业市场。随着移动营销的快速发展和二维码在人们工作和生活中的广泛普及，功能齐全、人性化、省时实用的二维码营销策略将更容易打入市场。企业可以通过二维码便捷地为用户提供扫码下单、活动促销、礼品赠送、在线预订等服务。

（4）利于更精准的营销推送。企业通过对用户来源、路径、扫码次数等数据进行统计分析，可以制定出更精准、细分的营销策略，提高营销效果。

（5）更好地融入人们的工作和生活。二维码为人们的数字化生活提供了便利，能够更好地融入人们的工作和生活。企业进行二维码营销时，可以将视频、文字、图片、链接等植入一个二维码内，并通过名片、报刊、展会、宣传单、公交站牌、网站、地铁墙、公交车身等线下途径进行投放，也可以通过社交平台、媒体平台、门户网站、企业网站等线上途径进行投放，从而方便企业实现线上、线下的整合营销。

2. 二维码营销的线上渠道

二维码营销是移动营销背景下商户和企业竞相使用的一种营销方式。与其他营销方式一样，二维码营销也需要提前进行营销定位，确定营销目标和营销渠道，才能取得理想的营销效果。

二维码营销的线上渠道比较多，这些线上渠道大多为基于社交平台的渠道。将二维码植入社交平台，利用社交平台的强社交关系和分享功能，可实现二维码快速、广泛传播。企业或商家通过二维码可提供各种服务，为用户带来便捷、有价值的操作体验。通常，企业或商家会选择用户定位比较精准或用户基数比较大的平台，如微博、微信等。

3. 二维码营销的线下渠道

与其他营销方式相比，二维码对线下传播渠道具有非常强的适应性。随着二维码越来越深入人们的生活，二维码应用场所变得越来越多，二维码营销渠道也越来越多。

总的来讲，二维码营销的渠道分为线上渠道和线下渠道，通常企业会同时在线上渠道和线下渠道进行营销定位和实施营销策略。

七、App 营销

随着移动互联网的快速发展,人们对智能手机的依赖性越来越强,各类手机 App 进入到人们的日常生活中。从事 App 开发的企业越来越多,App 营销成为企业移动营销不可或缺的一种方式。

1. App 营销的特点和优势

App 营销的特点和优势主要有以下几点。

(1) 丰富的流量。App 的种类十分丰富,包括购物、社交、拍照、学习、游戏、教育等不同领域,能够为企业带来各种不同类型的网络用户和大量的平台流量。有效挖掘这些流量和用户,可以为企业带来更多的忠实用户,实现企业品牌的传播。

(2) 信息展示全面。App 中展示的信息非常全面,包含图片和视频等类型。用户可以全方位地感受产品,快速、全面地了解产品或企业信息,从而打消用户对产品的顾虑,增强用户对企业的信心,提高用户的忠诚度与转化率。

(3) 方式灵活。App 的营销方式较为灵活:对于用户来说,可通过多种方式搜索、下载安装 App;对于企业来说,可以通过手机或计算机后台发布、管理 App 中展示的内容。同时,用户在 App 中进行的注册、信息浏览及活动可以被企业统计分析,以更好地进行用户行为分析,帮助企业改善营销策略。

(4) 良好的用户体验。在用户体验方面,App 的设计注重手机用户的视觉习惯,界面简洁清晰,开发的功能都是为了展示 App 的核心功能和特点。App 除可以满足各种生活、娱乐的需求外,还能通过用户的评论、分享等行为进行互动,从而提高用户的使用体验。

(5) 精准度高。App 一般是用户根据自己的需求搜索并下载的,这意味着用户在下载 App 时可能已经对这一款 App 或其代表的企业有了一定的了解。而且用户对 App 的使用往往与即时的需求直接相关,只有当他们准备消费等时,才会点开相应的 App。因此,App 营销是种双向选择的营销。

2. App 的推广优化

App 是手机上的应用程序。搜索排名越靠前的 App,其品牌曝光机会越多,自然流量就越大。要想获得较好的排名,首先需要对 App 进行优化处理。其中,App 的名称、关键词、描述,以及 App 应用截图及预览视频、应用下载量、用户评价等都会影响其排名。

(1) App 的名称。App 的名称包括主标题和副标题,是影响排名的核心要素。主标题是 App 名,副标题则用于介绍 App 的作用。一个好的标题会带来较高的排名提高,因此,通常会将核心关键词置于标题中。需要注意的是,副标题不宜过长,否则审核不易通过,甚至会导致 App 直接下架。

(2) App 的关键词。据统计,60%以上的用户通过搜索查找和下载 App。因此,关键词优化是 App 应用优化的重要内容。如何挑选关键词呢?最有效的方法是查找竞争对手使用的关键词和潜在用户关注的关键词。例如,研究搜索排名前 5 位的 App,找出与 App 相关性高的关键词,以此建立自己的热词库。

（3）App 的描述。标题和关键词的优化可以带来流量，但提高 App 下载量是靠优化 App 的描述实现的。应用描述内容一般控制在 300～500 个字符，对功能的描述应简明扼要，便于理解和阅读。并且，一定要让用户知道 App 的价值，即能够给他们带来哪些好处，能够帮助他们处理哪些问题。如果这些是用户迫切需要的，那么用户就会选择下载。描述内容的关键词不要出现毫不相关的关键词，否则下载将受阻。在描述内容的末尾可添加公司的联系方式，如微信公众号、微博昵称等。

（4）App 应用截图及预览视频。应用截图和预览视频可以演示 App 的功能和界面，是对 App 的进一步描述。精心设计的预览界面，能够体现出 App 的操作体验，对用户是否选择下载可产生不可忽视的影响。因此，前两幅应用截图应该代表 App 最重要的功能或特点。

（5）应用下载量。应用下载量在一定程度上体现了 App 在市场上被认可、受欢迎的程度，是影响 App 排名的一个重要因素，也是关乎 App 成败的关键因素。通过名称、描述、关键词等优化提高用户体验，带来一定的下载量后，会对后续下载量产生影响。

（6）用户评价。已经下载并使用 App 的用户的评价也会左右其他用户的下载决策。评论量少，会让用户觉得使用该 App 的用户少；如果差评过多，在用户不了解 App 时，会选择放弃下载。在设计 App 时，可设置弹窗，提示用户对 App 作出评价。

3. App 的推广方法

App 需要通过各种途径进行推广才能获得更多的用户。App 的推广方法主要有以下几种。

（1）首发申请。App 首发是指 App 新品或最新版本在一段时间内仅在首发市场上出现，其他应用市场不提供下载。首发应用市场会给首发 App 免费展位，在一定程度上可提高 App 的曝光度。首发是性价比较高的推广手段，目前，多数应用商店都支持免费首发申请，如应用宝、小米、魅族、OPPO、华为等应用商店。首发分为 App 新品和最新版本两种。

（2）新品自荐。新品自荐是指应用商店为鼓励 App 开发者的创新精神，使一些优质新品 App 也有崭露头角的机会而设立的一个绿色通道。开发者可以按照要求推荐自己开发出的新品，经过评估，对于质量优异的 App，应用商店将给予一定推荐位。目前，魅族、小米、360 手机助手、华为等应用商店都支持新品自荐申请。

（3）资源互推。微博和微信是很多营销团队的标配，或同时拥有其他线上媒体资源。可以将 App 应用程序，在社交平台上与其他品牌进行资源互推，实现双赢。互推模式也可以通过不断积累产生一定推广量。

（4）线下预装。有实力的企业可和手机厂商合作，在手机出厂前将 App 直接预装到手机里，这样购买了手机的用户就会直接成为该 App 的用户。

（5）限时免费。对于部分收费 App 来说，可通过开展限时免费等活动来吸引用户下载和使用 App，后续可通过功能、界面、服务等方面的优势引导用户付费体验。

（6）线下活动。线下活动也是一种常用的推广手段，如引导用户扫描二维码下载 App 后，用户可赢取小奖品等。

4. 以 App 为载体的营销模式

随着移动互联网的兴起,越来越多的互联网企业和传统企业开始将 App 作为营销的主战场之一。App 成为品牌与用户之间形成消费关系的重要渠道和连接线上、线下的天然枢纽,因此,App 营销的应用也越来越广泛。为了实现良好的营销效果,企业需要为不同的 App 设计不同的营销模式。

其主要有以下五种营销模式。

(1) 品牌模式。目前,大部分企业都拥有自己的品牌 App。为企业量身定做的 App 更容易体现产品和品牌特性,可对品牌起到较好的宣传效果,帮助企业深化品牌形象,为企业跨媒体整合营销牵线搭桥。

(2) 广告营销模式。广告营销模式是功能性 App 和游戏 App 采用的最基本的一种营销模式。广告主通过植入动态广告栏链接进行广告植入,当用户点击广告栏的时候就会进入指定的界面,了解广告详情或参与活动。这种广告营销模式十分简单、适用范围很广,广告主只要将广告投放到与自己产品用户匹配的热门应用上,就能取得良好的传播效果。但这种广告营销模式十分影响用户对 App 的使用体验,容易影响 App 的持续发展。

(3) 内容模式。内容模式是指通过优质内容吸引精准用户和潜在用户,从而实现营销目的。在 App 中进行内容营销时,主有对目标用户进行准确定位,才能策划出有效的营销内容,同时,企业还需要进行市场调查,分析市场数据,对内容主题、营销平台等进行确定。例如,一些介绍搭配知识的 App 通过为用户提供实在、有效的搭配技巧,来吸引有服饰搭配需求的用户,然后向其推荐合适的产品。另外,内容模式容易将流量变现,即部分内容或功能需要额外付费。其通常应用于大型手游,付费形式多为道具收费或关卡收费。

(4) 用户模式。用户模式常用于网站移植类和品牌应用类 App。这种模式通常没有直接的变现方式,主要是为了让用户了解产品,扩大品牌的影响力,增加用户的忠诚度。企业设计出对用户具有一定价值和作用的 App 供用户使用,用户通过该应用可以直观地了解企业信息,与企业品牌产生更多的联系,同时,App 也能够为用户提供便利。例如,某化妆品品牌针对指导女性化妆所定制的相关 App,吸引目标用户下载,在 App 中设计一些化妆、搭配、时尚等游戏内容,让用户在游戏过程中,不断强化对品牌的印象,方便企业培养更精准的潜在用户群。

(5) 购物网站模式。购物网站模式 App 多为购物网站开发。商家开发出自己网站的相关 App,投放到各大应用商店供用户免费下载使用。用户可以利用该应用随时随地浏览产品等信息,并完成下单和交易。购物网站模式 App 是移动电商营销的主要趋势。对于用户而言,移动应用的特性更加方便了产品的选购;对于购物网站而言,移动应用的便捷性大大增加了流量和转化率,促成了更多的交易。

八、移动新闻客户端营销

随着移动互联网的兴起及移动智能设备的发展,企业纷纷向移动端进军。目前,移动端占据了主导地位,不同类别和功能的移动客户端层出不穷,涉及新闻资讯、生活百科、娱乐休闲等众多领域。很多大型网络媒体及广播、报纸等传统媒体纷纷转战移动互联网市场,不断开辟新的媒介领域。移动新闻客户端就是其中的一匹"黑马",移动新闻客户端开始呈现井喷式发展趋势。

在新的网络环境中,移动新闻客户端以服务用户为核心,采用信息订阅和个性化内容推送模式。一方面,用户可以根据自己的爱好订阅感兴趣的新闻内容;另一方面,后台会根据用户的浏览习惯和数据记录,进行个性化推送,实现精准传播。同时,移动新闻客户端被赋予了社交平台的功能,用户可以通过跟帖、点赞及评论等方式进行多元互动。

移动新闻客户端凭借其丰富的资讯资源、实时的信息推送和方便的社交互动,得到了越来越多用户的认可。目前,移动新闻客户端已成为人们获取新闻资讯的主要渠道。正是基于用户流量大、精准化推送和社交化属性,移动新闻客户端逐渐成为常用的营销阵地。

1. 移动新闻客户端的种类

目前,市场上比较主流、用户基数较大的移动新闻客户端包括互联网媒体客户端和聚合信息客户端两大类。

(1) 互联网媒体客户端。这类客户端主要是由大型门户网站推出的新闻客户端,按照新闻频道划分内容,如网易新闻、搜狐新闻、新浪新闻、腾讯新闻、凤凰新闻等。其中,网易新闻、搜狐新闻、新浪新闻、腾讯新闻这四大门户网站所占用户资源比重较大。

(2) 聚合信息客户端。聚合信息客户端主要根据用户的阅读习惯定向推送内容。主流的客户端有今日头条、一点资讯、天天快报等。其中,今日头条的发展势头最为迅猛。

2. 移动新闻客户端的广告投放方式

移动新闻客户端的主要营销手段是广告投放,以此推广品牌。在 PC 端,由于屏幕较大,网站上下方、左右两侧等处都可以成为平台广告的发布地;而在移动端,这种广告投放方式并不合适,由于手机屏幕小,广告位不如 PC 端丰富多样。同时,广告的投放应兼顾用户的阅读体验,如果屏幕上布满各式各样的广告,用户很可能会关闭该客户端,不会选择关闭各类广告去找新闻。

根据用户阅读新闻内容的习惯,在当前的移动新闻客户端产品中,广告主要有开屏广告、信息流大图广告、内容页广告这 3 种形式。这 3 种广告投放形式一般按点击量或千人展示计费、投放精准。

本 章 小 结

本章讲述了金融营销工具,包括搜索引擎营销、电子邮件营销、IM 营销等,在数字时代中发展的金融数字营销工具包括 LBS 营销、大数据营销。这些工具有其运用特点及优势。讲述了电商金融平台,包括其基本特征、风险、风险防范措施等。讲述了金融新媒体营销平台,包括社交媒体平台、资讯媒体平台、视频媒体平台、音频媒体平台、知识媒体平台、二维码营销、App 营销及移动新闻客户端营销等。

课后习题

一、单选题

1. 下列各项中,最能影响 App 的排名的是( )。
   A. App 下载量　　B. App 的描述　　C. App 的名称　　D. App 的关键词
2. 下列各项中,不属于二维码营销特点的是( )。
   A. 便捷　　　　　B. 成本低　　　　C. 不易修改　　　D. 精准推送
3. 下列各项中,属于直播营销四大要素的是( )。
   A. 场景、人物、产品、创意　　　　B. 场景、主播、产品、创意
   C. 场景、人物、品牌、创意　　　　D. 人物、氛围、产品、创意

二、多选题

1. 下列各项中,属于电商金融将面临的风险的有( )。
   A. 信用风险　　　B. 市场风险　　　C. 操作风险　　　D. 技术风险
   E. 法律风险
2. 下列各项中,"LBS+地图"模式可以使用的电子商务领域的有( )。
   A. 导航服务　　　B. 生活服务　　　C. 持续定位　　　D. 安全设备
   E. 社交
3. 下列各项中,IM 营销中常见的通信工具的有( )。
   A. QQ　　　　　B. 阿里旺旺　　　C. Skype　　　　D. 新浪 UC
4. 关键词广告营销中,下列各项中,适合充当关键词的有( )。
   A. 产品词　　　　B. 通俗词　　　　C. 地域词　　　　D. 品牌词
   E. 人群相关词
5. 下列各项中,搜索引擎营销的特点的有( )。
   A. 以用户为导向　　　　　　　　　B. 广告投放费用较高
   C. 可对用户进行精准定位　　　　　D. 搜索信息发挥向导作用

三、判断题

1. 电子邮件营销方式具有成本低、应用范围小、精准度高的特点。　　　　　　(　　)
2. LBS 营销的前提是客户主动分享自己的地理位置,并允许接收企业的推广信息。
   　　　　　　　　　　　　　　　　　　　　　　　　　　　　　　　　(　　)
3. 大数据营销具有预测的能力,如预测下次购买的时间。　　　　　　　　　　(　　)
4. 电商金融平台的发展模式包括直接放贷和间接放贷。　　　　　　　　　　　(　　)

四、简答题

1. 金融营销经过了哪几个阶段?
2. 金融新媒体营销工具包括哪些?
3. 金融知识媒体平台有哪些?请举例说明。

项 目 实 训

金融营销平台调研

实训目的：

掌握金融营销平台的市场运营情况。

实训内容：

学生分成几个小组，每个小组选取一个金融营销平台分析，包括运营内容、平台上线产品、运营特点等。

实训要求：

每个小组提交一个金融营销平台运营报告。

第五章 金融数字营销方法与策划

◎ **内容导图**

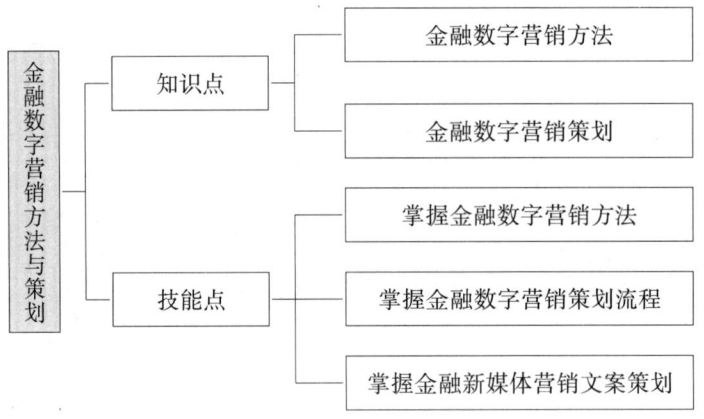

◎ **知识目标**

1. 掌握金融数字营销的主要方法；
2. 掌握金融数字营销策划流程；
3. 掌握金融新媒体营销文案策划的方法。

◎ **能力目标**

1. 能够设计金融产品数字营销策划案；
2. 能够撰写金融产品新媒体营销文案。

【课程思政案例】

新媒体赋能开启金融业新零售格局
——开拓进取,砥砺奋进

前些年,互联网引领的金融创新与传统金融碰撞、叠加的时候,短暂地出现了"互联网+"生态时期,甚至很多传统金融业将这种生搬硬套冠以金融科技的概念。但是,通过后续的合作和发展非常清楚地看到,传统金融业并没有真正驾驭互联网工具,互联网企业也没有真正获得金融机构的资格,而只是在一些领域"划江而治",各自安好。

而经过这几年新媒体的洗礼,银行客群对于新媒体在生活场景中的应用早已经习以为常,反倒是金融业自身的新媒体场景搭建远远滞后于其他消费企业。

随着5G商用逐渐普及,移动互联继续高速演进,客群迭代突破传统"老客户"认知局限,这给金融业抓住新媒体,重塑大零售格局带来了前所未有的机遇。新媒体为金融业赋能,进而搭建全新网络生态,开启物理网点以外的虚拟零售场景将是未来银行的大趋势。

(一)双向获客 深度交互

无论是微信公众号也好,还是抖音、头条号也罢,通过营销活动的内容嵌入,新媒体端和线下网点就形成了线上、线下的增强互补。对于客户而言,关注新媒体账号,获取营销信息,可以为线下网点引流;线下网点的新媒体活动推介,可以为新媒体账号吸引粉丝,进而实名绑定,实现真实客群与新媒体粉丝量的双向提升。

此外,新媒体通过线上、线下活动的策划和组织还可以实现原有物理网点受限于开卡行、归属地等局限实现不了的深度营销功能,从而进一步密切与客群的联系,实现扁平化管理。

(二)平台聚合 强关系黏合

新媒体的发展突破了原有传统媒体千篇一律的大而全特色,使原有行业、领域、方向上的划分更加细致,这也为银行客群画像、进一步细分市场带来了无限可能。

1. 小众化营销

通过将新媒体与银行卡等产品绑定,银行可以通过后台数据提取和客户兴趣点大数据分析,向更加细分的一类客群定向精准推送营销信息,从而实现小众化营销。

2. 兴趣聚合

科技发展为消费者带来非常多的便利,其中,非常重要的一项就是给每一位客户在不同社会角色间的切换带来了可能。每一位客户都有着不同的生活圈层,又在不同场景中扮演着不同的角色。而新媒体通过快速跟进的热点内容,可以非常容易地将每位客户的潜在需求"吸引"出来,从而用不同的兴趣点黏合客户,实现深度黏合。

随着银行物理网点定位、布局的改变,智慧网点及社区支行将会逐步取代现有高大上的网点扮演着生活中第三空间(星巴克创始人舒尔茨提出的理念)的角色,新媒体必然会成为第三空间的线上平台;未来银行可能是电竞场地,新媒体就是电竞爱好者的点播、报名平台;未来银行可能是黑胶俱乐部,新媒体就是黑胶爱好者的互动社区。

(三)圈层生态　点动财富

一般意义上讲,内容生产要实现宣传功能,就需要信息植入。而新媒体时代则不同,新媒体独有的多媒体融合特色造就了新媒体内容不仅仅是产品,而是网络生态平台、新零售货架。

任何一个新媒体账号,都可以通过功能模块搭建实现功能跳转、一键下单。以往新媒体向手机银行单向引流的时代将成为历史,因为新媒体自身就可以实现除转账以外的其他所有金融业务需求。

通过进一步的模块搭建,银行新媒体可以横向贯通其他生活类平台,实现网络全生态搭建,而不仅仅是生活缴费、账户查询、预约叫号等。目前,已经有很多新媒体实现了跨平台贯通,可以通过新媒体账号实现医院挂号、预约叫车等功能。

(三)突破边界　拉平营销布局

传统的认知层面中,银行的服务延伸就是物理网点的布局延伸。网上银行、手机银行的普及,带来了部分网点业务的线上转移,但是银行自身的市场拓展、获客仍然没有突破物理网点的局限。

新媒体则不同,不仅一举打破地域限制,而且通过线上活动的策划,拉平了营销布局,大幅降低了营销推广成本。双向获客的加持下,新媒体将会成为未来银行营销推广的主阵地,而随着AI技术的进一步发展,一旦实现远程开户,新媒体将有望取代网银成为银行的线上主要渠道。

(四)市场下沉　普惠金融

银行业务中有很多是高成本投入、高风险的业务,传统办理模式则是通过严格、复杂的审贷流程规避风险。但是具体业务办理中,苛刻、烦琐的授信审批流程与业务量和营收严重失衡,这就造成很多业务停留在文件中,难启动、难落地,这也是目前普惠金融业务开展的瓶颈所在。

新媒体通过功能搭建和细分市场后的案例展示,可以向潜在小微企业、个人客户定向推送产品服务,客户只需要动动手指即可实现产品的选择、办理,提高了效率,也为银行节省了成本。而得益于新媒体生态的搭建及大数据的留存,银行自身的风险也将大大降低。这种基于网络生态的未来业务办理模式,将会很快被普及。

(五)银行出圈　品牌再造

国内银行业过去几十年的发展,大部分是产品主导的。在自身品牌塑造上,也基本上围绕产品服务来提炼、打造。而随着银行年轻客群、潜在客户的更迭,市场的走向将会发生巨大的变化。

这可以通过目前新媒体主导的美妆、日常消费类走向窥见一斑。传统零售业的优势品牌,很难将原有品牌溢出直接带入新媒体时代的新零售格局中。一方面是传统零售业老品牌的优势丧失;另一方面则是在新媒体规则下培育出的KOL、KOC引领的品牌的快速迭代,这不仅仅是一个简单的此消彼长的关系,而是一个打破重塑的过程。

银行业的新媒体格局同样也将经历这个演进过程。以往银行业品牌营造所突出的巨大、温馨、专业、专注等形象将随着"老人"老去而被淡忘,而随着"新老人""新主流"的上位,银行的市场认知和喜好将随着他们的喜好而改变。

新客群是否买账,则取决于新媒体生态中银行形象的塑造。银行通过新媒体打破原有人设,为自己赋予新媒体生态下的性格标签,破界出圈,以赢得年轻客群的关注。因为对于越来越年轻的客群而言,可能网点布局、网上银行等不再是他们考量的重点,新媒体端是否炫酷、好玩才是决定他们选择的新维度。

因此,如果不在新客群尚在潜在客户时期做好新媒体布局,将会丧失未来十年、二十年的客群基础。

新媒体并不是一个行业,而是一种全新的生态。银行业只有真正重视新媒体,认真投身其中,才能抢占未来银行的先机。毕竟,未来不是属于过去,而是属于未知。

案例来源:孙中华. 双向获客,构建生态 新媒体5.0赋能未来银行[EB/OL]. (2020-01-14)[2024-06-25]. https://www.cebnet.com.cn/20200114/102632429.html.

思考:

1. 5G时代给金融业带来了什么样的变化?
2. 银行新媒体生态目前包含了哪些?

第一节　金融数字营销方法

一、活动营销

活动营销是一种整合资源的营销方式,是指企业利用网络平台,通过介入社会活动或整合有效的资源策划营销活动,迅速提高企业及其品牌知名度和影响力的营销方式。近年来,活动营销成了一种十分流行的公关传播和市场推广手段。究其原因,它不仅能提高品牌的影响力和消费者的忠诚度,还能吸引媒体的关注。

1. 活动营销的优势

活动营销是一种高强度、高密度的综合性整合营销行为。活动营销手段集广告、促销、公关、推广等于一体,同时也需要大众的分享和参与。

相较于单一的网络广告和媒体传播而言,活动营销具有以下两大优势。

(1) 用户体验更佳。单纯的网络广告和媒体传播侧重于营销信息的分享和传播,用户更多的是被动接收营销信息。而活动营销更多的是吸引目标用户主动参与,企业通过产品、服务、场景体验,使客户更多地了解产品和品牌信息。因此,活动营销的传播达到率、转化率更高,效果更好,更利于企业将产品信息和品牌信息传递给目标用户,并最终达到促进销售的目的。

(2) 与用户精准沟通。活动营销整合了新媒体等营销渠道,同样具备新媒体与用户精准沟通的功能。与传统媒体通过电视、报纸、路牌广告等载体实现企业与用户之间的对接不同,活动营销需要用户参与,同时直接与用户沟通。

2. 打造有影响力的活动

活动营销是围绕活动而展开的营销方式,以活动为载体。打造有影响力的活动是营销成功的关键。不同于其他营销方式的精耕细作、由小到大和循序渐进,活动营销所追求的更多的是短期内的爆发。因此,营销者要想通过短期的营销活动创造出更广泛和更有影响力的营销效果,无论是线上还是线下活动,都需要把握好活动营销的每个环节。具体可从以下五个方面把握。

1) 贴切的活动名称

策划营销活动时,一个合适的名称非常重要,如"××周年庆""××新品发布"等。一个好的名称能够瞬间引起用户的注意,使活动更具有吸引力。一个贴切的名称也可以传递出活动的主题。在日常生活中,因为一个名称的选取失败导致失去机会的情况比比皆是。

营销活动的名称可以是新颖的、充满情感的,如分众传媒打造的"全城试爱"营销活动;也可以是一些比较有悬念,能引起人们探索欲望的名称,如主题为"向日出 say hi"的茵曼全球首个云端发布会等。如果活动名称毫无新意,用户很可能会失去继续了解的欲望。

2) 固定的活动时间

将每次举办活动的营销时间固定,如每年的某个时间段或节假日期间。营销活动常态化以后,每年到了这个时间段,人们就会对活动翘首以盼。活动还没开始,信息就已经在微信朋友圈、微博等媒体平台上得到了迅速传播,自动形成活动预热,如预测活动的形式、内容等。同时,固定的时间更有利于品牌影响力的形成。

3) 活动预热

用户每天会面对各种企业的各类活动,活动预热就是为了让用户知道活动,并点燃用户的活动热情。这也是为什么很多企业在活动开始前、产品促销前会进行歌舞等表演,以此吸引人气的原因。

活动预热就是前期宣传阶段。在这个阶段,企业可以有意无意地释放一些内幕消息,如奖品设置、活动参与流程、邀请的重磅嘉宾等。这些"消息"如果是爆炸性的,就能够引起媒体的争相报道和用户的口耳相传。

另外,活动预热时需要掌握关键的一点,就是要告知用户活动会为他们带来切实的利益,让他们觉得不参加此次活动是一个巨大的损失。同时,可制造出急迫感和稀缺感,如"活动通道报名人数剩下最后 5 名""参加活动一票难求""过时不候"等。

活动预热越成功,人气越火爆,营销效果就会越明显。但切记,活动预热时不要刻意"欺骗"大家,否则将带来负面效应,造成不可估量的损失。

4) 调动用户参与的积极性

活动中用户参与的积极性尤为重要。如果活动现场或网络平台上的用户都呈观望状态,毫无参与热情,活动只是"雷声大,雨点小",那么此次的活动营销是失败的,并没有带来有效的流量和转化率。调动用户参与的积极性可通过以下几点实现:简洁的活动流程安排;依托火爆的传播平台;用户的极致体验。

5) 活动的传播

活动营销的对象不同,传播渠道和传播形式也不同。要想实现优质的引流,活动的传播主要应面对三个层面的对象,分别是行业意见领袖、媒体平台和用户。

3. 活动营销的方式

互联网带给用户的好处不仅是便利,还有实惠。很多企业和商家借助各种营销活动不仅快速打开了大片市场,还打造出了优良的用户口碑。活动营销模式可以为商家带来巨大的用户效应,在短时间内汇聚大量用户的参与,在普惠用户的同时也为商家带来了收益。

无论是周年庆、品牌塑造、新品上市、产品促销,还是公益活动、主题营销活动,都将围绕和依托抽奖营销活动、折扣营销活动、红包营销活动和免费营销活动这几种核心活动方式进行。

1) 抽奖营销活动

抽奖营销活动是一种常用的活动营销手段。在保证活动真实和公正、公平的基础上,抽奖营销活动的策划需要考虑奖品设置、中奖概率和用户参与流程这几个因素。

营销人员在设计抽奖营销活动时,如果能协调好这几个方面的关系,合理优化,配合得当,势必会取得好的营销效果。

2) 折扣营销活动

折扣营销活动是一种常规的活动营销手段。折扣方式多种多样,如不同金额的折扣不同、不同产品的折扣不同、优惠券抵扣等。对于折扣活动,用户经过了层出不穷的折扣活动的"洗礼",已经"见怪不怪"。那么,折扣活动要怎样做才能更好地吸引用户,营销人员应围绕折扣主题和折扣幅度这两个方面进行活动布局。

3) 红包营销活动

红包营销活动虽然不算新颖,但是非常有效的营销手段。在新媒体运营中,红包是最受欢迎的礼品,红包营销活动能够快速积聚人气。常见的红包营销活动形式有注册送红包、购买产品参与领红包、二维码扫一扫领红包、口令红包等。

4) 免费营销活动

对用户而言,免费营销活动可以让其免费获得试用产品和服务;对于商家而言,免费营销活动可以带来流量和用户,提高品牌的知名度。免费营销活动的类型多样,营销方案的具体设计和实施还应该结合企业、用户的实际情况而定。一种理想且效果良好的营销模式必然能为用户提供他们真正所需的价值。免费营销活动的常见设计思路有:免费体验,免费产品和免费增值服务。免费营销活动并不是单纯地提供免费产品和服务,而是通过免费模式达到吸引消费者购买产品和服务的目的。企业在设计免费营销活动时,不应该仅仅将免费活动当作促销手段,而应该全面布局,考虑免费营销活动的更多价值,设计出更好的营销方案,提高品牌知名度,并获得市场信息。

二、事件营销

事件营销是一种常用的网络营销模式,是指企业通过策划、组织和利用具有价值的人物和事件,引起媒体、社会团体和用户的兴趣和关注,从而提高企业产品和服务的知名度、美誉度,树立良好品牌形象,促进产品或服务销售的一种手段和方式。

1. 事件的类型

热门事件通常是指广大用户主动关注的事件,自带热度和传播性,是企业进行网络营销的天然素材,也是成本低廉的传播媒介。对于企业来说,容易吸引用户关注,同时有利于提高品牌形象的事件主要包括以下两种类型。

1）热点事件

在事件营销中,热点事件一直是重要的借力对象。热点事件通常具有受众面广、突发性强、传播速度快等特点。合理利用热点事件可以为企业节约大量的宣传成本,同时带来爆炸性的营销效果。如今,硬广告的宣传推广效果不断减弱,企业更加偏向于比较受广大用户关注的新闻或信息推广方式,开发出了形式多样的软性宣传推广手段。例如,2×14年"科比超过乔丹"这一新闻成为热门话题时,京东曾经推出一则文案:之所以会超越传奇,是因为成功者都在他人看不见的地方流下过无数辛劳的汗水。我知道洛杉矶每天凌晨四点的样子——科比·布莱恩特。我知道北京每天凌晨四点的样子——配送小哥。

2）危机公关

一般来说,企业危机公关主要包括两个方面:一方面是危害社会或人类安全的重大事件,如自然灾害、疾病等;另一方面是企业自身因管理不善、同行竞争或外界特殊事件引发的负面影响。当出现危机公关情况时,合理的公关手段不仅可以提高企业形象,增强用户对企业的信任,还可能改变用户的观念,打开市场。例如,有网友在网上披露海底捞某分店后厨卫生状况不佳,海底捞立刻发表声明,对旗下所有分店进行详查和整改,并对出问题的分店作出处理,既接受了用户的批评,又表明了改正错误的态度,赢得了大量用户的好感。

2. 事件营销的策划要点

现如今,网络媒体传送速度快、互动性强,可以更好地用来发展企业网络营销,使其产生更大价值,这也是事件营销的价值所在。与其他的广告形式相比,事件营销的优势显而易见,一旦成功,带来的效益是不可估量的。在事件营销里,要想达到与用户共鸣的成效,需要将产品的特性与媒介活动相结合,借事件的"势"做出自己的亮点,从而实现双赢。此外,还需要掌握以下五点关键因素,才可以让事件营销得到持续关注:真实性、相关性、重要性、显著性和趣味性。一般情况下,事件只要具备一个要素就具备了很大的价值。同时具备的要素越多,其价值自然越大。

3. 事件营销的步骤

成功的事件营销需要经过精密的策划,而不是盲目地进行。企业应该结合自身条件制定具体计划。事件营销可按照以下几个步骤实施。

（1）选择平台：选择传播平台是事件营销的第一步。事件营销以互联网为传播载体,视频、微博、微信等都可以成为事件营销的工具。要想增加影响力和覆盖范围,可以在多个媒体平台上发布信息。

（2）策划事件：事件的策划是事件营销的核心工作。事件营销借助于新奇、独特、有趣的热点事件,选择与自身的产品或服务相关的切入事件角度。企业需要将自身的诉求点、用户的关注点和事件的核心点相融合。文案不能生搬硬套,在搭载热点事件的基础上,传达的信息要与品牌价值、品牌理念及产品竞争力相关联。

（3）预热：事件信息发布后,企业要想获得更多的关注,可进行预热,与种子用户和核心"粉丝"分享、沟通,通过他们将信息主动传播下去。

（4）传播：吸引知名人士、主流媒体或平台的关注,让信息更大范围地进行传播,进一步扩大影响力,让更多层面的人群知道。

（5）效果评估：对事件营销的实施结果进行评估。事件营销效果的评估主要分为两个阶段：第一阶段是从事件的熟知率、认知渠道和对具体内容的评价等方面对事件进行评估，第二阶段是通过用户对品牌的认知、情感和意愿等方面对品牌影响进行评估。

三、内容营销

在自媒体时代，内容为王。这也是很多企业投入大量时间和资源，通过内容营销做品牌传播的原因。内容营销与传统营销的主动寻找用户的不同在于，它要求企业通过创造有价值的内容，吸引特定用户主动关注。内容营销的重点是内容是否有吸引力，是否能够吸引用户关注，并影响用户的搜索与购买行为。

1. 内容营销的概念

简单来说，内容营销是一种营销策略，它将图片、文字、视频和音频等元素以内容的形式呈现出来，使其成为用户可以消费的信息。例如，京东快报就是最为典型的内容营销方式，它通过文章将需要营销的内容转化为用户提供的有价值的服务，进而吸引用户点击、阅读，引起用户的购物兴趣并付诸行动。其实质是通过对用户购物行为的分析，将这些内容推送给匹配的用户，实现精准营销。它是一种促进流量变现和用户消费升级的新型营销方式，可以简单地将其看作以内容聚集"粉丝"来提高转化率的一种营销方式。同时，这种内容的表达方式使企业与用户之间建立起了强有力的互动，为企业品牌与形象的建立提供了更直接的途径。

内容营销的表现形式非常多样，包括软文、新闻稿、音频、动画、图片、信息图、电子书在线教学或电视广播、幻灯片、视频、游戏等，通过有价值的内容分享，可将品牌和产品信息传达给用户。内容营销作为一种营销思维，并没有固定的形式和方法，适用于所有的媒介渠道和平台。

2. 用户需求主导营销内容

企业在进行内容创作前，要先明确目标用户，成功的内容营销是以用户需求为导向的。因此，企业需要根据目标用户的需求制定内容营销计划，也就是应该创作怎样的营销内容。

企业把握了用户的需求导向后，就可以创作出优质的、有创意的内容，还能够加强用户与品牌之间的关系，推动其与用户进行更深入的互动，为用户提供指导和帮助，并促进用户购买。例如，企业业务是健身、时尚潮流等领域，用户往往需要寻求好的建议和推荐。企业可以将品牌定位为一个用户信任的信息源，通过优质内容持续强化他们对企业产品或服务的信任度。

总之，企业需要将创作的营销内容视为一款产品，确保内容与目标用户的需求是相匹配、相契合的。

除了用户的已有需求，企业还可以引导用户的需求，即当用户可能不清楚自己想要什么时，通过营销内容去激发他们的需求。例如，对于一家生产防辐射服的企业，孕妇是企业的目标受众，企业首先会通过大量的推送内容让孕妇知道电子产品辐射的危害，在这种情况下便产生了防辐射服的潜在市场需求，之后产品的推出就变得顺理成章了。

3. 打造内容营销的亮点

用户每天都会接收大量的信息,面对这些信息时,用户必然会有选择性地筛选自己喜欢、感兴趣的内容。这会导致竞争环境变得激烈,获取流量变得更加困难,成本也越来越高,因此,内容营销的亮点就显得越来越重要了。打造内容营销的亮点,将创造更多的品牌或产品价值。

在进行内容营销过程中,要将亮点作为内容营销的重点。内容营销的亮点一般围绕关键词、价值、品牌和用户几个因素进行打造。

4. 内容营销的情感共鸣

在内容营销中,真实、有个性的普通人逐渐成为关注对象。用户大多是普通人,因此,真实、自然、有感情的普通人的故事才会更贴近用户,更容易让用户产生共鸣。这也可以在无形中拉近用户与品牌的距离,影响用户对品牌的情感,如耐克以马拉松为主题拍摄的广告片"Last"通过讲述普通人的故事使用户产生共鸣。

为了让用户对内容产生情感共鸣,企业需要洞察社会情感和心理,通过表达用户的情感需求,策划出容易引起用户共鸣的营销内容。例如,现在很多的节日营销借助用户对亲人、朋友的情感,设计感性的营销内容,再通过高质量的视觉展示和阅读体验,使用户感同身受,从而留下深刻的印象。

5. 内容营销的效果设计

内容营销的目的是避免文章赤裸裸地显示产品及其购买信息。除了打造亮点内容,创作优质的营销内容,企业还需要将内容设计得较为美观。好的设计能够增加文章的阅读量和分享次数。

内容营销的效果设计主要有两方面:一方面表现为文章的版面设计,图文并茂、段落清晰、层次分明、行文简洁的内容更能引起用户的阅读兴趣;另一方面表现为外观设置,在效果设计上可选择使用和品牌相同的色调、视觉效果和字体等,让用户在阅读、观看内容的过程中有意识地联想到企业的品牌、产品或服务。

四、口碑营销

1. 口碑营销的概念

口碑营销是指企业努力使消费者通过其亲朋好友之间的交流将自己的产品信息、品牌传播开来。这种营销方式的特点是成功率高、可信度强。从企业营销的实践层面分析口碑营销是企业运用各种有效的手段引发用户对其产品、服务及企业整体形象的谈论和交流,并激励用户向其周边人群进行介绍和推荐的市场营销方式和过程。

2. 实施组合口碑营销的步骤

1)确定目标受众

在实施口碑营销之前,企业需要明确自己的目标受众。目标受众应该是企业产品或服务的潜在客户,或者是对品牌有需求的人群。

2)制定口碑营销策略

在确定目标受众后,企业需要制定口碑营销策略。营销策略应该根据目标受众的特点和需求来制定,可以考虑采用优惠活动、社交媒体宣传、口碑奖项等方式来吸引受众。

3) 建立良好的口碑

良好的口碑可以帮助企业建立品牌形象,增加信任度和忠诚度。在建立口碑的过程中,企业需要提供优质的产品和服务,让顾客满意,并积极收集顾客反馈,不断改进产品和服务。

4) 引导顾客分享口碑

在建立良好的口碑后,企业需要引导顾客分享口碑。可以通过奖励顾客分享、举办口碑活动等方式来激励顾客分享口碑。

5) 监测和评估口碑营销效果

在实施口碑营销后,企业需要监测和评估口碑营销效果。可以通过顾客反馈、销售数据等方式来评估口碑营销的效果,并根据评估结果调整口碑营销策略。

口碑营销是一项需要长期坚持的营销策略,需要不断改进和调整。成功的口碑营销需要企业提供优质的产品和服务,建立良好的口碑,并引导顾客分享口碑。

3. 鼓励用户参与口碑的方法

1) 寻找社交媒体的影响人物

企业识别社交媒体的影响人物一般有两种方法:一是企业可以观察并加入有关行业的社交媒体,了解哪些人在社交媒体上(如抖音、小红书、微信朋友圈及视频号、微博、知乎问答社区等)最活跃、朋友圈最大、得到评价最多。二是利用社交服务平台。例如,网络流行度评比公司 Klout 提出了 35 种测量指标,对 8 000 多万社交网络成员进行测量。其主要测量的是:联系的社交网络人员的人数;参与者受到多少影响人物的影响(如点赞、推文转发等);网络成员有多大的影响力。测量的结果用 Klout 分值来表示,从 1~100 分不等,分值越高,说明社交媒体的影响力越大。Klout 公司还对影响人物谈论的话题及他们的社交媒体风格(如是"广播型人物"还是"专业型人物")进行评价。Klout 公司还有一项激励机制,Klout 得分高的社交媒体用户集中在一起,再按照他们关注的品牌(如星巴克、奥迪、维珍航空、德芙等)分门别类,由企业向他们免费提供产品或服务。

2) 病毒营销

病毒营销是一种非常有效的营销方法,但是名字并不好听。如果网络用户向亲朋好友发送电子邮件,或者与他们分享微博上的帖子,或者 bilibili 网站上的视频资料,他们所使用的方法称为口碑相传。病毒营销(viral marketing)就是网络上的口碑相传,用户通过电子邮件或社交媒体分享的方式将网络上的内容分享给他人。

病毒营销的形式与实体环境的病毒传播或计算机病毒的传播是一样的。病毒营销的走向与销售漏斗的走向正好相反。随着内容的传递,病毒营销的漏斗将品牌的影响力扩大了。在离线环境下,消费者对品牌的口碑相传,或者在网络环境下,用户用电子邮件或其他多媒体形式传播内容,都是病毒营销的形式。当然,病毒营销成功的基础条件是传播的内容要有吸引力,只有这样,它才有被广泛传播的可能。

许多网络企业利用病毒营销这种营销模式来推销年轻人喜欢的产品。例如,厂商会在电子邮件中发送一个小的游戏软件或一小段视频,收件人很容易将其转发出去。厂商将游戏软件发送给几千个用户,但最终收到软件的用户会多达几十万。病毒营销有时也称为宣传营销或鼓吹营销,只要使用得当,这种营销模式的效率和效益都很高。

但病毒营销也有负面的影响,因为许多垃圾邮件也是像这样传播的。有些消费者对病毒营销颇有微词,因为未经授权的邮件被认为是对隐私权的侵犯。

3) 多媒体分享

互联网用户在网络上上传各种媒体形式的资料供他人阅读、评价,他们也为其他用户的资料充当传递渠道。网络上有许多网站在这中发挥着作用,如照片及各种艺术作品、视频、实时传播、音乐、展示文档等。

4) 社交网站介绍和推荐

评级、评价一般是在公共平台上展示的,而社交网站上的介绍和推荐则是针对具体的客户或一些品牌的。实体店里也有介绍和推荐,那就是购物者请同伴或同是购物者的同道推荐商品。社交网站推荐的形式与传统的客户推荐形式相似,但是网络上的推荐,特别是社交网站上的介绍和推荐有滚雪球式的效应,微博、小红书上的用户都可以将推荐或介绍的信息分享给自己的朋友圈。推荐、介绍与评级、评价也有密切的关系,有时候融为一体。

5) 电子邮件

电子邮件的作用依然很大。微博及其他的许多社交网站都要求用户提供电子邮件地址来验证身份。对于金融企业来说,目前的任务是设法将电子邮件和社交媒体结合在一起。

6) 社交网站讨论

社交媒体上有许多来自网络用户的评论,这些评论有许多涉及产品、企业及品牌。网络用户会在社交媒体上分享图片或视频。金融企业若是希望自己的博客能够引起用户的关注与参与,其发布的内容必须符合及时性、趣味性,还要设置点赞这样的按钮,方便用户点赞或评论。网络论坛是用户张贴电子邮件信息的场所。随着社交媒体的兴起,互联网又回归到了它的本真面目,那就是一切来自用户,一切为了用户,一切关于用户。

7) 插件与社交应用软件

许多企业都使用小插件和社交应用软件来吸引社交媒体用户参与。这些小插件有的是以游戏或竞赛的形式出现的品牌信息,有的是赞助式广告,鼓励用户参与互动,有的则是征集用户。社交应用软件不仅可以用在智能手机或平板电脑上,也可以用在普通的网站或社交网站上。

8) 定位服务应用软件

定位服务(LBS)属于移动商务的一种商务模式,它的技术基础是植入在用户智能手机芯片里的全球定位系统软件,由此可以了解客户所在的位置。其运用的理念是只要用户手机里有 GPS 软件,他的朋友就可以了解他所在的位置,用户也可以了解亲朋好友推荐的各种服务设施,如商店、酒吧、餐厅等场所。

4. 声誉管理及口碑考核

声誉是指人们心目中对某事物的信任度。

建立企业的良好声誉可以用到各种促销手段,但归根结底是企业自己的行动。社交媒体上经常会报导一家企业遭遇了声誉危机,这主要是因为企业做了什么,或没有做什么。企业可以利用自有媒体或口碑媒体与消费者或各种利益相关者进行沟通,告知企业能够为大家带来的利益。

维护企业的声誉要借助在线、离线媒体的实时监测,一旦企业的声誉受到伤害要及时干预。企业是否要出面干预,应该考虑三个因素:网络上的帖子对企业的价值,网络上的评论可能给企业带来的潜在威胁,社交网络上引发的议论会波及范围。

要修复企业或品牌的声誉,平均需要 3.2 年的时间。修复包含许多工作,如解决引发危机的根本问题、向重要的利益相关者告知解决的方案、邀请社交媒体用户传递重要信息等。

大多数经营有方的企业都会从社交媒体的批评中吸取教训。口碑媒体上的负面评价有助于增加真实感,因为它显示出企业的声誉不仅仅是依靠自有媒体和付费媒体上的内容在支撑。只要处理得当,这些负面信息反而会提升企业的声誉,帮助增加销售量。社交网络用户的产品评价、投诉及积极的建议,都有助于企业改进产品和工作流程,提高网络内容的质量。鼓励用户张贴此类信息的最有效途径是在企业自有的公司网站和社交媒体上组织用户进行沟通和交流,一旦企业采取了应对措施,也能够及时告知网络用户。这样做的目的也是防止负面信息广泛扩散,变得不可收拾。企业可以在自有社交媒体上开发一个声誉管理系统,避免各种声誉危机的发生。

对于营销沟通的绩效,企业有专门的考核指标,利用这些指标,企业可以判断营销活动的目标是否已经实现,并且不断地调整营销战略。以下列出的是口碑媒体上可以使用的其他一些绩效考核指标。

口碑媒体的一般考核指标:与广告或各种应用软件互动的人数,用户观看视频节目、玩网络游戏或听在线音乐的时间,社交媒体粉丝或社区增加的数量等。

用户所做的动作:用户下载帖子、音乐、视频或其他各种内容的数量,在社交书签网站上对某一网站贴书签的数量,在某一网站上用户创造的各种内容(视频、照片等多媒体材料)上传的数量,对书籍或网络零售商作出的评价的数量,网络游戏玩家的数量,折扣券下载的数量,民意调查投票的数量,网络展会邀请被接受的数量,等等。

博客及各种沟通平台上的交流:在线评论、推文的数量,社交用户情绪的表现,社交沟通被关注的数量,对用户沟通评价的数量,首篇评论及末篇评论的时间,等等。

五、社交网站营销

社交网站(social network site,SNS)营销是指利用各种社交网络来建立产品和品牌的群组,然后通过 SNS 分享的特点开展各种营销活动,达到病毒性传播的效果。

SNS 是 PC 时代的产物,经过发展,SNS 的重心逐渐由 PC 端向移动端偏移,以移动智能终端为载体,企业纷纷开发出自身的 App。自 Facebook 创立以来,社交网站迅速发展起来。这些网站通过话题、爱好、学习经历等将网友凝聚起来,形成一个社交网络。SNS 网站用户数量多、凝聚力强,是非常好的互联网营销方式之一。

1. SNS 营销工具分类

SNS 营销是指主要利用 SNS 平台的分享和共享功能,在六维理论的基础上实现的一种营销。通过病毒式传播手段,SNS 营销可让企业产品被很多人知道。通常,我们可以将 SNS 营销工具分为以下几类。

1) 综合类 SNS

综合类 SNS 以 Facebook（国外）、微信（国内）为代表。它们为用户提供了生活、社会、文化、文学、教育、科技、体育等综合信息。Facebook 俗称"脸书"，是全球知名的社交网站，它推出的中文网是一个游戏社交工具。通过它，用户可以和朋友、同事及周围的人保持交流互动、分享图片与转发链接，还可以参与社交游戏。微信是中国最大的社交平台，用户可以通过微信发送语音、文字消息、表情、图片、视频等多种类型的信息。同时，微信还提供了朋友圈、公众号、小程序等功能，使得用户可以在微信上进行更多的社交活动。

2) 校园类 SNS

校园类 SNS 以在校学生为主要使用人群，紧紧锁定校园生活，凭借学生之间较强的信任感，用户通常愿意相互透露真实姓名与其他资料，进行真实性较强的互动。

3) 娱乐类 SNS

娱乐类 SNS 的用户群体是年轻、时尚一族，往往以在线游戏为核心吸引用户，或发布个性化、专业化的内容来吸引广大用户的参与。

4) 商务类 SNS

商务类 SNS 以公司白领为主体用户，以工作交流为核心，招聘业务也逐渐发展成为该类网站的重点。

5) 垂直类 SNS

垂直类 SNS 是指面向某个垂直领域的 SNS。随着网络市场的细分，垂直类 SNS 在网络营销中受到重视。通常，这类网站由垂直信息门户或社区发展转变而来，其核心是希望通过 SNS 的方式实现用户黏性的增强及用户价值的再挖掘。国内比较活跃的垂直类 SNS 主要有以下几类：学习类、音乐类和婚恋交友类。

各类社交网站各有特点，较为突出的弊端有：这些社交网站大多面向自己的独特用户，其他人群的参与度不高；原创内容少，充斥着大量转载内容，造成输出价值不高，影响交流质量；用户将大量精力放在游戏和分享上，社区气氛下降。正因为如此，SNS 营销应专注于精准营销，根据不同的产品、服务来选择所需的 SNS 工具。

2. SNS 营销的价值

无论是在 SNS 用户交互媒介中植入产品或品牌，还是在游戏中植入广告或开展活动营销等，都体现出了 SNS 独特的营销价值。

（1）资源丰富。各类 SNS 面向自身特定的用户群体，这些用户群体人员分布广泛，聚集了各行各业的人群。如此庞大的用户群在使用中慢慢地帮助 SNS 积累了丰富的资源。用户可以通过 SNS 认识更多网友，可以在 SNS 上发软文推广自己的网站和产品，可以通过分享结交更多志同道合的朋友，也可以利用 SNS 的丰富人脉找工作、找产品等。

（2）精准的目标用户。各种类型 SNS 的用户群相对比较固定，并且可以掌握详细的用户资料，能够最大限度地精准定位目标用户。无论是进行广告投放还是软文推广，都可以在最短的时间内传递给其用户。

（3）庞大的用户群和口碑营销。SNS 庞大的用户群是开展营销的基础。SNS 营销是基于 SNS 平台存在的，用户具有长期性和附着性，短时间内不会消失或减退。并且，以朋友、同学关系为基础的社交圈,可以形成巨大的口碑营销场所,消息传播速度快,更容易取得营销效果。

(4) SNS 营销的感染力。SNS 自诞生发展以来,逐步凸显它强大的爆发力和感染力。SNS 中的内容往往是时事热点,可吸引用户的关注。因为其自身转发和传播速度快的特点,加速了信息的传播效率,提高了传播的质量。

3. SNS 营销的主要方式

基于 SNS 营销的价值,很多企业将 SNS 平台作为营销的重要场所。一般来说,SNS 营销主要分为以下四种方式。

1) 广告植入

目前,许多企业将产品、服务广告植入到游戏 App 中,将广告主的品牌和产品信息融入社交网站的情景和道具中,让用户在玩游戏的过程中,一步步去了解产品和服务。被植入的产品、服务或品牌会得到一定程度上的突出展示,用户一般不会对其抱有抗拒心理,往往能够在无形中拉近广告主和用户之间的距离。

2) 投放定制广告

由于 SNS 平台较为充分和准确地掌握了用户的年龄、性别、地区、受教育程度、兴趣爱好等信息,广告主能够在 SNS 的自助投放广告平台上更加精确地定位自己的目标用户群体,实现最精准的营销。

3) 打造公共主页

公共主页是管理者利用状态、相册、日志、音频和视频等功能,展示信息并与用户互动的一个平台,用户可以在这个平台上留言、评论和互相交流。通常,SNS 平台的公共主页上有众多的名人和企业加入,用户可以成为其"粉丝"和好友,关注其动态。这样,一方面可扩大自身的影响力,另一方面可以通过用户之间的口碑传播,吸引更多的用户,增强用户黏度,培养深度用户群体。

4) 以应用形式进行活动营销

企业可将广告主的促销活动包装成应用的形式进行发布,让用户自由添加使用,并通过人际互动进行传播。目前,许多品牌广告主在 SNS 平台上进行了这种尝试,如通过有奖活动的形式进行推广,鼓励用户邀请好友参与,充分利用了社交网站口碑传播的特点。

不管以何种方式进行 SNS 营销,企业之所以会选择 SNS 作为投放广告、植入广告的平台,不仅是因为 SNS 拥有庞大流量,还因为 SNS 能够实现企业和用户之间的对话和沟通,从而掌握用户真正的需求。

4. SNS 营销的步骤

掌握 SNS 营销的步骤可以帮助运营人员更好地制定营销策略。一般而言,SNS 营销的步骤如下。

1) 选择合适的社交平台

在互联网和电子商务高速发展的环境下,社交网站层出不穷,同质化现象越来越严重。怎样选择一个合适的社交平台是运营人员进行 SNS 营销前需要首先考虑的问题。在选择时,建议从自身和用户两方面来进行考虑。首先,从社交平台所能提供的资源与自身需求的契合程度出发，从社交平台的技术、人员、对发布内容的质量监测等角度进行考虑，筛选出对自身最有利、最适合自身发展的社交平台。其次，考虑该平台的用户是否与企业的目标用户群体间存在差异，能否在今后的营销过程中快速吸引这一类型的用户。最后，考虑花费在社交平台上的时间。一般来说，最初开始进行 SNS 营销时，企业要多花费一些精力来进行客户资源的累积；后期则可减少投入的时间，依靠用户间的传播来带动营销。

2）完善社交平台上的个人信息

在社交网站上注册账号后，该账号就是企业形象的代表，要对账号的个人信息进行完善，如简介、头像、说明等，并定期根据营销目的进行更新，给用户留下专业、认真的良好印象。需要注意的是，若企业在其他平台上也有类似的营销账号，要保证账号信息和风格的一致性，如微博和小红书上的头像、名称等最好保持一致。同时，对于个人信息，则要体现出个性，以区别于其他同类产品的营销账号，对用户产生更强的吸引力。

3）确定营销的基调

完善个人信息后即可在社交平台上发布信息。发布信息前需要先确定营销的基调，确定营销的风格，定位品牌与用户之间的关系，找准竞争对手，有理有据地进行营销。这样才能增加营销的成功率，在用户心中树立良好的形象。

4）合理制定营销内容

在社交平台上发布营销内容时，常常采用图片与文字相结合的方式。一般来说，图片的展现效果会比文字更好，更容易引起用户的查看、评论和转发。因此，制定营销内容时首先要合理地进行内容的搭配，确定一种主要的内容类型，是以文字、图片还是视频为主，然后搭配其他元素，丰富内容的同时可全方位地展示营销信息。其次，注意营销内容发布的时间与频率。营销目标定位和"粉丝"人群属性不同，营销内容发布时间也应不同。

5）分析并检测数据

随着营销过程和结果中用户数据的累积，企业可以从中获得越来越多的反馈信息。这些信息是企业下一步营销计划的基础，首先要通过数据分析来得到一个衡量的标准，如点击量、评论量、转发量是否达到这个标准，以方便后期调整营销策略。其次，对营销内容的展示效果要不断进行测试。如果测试结果良好，则说明营销内容起到了积极的作用，可以继续采用这种方法；反之则要进行改进。

6）保持与用户的互动

在网络信息化时代，信息在快速变化，营销内容要能够跟上信息变化的速度，保证与用户之间进行良好的沟通与互动，从互动中了解用户的需求和关注点，挖掘更多的潜在用户。

5. SNS 营销的技巧

应用 SNS 营销时，营销者需要使用一定的营销策略才能最大化扩大营销效果，实现提高用户转化率的目的。总的来说，可以参考以下四种营销策略。

1）增加网络曝光率

社交平台拥有广泛的用户基础，这些用户不仅可以在同一个平台上进行信息传播，还能实现跨平台的信息分享与传播。对于开展跨境营销的企业来说，这些用户不仅是营销信息的目标接受群体，还是营销信息的主动传播对象。要想达到病毒式的营销传播效果，只有依靠社交平台上用户的自发传播。因此,企业要增加自己产品和品牌的网络曝光率,通过良好的沟通和服务在用户心中树立起良好形象,从而提高用户的忠诚度,使用户自动发起口碑传播,从而不断增加企业的知名度与影响力。

2) 加大合作力度

社交平台上的广大用户不仅有一般的目标消费群体,还有一部分企业用户。处理好与这些企业用户之间的关系,加强企业与企业之间的沟通与合作,可以吸收其他企业的优势,实现合作共赢。社交平台上信息的公开性与有效性,可以方便企业选择合作伙伴,并进行合作企业的评估,从而降低企业合作的成本,增强企业之间的信任与综合竞争力。

3) 提高搜索排名

社交媒体具有很强的交互性,能够快速实现与用户之间的互动,进而吸引更多的"粉丝"。同时,这些"粉丝"的口碑和社群传播又为企业带来了更多的主动搜索,提高了企业的搜索排名,带来了更多的销售机会。

4) 减少营销成本

社交媒体拥有庞大的流量,这些流量中包含了企业的目标消费群体。企业利用一系列营销策略,可以将潜在用户转化为自己的忠实"粉丝",通过"粉丝"的分享传播可以实现更低成本的营销,为企业资源的优化和高效利用提供更好的途径。

总的来说,SNS营销是一种基于用户创造内容(UGC)和多渠道整合的互动式营销模式。其关键是,企业需要树立优质的品牌服务和独特的价值理念,同时结合其他渠道,如电子邮件营销、微博营销等,才能更好地扩大企业品牌影响力,取得最好的营销效果。

六、社群营销

社群营销是在网络社区及社会化媒体的基础上发展起来的,用户连接及交流更为紧密的网络营销模式,主要通过连接、沟通等方式实现用户价值。

社群营销是一种基于圈子和人脉的营销模式,通过将有共同兴趣爱好的人聚集起来,打造一个共同兴趣圈并促成最终的消费。社群营销的本质是口碑传播的过程,其人性化的营销方式不仅广受用户欢迎,还可以通过用户口碑继续汇聚人群,让用户成为继续传播者。

让社群成员间的沟通可以不受空间上的限制,不仅方便了社群成员之间的沟通,还方便了运营者的管理。

1. 社群的要素

社群营销具有精准、高效、渗透等多种优势,逐渐成为企业市场推广的"标配",然而,真正将社群营销做到位的大众品牌屈指可数。在进行社群营销时,首先需要建立一个优秀的社群,一般而言,社群需要包含以下关键要素:同好、结构、输出、运营、复制。

2. 社群的特征

近几年,社群随着微信群的应用而逐渐兴起和发展。不论是微信群或QQ群形态的学习群、读书会、同学群等,如逻辑思维,还是社区形态的贴吧、论坛等企业社群,都具有相同的五个特征。

(1) 信息公开化。一个持续发展的社群最基本的特征是信息公开化,成员能从社群平台上获知彼此的基本信息。信息公开化能够让成员相互了解,真实的信息可以增加成员之间的信任感,从而使社群更加具有凝聚力。如果社群成员连最基本的彼此间的信息都无法获知,就很难将群员聚集在一起,更谈不上持续发展。

(2) 高效的沟通工具。社群能够快速发展,得益于微博、微信这些高效工具的发展和普及。借助高效的沟通互动工具,社群成员可以自由交流和互动。Nike+社区紧跟潮流和用户需求,从最开始的 PC 社区全面升级到微博、微信等 App 工具。这恰好说明了在移动互联网时代,信息具有便捷化、智能化、移动化、精准化的特点。

(3) 去中心化。去中心化或弱中心化体现出了社群成员的平等性和自主性。网络社群是一个较为扁平化的组织,信息呈网状结构传播,每个人都拥有平等的话语权,可以实现多人互动。去中心化并不与社群有领袖、有管理规则相悖。去中心化是指内容信息不再由专人或特定人群生成,而是全体成员共同参与、共同创造的结果。这与为了让参与更积极、沟通更畅通、结果更多元而进行的社群管理和维护并不冲突,也是社群营销的一个重要条件。

(4) 经常性的互动。社群营销得益于移动互联网的快速发展。社群是以共同兴趣、利益等为纽带而组成的集合体,社群成员间保持着经常性的互动关系,偶然的、转瞬即逝的互动对网络社群是没有太大帮助的。对于网络社群而言,网络具有便捷性,社群成员间能进行持续而频繁的互动,具有更强的黏性。

(5) 裂变性和聚合性。社群可以实现多对多传播,制造或者抓住引爆点,利用社群的网络结构,使传播呈现裂变效果。另外,社群成员通过高频次的信息互动,能够快速地基于某些共同点结成社交小圈子,产生很强的聚合力。

3. 社群和社群经济

社群发展到一定程度后催生了"社群经济",类似于"粉丝"效益带来的"粉丝"经济。社群经济是指在互联网时代,一群有共同兴趣、价值观的用户形成社群,社群成员通过互动、交流、协作、感染,建立信任,从而对产品品牌产生反哺价值。

社群营销实际上就是对社群经济的一种培养和利用。社群经济基于社群而存在,将社群与交易相结合,在产品与"粉丝"群体之间建立起信任,共同作用,形成自运转、自循环的经济系统。社群经济中的产品与用户之间不再是单纯的功能上的连接,附着在产品功能之上的口碑、文化、个人魅力、情怀等成为用户更注重的价值。例如,"逻辑思维"社群是以得到 App 创始人罗振宇为中心形成的,吸引对社群内容感兴趣的人群,建立情感连接,培养成员的信任,打造出鲜明的个人品牌,再将个人魅力和口碑附着在产品上,为产品赋予独特的价值。

4. 怎样做好社群营销

建立社群并不难,但要想成功运营社群,让社群持续发展,做好社群营销,则需要掌握一定的运营方法。其主要有以下几个方法。

1) 清晰的社群定位

在建立社群之前,必须先做好社群定位,明确社群要吸引哪一类人。社群定位能够充分体现企业的核心价值定位。例如,小米手机的社群,吸引追求高科技与前卫的人群。只有当社群有了精准定位之后,才能推出契合"粉丝"兴趣的活动和内容,不断强化社群的兴趣标签,使社群用户产生共鸣。社群定位要基于社群的类型和企业的性质。为了更好地进行社群定位,在建立社群前,运营者应首先考虑一下建立社群的目的(建群动机),确定了建立社群的目的后,就可以更方便地进行社群定位。

2) 持续输出价值

作为社群群主或管理员,每次分享时都应该全程投入,不应有所保留。社群运营中常会遇到这类问题,即分享者没有将所有内容分享出来,有的是迫于知识有限,有的则是害怕其他成员超越自己,造成成员分流。其实这是一个误区,要想让社群发展壮大起来、长久生存,分享者应当倾尽所有,将所有内容传授给成员,从而得到成员的认可和信任。如此,成员之间的黏性才会很强,后续将会持续输出价值,带来稳定的影响力和口碑,"粉丝"和跟随者也将越来越多。

3) 维护用户活跃度

社群成员之间的在线沟通多依靠微信、QQ等。对于社群运营而言,能否建立更加紧密的成员关系,直接影响着社群最终的发展,社群活跃度也是衡量社群价值的一个重要指标。现在,大多数成功的社群运营已经从线上延伸到线下,从线上资源信息的输出共享、社群成员之间的互动,到线下组织社群成员聚会和活动,其目的都是增强社群的凝聚力,提高用户活跃度。

4) 打造社群口碑

口碑是社群最好的宣传工具,社群口碑与品牌口碑一样,都必须依靠好产品、好内容、好服务进行支撑,经过不断的积累和沉淀才能逐渐形成。一个社群要想打造良好的口碑,必须从基础做起,首先抓好社群服务,为成员提供价值,然后才能逐渐形成口碑,带动成员自发传播,之后逐渐建立以社群为基点的圈子,使社群真正得到发展。

5. 开展社群线上活动

建立一个社群容易,但社群的维护并不简单。一个社群要想做得有声有色,不让成员感到无聊乏味,使成员有成就感、荣誉感等,开展社群线上活动是必不可少的。社群分享、社群福利、社群打卡等都是十分有效的方式,可以不同程度地活跃社群,提高社群成员的积极性。

6. 社群线下活动的策划

为什么社群需要开展线下活动? 在O2O时代,线上和线下相结合才是顺应潮流的营销方式,社群运营也不例外。社群"线上交流的是信息,线下交流的是感情"。一个社群在从线上走到线下的过程中,可以建立起成员之间的多维联系,让感情联系不再局限于社交平台和网络。

社群的线下活动根据规模的大小,会表现出不同的组织难度。因此,为了保证活动的顺利开展,企业在活动开始前必须进行清晰、完整的活动策划,以更好地把控活动全局。

第二节 金融数字营销策划

一、金融数字营销策划流程

在初步制定产品、价格、渠道和宣传全局策略后,企业还需要对网络营销的具体流程进行策划。

1. 确定营销目标

营销目标是指在本计划期内所要达到的目标,是营销策划的核心部分,对营销策略和行动方案的拟定具有指导作用。

与传统营销一样,数字化营销也应有相应的营销目标。数字化营销的目标总体上应与现实中的营销目标一致,但由于网络面对的市场用户有其独特之处,且网络不同于一般营销所采用的各种媒体,因此,具体的目标应稍有不同。企业营销的目标不仅需要定位到实实在在的利润上,还要考虑消费者和社会的利益,能正确处理好企业与相关人群和团体的利益关系。因此,营销目标应该分为三个层次:一是企业计划期的直接营销利润;二是未来一段时期内企业形象的增值,即通过优质服务、让利和承担社会责任来提高企业的形象;三是探索和积累营销经验,培育、造就一支高素质的数字化营销人才队伍,建立完善、有效的数字化营销体系。

2. 确定营销用户群

进行数字化营销时,我们需要确定营销对象是谁,也就是确定营销用户群。如果不能确定营销用户群,就难以制定出恰当的、有针对性的推广方案。有了产品、渠道和方案,才能有效地实施网络营销。下面将介绍开展数字化营销时该如何确定目标用户群和调研目标用户的方法。

1) 确定目标用户群

任何产品都有它针对的、固定的用户群。例如,书包的用户群主要是学生,化妆品的用户群主要是女性。但同类型的产品会涉及高、中、低端的消费群体。香水的用户群主要是女性,那么哪个年龄段的女性最为需要?什么条件的女性又是它的主导消费群体呢?因此,企业需要全方位了解她们,进行有针对性的宣传,牢牢地将她们锁定为自己的忠实用户。这类人群是长期固定消费人群,他们的所有需要都是网络营销中可以考虑的内容,也是企业发展调整的依据。

2) 产品特色带来的人群

一种产品拥有自己的特色,就会吸引特定的消费人群。这些目标人群虽然不是固定的,但他们是主导消费人群。例如,对于孕婴产品而言,人们往往先考虑其是否安全和营养价值的高低,价格反而是最后才考虑的。那么,在做这种产品的营销时,企业应该了解特定人群的消费心理,打造产品自身的特色。因为吸引消费者的是产品特色,企业可以在数字化营销中根据时间性、阶段性的需要进行调整,也可以根据自己产品的特点,在网络营销中主动找到所需的目标人群。简而言之,就是逐条列出优势,发现感兴趣的受众群体。

3) 目标用户的调研

要想了解营销对象是谁,可使用科学的调研方法来收集用户的数据信息,如消费情况、需求、购买行为变化、目前营销策略的效果等。这些数据可以为企业确定营销目标和营销用户群提供科学依据。

数字化营销中的目标用户调研一般可通过网络问卷调查和基于大数据的"用户画像"实现。

3. 分析营销用户的特点

分析营销用户的特点不仅仅是数据化运营的基础,即使是传统行业,只要企业足够关注用户,也会进行用户特点分析。对数字化营销而言,用户特点分析更是必不可少的。用户特点可使用 R-F-M 分析法进行分析。

(1) R(recency)——用户新鲜度,是指用户最后一次购买企业产品的时间,如用户最后一次进店消费是什么时候、上一次是何时浏览过网站等。理论上,上一次消费时间越近的用户对即时提供的产品或服务越有可能产生反应。如果要密切地注意消费者的购买行为,那么最后一次消费就是网络营销人员第一个要利用的工具。买过你的产品、服务或曾经光顾过你店铺的消费者,是最有可能再次购买的用户。吸引一个几周前上门的用户购买,比吸引一个几个月以前来过的用户要容易得多。

(2) F(frequency)——用户消费频率,是指用户在特定时间段里购买企业产品的次数。我们也可以理解为最常购买同一企业产品的用户,是满意度最高的用户。

(3) M(monetary)——用户消费金额,是指用户在特定时间段里消费企业产品的总金额。毫无疑问,用户新鲜度、消费频率和消费金额高的用户具有重要价值。最近消费时间较远,但消费频率和金额都很高,说明这是一个一段时间没来的忠诚用户,营销人员需要主动保持联系。最近消费时间较近,消费金额高,但消费频率不高,表示该消费者忠诚度不高,但具有消费潜力,可以重点发展。最近消费时间较远,消费频率不高,但消费金额高,可能是将要流失或已经流失的用户,应当采取挽留措施。

用户新鲜度、消费频率和消费金额三个指标是测算消费者价值最重要、最容易的指标,对营销活动具有很强的指导意义。三个指标的排列顺序是严格的,有轻重缓急和先后次序,其中,用户新鲜度是最有力的预测指标。

4. 确定营销方法

目前的广告形式多种多样,这些五花八门的广告让用户对广告的免疫力越来越强,广告的说服力也逐渐减弱,大多数用户对待广告的一贯做法是直接忽略或拒绝。同时,移动互联网的发展使媒体环境愈加复杂,媒介呈现出多元化发展态势,企业的需求也在变化。传递品牌信息仅仅是企业众多诉求中的一部分,企业还希望通过更好的广告创意、技术手段与消费者进行深层次沟通,实现情感共鸣。

如何打动用户,实现用户和品牌之间的有效沟通成为众多营销人员迫切需要解决的问题。要想打动用户,我们应注意以下两方面:一方面是营销平台和方式的选择,另一方面是营销的内容。营销内容将主导营销的进行,营销平台和方式则是渠道、工具和手段,应易于用户接收和传播。

1) 选择营销平台和方式

选择营销平台和方式实质上是网络营销宣传策略的体现。在对营销用户群和用户特征进行分析后,就可以有针对性地选择互联网上的营销平台来推广产品和品牌或开展营销活动了。如果产品和服务是针对学生群体的,那么,QQ、微博、微信是不错的选择,因为这些平台上聚集着很多潜在客户,并且易于接收和传播;如果是针对女性群体的,则可以选择购物网站等方式开展营销活动。同时,还需确定营销内容是使用文字、图片还是视频形式传播。

2)设计打动用户的内容

营销人员认为"能够洞察用户情感的内容才能打动用户",引起用户的情感共鸣。洞察用户情感的内容就是营销内容应该体现产品或服务的内涵,用户的感情共鸣则是指营销场景化。

(1)洞察用户情感的内容打动用户。洞察用户情感的内容可体现出产品或服务的内涵,"洞察"不是行为表现,不需要解释,它更多地渗透到用户的情感和精神世界,必须满足真实、新鲜、能触动人、与环境相关等条件。好的营销内容会给出一个非常清晰的结果,告诉用户需要什么,为什么需要,如何去满足用户需求。例如,女性消费者购买护肤品等商品时,她们需要的是什么?她们需要的不仅仅是这款产品,也不仅仅是这些产品带来的保湿和美白效果。更深层次地说,她们需要"美",需要"自信",甚至可能是"爱情"。因此,营销人员在设计营销内容时,需要通过文字、图片或视频表达美、自信或爱情,这就是营销信息应具有的洞察用户情感的内容。

(2)营销场景化打动用户。营销场景化从情感体验入手,将用户融入不同的场景,实现情感共鸣,以此打动用户。营销场景化对产品和品牌有较高的要求,品牌要打破过去单纯"覆盖"和"触达"的流量思维,要思考如何通过价值主张与场景的融合,让品牌获得用户发自内心的认同,真正打动用户。

营销场景化首先要精准洞察用户需求,只有探查到用户的需求后才能准确"出招"。场景化的应用不仅给用户带来了新鲜的消费体验,也与用户达成了情感共鸣。其次,要构建多元化应用场景。营销不仅要通过场景覆盖用户,也要打动用户。这就需要企业找到用户使用营销应用的"场景时刻",从而找到激发用户共鸣的要素。最后,要保持与时俱进的技术创新。无论是产品还是营销,都离不开技术的支持。技术创新可让产品有更多功能和场景融入,带给用户更惊艳的完美体验。

二、金融新媒体营销文案策划

文案是广告的一种表现形式,文案来源于广告行业,是广告文案的简称,也是企业为达成商业目的的表现形式。目前,广告文案有广义与狭义之说:广义的广告文案是指广告作品的全部,包括广告的语言文字、图片、创意等表现形式;狭义的广告文案是指广告作品中的语言文字部分,如广告的标题、副标题、广告语、活动主题的文字等。

文案也是一种职业的称呼。作为职业出现,文案的英文词为 copywriter,译作文案写手,是指专门创作广告文字的工作者。美国零售广告公司总裁朱迪思·查尔斯对于文案写手的定义:"文案人员,就是坐在键盘后面的销售人员。"这直接说明了文案人员的作用。

1. 新媒体营销文案的特点

新媒体营销文案的写作与传统文案的写作有共通性,但因新媒体营销文案投放渠道的不同和读者阅读习惯的变化,新媒体营销文案对写作也有不一样的要求。新媒体较传统媒体具有内容多元化、成本低、互动性强、推广力度大、目标人群更精准的特点。

1)内容多元化

新媒体营销文案有着丰富的表现形式和传播途径。随着时代的变化,移动端的使用频率加大,人们随时都能拿手机获取信息。与此同时,网络的便捷性导致信息传播渠道多样化。很多时候,人们很难从冗杂的信息链中获取指定的某一段信息,信息的加工势在必行。文案本身就是对信息的再加工与处理,文案由单一的文本形式变成文字、动图、超链接、视频等的灵活组合,在不同的网络平台都能得到有效的传播。

2) 成本低

相比于传统的广告,新媒体营销文案的发布成本更加低廉。网络传播的路径广阔,只要文案写得足够精彩,自然会有人自发地将文案进行传播与分享,这样一条简单的传播链,很多时候就会产生意想不到的营销效果。而传统媒体则是通过电视、杂志等媒体传播,投入成本较大,且很多时候想要传递的信息也并不能准确地传递给受众。

3) 互动性强

相较于传统文案,新媒体营销文案传播不再是单向输出,受众可借助微信、微博等社交平台,直接与企业品牌方沟通互动,从而达到品牌传播或销售的目的,如通过游戏互动赠送优惠券、通过新媒体提供更好的售后服务等。

4) 推广力度大

得益于网络的便捷性与传播的多元化,新媒体营销文案的推广力度相比传统文案更大。因为现在人们多使用移动端查看新媒体营销文案,且移动端设备都是触摸屏,操作起来十分方便。以微信公众号文章为例,一般情况下,受众可通过扫描文首或文末二维码关注该公众号或其他推广的公众号,十分方便。

5) 目标人群更精准

新媒体各平台人群均有明显的特征,如"00后"常用社交媒体为QQ、QQ空间,他们常用的视频网站则为bilibili弹幕视频网;而职场人群则更喜欢通过微信订阅号和朋友圈进行传播。另外,由于用户在新媒体平台上的各种行为均会被数据记录,企业可根据自己的目标人群有选择地进行相关信息的推送及广告投放,如针对刚怀孕的妈妈推送母婴用品。平台自身基于数据的处理,也能够向不同人群推送不一样的信息内容。例如,今日头条新闻客户端根据用户往期浏览的新闻风格类型,可做到有选择地推荐对应内容;淘宝可根据用户的浏览记录、往期购买服装的风格类型、所购买服装的价格等推送对应的服装,以便更好地促成交易;企业也可运用对应平台的与自身相关的数据对不同目标人群进行精准营销。

2. 新媒体营销文案的类型

新媒体营销文案一般有以下几种分类方式。

1) 按企业广告目的分类

企业的所有广告文案都是为销售服务的。但为了更好地区分文案类型,可根据企业广告的主要目的分为销售文案和传播文案。

2) 按文案篇幅的长短分类

根据文案篇幅的长短,文案可分为1 000字以上的长文案和1 000字以内的短文案。写作长文案时,要么是进行信息的铺叙分析,要么是展开大的故事场景;而短文案则侧重快速触动,表现核心信息。现在无论什么产品或行业,都可以根据其需要和特点确定文案的篇幅。另外,行业属性的不同,文案的运用也有不同。在价格昂贵、受众的决策成本较高的行业通常要运用长文案,如珠宝行业、汽车行业;而在价格较低、受众决策成本较低的行业,则一般运用短文案,如杯子行业等。

3)按广告植入方式分类

按广告植入方式可分为软广告和硬广告。软广告即不直接介绍商品、服务,而是通过其他的方式代入广告,如在案例分析中植入品牌广告,在故事情节中植入品牌广告。受众不容易直接觉察到软广告的存在,它具有隐藏性。硬广告则相反,它以直白的内容发布在对应的渠道媒体上。

一般而言,企业会根据不同情况进行选择。一般的品牌传播广告需要强度高的品牌曝光次数及直接带动销售,企业会选择硬广告。但企业在需要补充增加品牌曝光时则一般选择软广告。

3. 新媒体营销文案的创作

新媒体的兴起给传统媒体带来巨大的冲击,也为信息内容的传播提供了更为广阔的平台。在新媒体环境下,传统媒体的写作方式已经不能适应新的文化形态的发展。阅读习惯的碎片化和书写方式的多元化,让新媒体写作有了更大的发展空间,如何进行个性化、优质化的语言表达,成为人们共同关注的问题。

1)营销文案的创作思维

新媒体的兴起给人们的生活带来了巨大的变革,人们的思想观念、行为、习惯、爱好及需求都呈现出复杂化和多元化的特点。新媒体创作者要在新的环境下求得生存与发展,就必须顺应时代的发展潮流,转变思维方式,真正做到与受众的需求接轨。

(1)受众思维——与"我"相关,对"我"有用。在文案实践中,与"我"相关的理论可进一步深化分解为与"我"的收益相关、与"我"的标签相关、与"我"的生活相关。

(2)营销思维——把文字当作产品来经营。销售某种产品时,在销售前,企业要根据受众需求来提取产品卖点,选择销售渠道;在销售过程中,企业要对受众心智进行管理,确定推广策略和品牌定位;在销售后,企业要维系与受众的关系。

(3)共享互动思维——与受众做朋友。新媒体的兴起为人们提供了自由、开放的平台,信息共享已经成为一种趋势。在这样的大环境下,共享互动思维主要通过受众的分享、评论与转发等来实现信息传播效果的最大化。

2)新媒体营销文案的创作方法

新媒体营销文案的内容输出需要有创意的思考,掌握文案的创意输出策略可以将产品或品牌的卖点、创意和精神理念结合在一起,并进行清晰的呈现,再将产品或品牌融入或转化为文案,最终创作出一篇优秀的创意作品。主要有以下几种方法。

第一,九宫格思考法。

九宫格思考法是培养创意的简单练习法,很多人常用这种方法构思营销推广文案或演讲PPT的结构等,如图5-1所示。

九宫格思考法的操作步骤如下。

(1)拿一张白纸,先画一个正方形,然后用笔将其分割成九宫格,再将主题(产品名等)写在正中间的格子内。

图 5-1　九宫格思考法

（2）将与主题相关的，可帮助此产品销售的优点写在旁边的 8 个格子内，尽量用直觉思考。

（3）反复思考、自我辩证，查看这些优点是否必要、明确，内容是否有重合，并进行修改，一直修改到满意为止。若是对产品的想法有很多或是觉得某个点还可以延伸，一张纸不够用，可多填两张，再去粗取精即可。

需要注意的是，在写新媒体营销文案时，并不是要将产品的所有优点都列出来，而是只强化部分优点或其中一个优点，通过核心优点让受众记住文案。而且在文案写作中，对受众记忆点的使用要因地制宜。例如，在海报文案或推广活动文案中，受众记忆点最多不超过 3 个，所以介绍产品的重点功能即可，但是在电商详情页文案和软文上则不一样，文案中应尽可能多地展示出该产品的重点优势。

第二，头脑风暴法。

创意是文案写作中非常重要的元素，电商文案就是利用创意为产品和品牌披上了一层新的外衣，让其能被受众愉快地接受。头脑风暴法是电商文案写作过程中十分有效和常用的激发创意的方法，这是一种培养创造能力的集体训练法。这种方法鼓励人们打破常规思维，无拘束地思考问题，从而在短时间内批量产生灵感，使用这种方法可能会有大量意想不到的收获。

第三，元素组合法。

通常在创作文案前，文案人员可以运用发散思维展开产品的卖点和扩充产品的内容，将其简明扼要地描述出来，把每一个卖点都看成是文案写作的一个元素，然后将这些元素进行组合，最终形成核心卖点，并通过文案展示出来。

第四，金字塔式结构法。

一般来说，文案人员在进行文案创意思考时，常会采用发散性思维进行各种联想。不过，思维总是散乱而缺乏逻辑性的，这时就需要对创意进行梳理，让文案逻辑清楚、条理明晰。金字塔原理是对写作思想的逻辑阐述，它既是一个纵向的关系，又是一个横向的关系，或是从上往下的结构层次关系，也可以说是论点与论据之间的关系。一个论点由几个论据支撑,论据下还可有支撑它的多个论据,就这样一步步形成一个金字塔式结构,这样的结构有利于文案人员快速明白并找准文案的主题和中心论点。

每一篇新媒体营销文案都有其独特的主题,且都是围绕主题展开的,针对这一主题,确立论点,论点下又有论据,如此进行层层支持,使观点有理有据、牢不可破。金字塔式结构如图 5-2 所示。

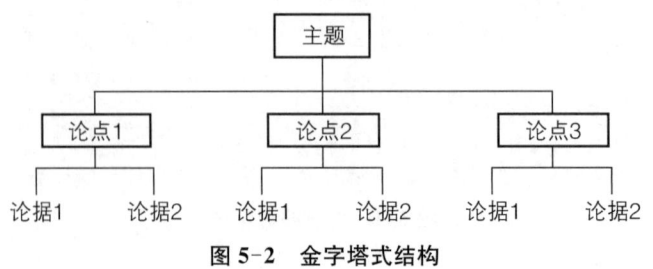

图 5-2　金字塔式结构

3)新媒体营销文案的文字设计

新媒体营销文案的文字设计包括以下几个方面。

(1)新媒体营销文案标题设计。新媒体营销文案的标题就像人的名字一样,十分重要,它是展现给用户的第一印象,也是文案吸引用户的第一要素。网上的新媒体营销文案数量之多,让人目不暇接,受众不可能每篇都去点击,这时候,用户是通过文案标题进行前期筛选的。文案标题的作用主要有以下两点:被受众搜索和激发用户的点击欲望。

(2)新媒体营销文案正文创意与写作。当用户受到标题的吸引打开文案正文后,就表明他对该文案的内容产生了兴趣,有进一步了解的打算。这时候就需要用正文内容来继续留住用户,因为如果用户觉得正文平淡无奇,没有看的必要,那么前面标题所做的努力就前功尽弃了。所以,在新媒体营销文案的写作过程中,文案人员一定要确保文案内容具有吸引力。

(3)新媒体营销文案文字排版。排版对任何类型的文案来说都非常重要,文案再出色,如果排版效果差,版面杂乱,受众的阅读体验也会受到影响,甚至会选择放弃阅读。新媒体营销文案多分为图片式文案和文章式文案,其中,文案的长短、字数,在页面中位置的摆放,文字的大小、颜色、字体,都影响着文案整体的感觉和效果。

本 章 小 结

本章主要讲述了金融数字营销策划的流程,包括确定营销目标、确定营销用户群、分析营销用户的特点、确定营销方法。介绍了金融数字营销方法,主要包括活动营销、事件营销、内容营销、口碑营销、社交网站营销、社群营销等。介绍了金融新媒体营销文案策划的特点、类型、创作。

课后习题

一、单选题

1. 做好社群营销的第一步是(　　)。
   A. 输出价值　　　　　　　　　B. 清晰社群定位
   C. 维护用户活跃度　　　　　　D. 打造社群口碑
2. 下列各项中,不属于事件营销的关键因素的是(　　)。
   A. 真实性　　　B. 相关性　　　C. 趣味性　　　D. 虚拟性

二、多选题

1. 下列各项中,属于需要进行危机公关的有(　　)。
   A. 自然灾害　　　B. 企业高管生活丑闻
   C. 疾病　　　　　D. 餐饮企业被曝后厨卫生问题
2. 下列各项中,属于内容营销形式的有(　　)。
   A. 软文　　　B. 音频　　　C. 游戏　　　D. 视频
   E. 图片
3. 下列各项中,属于声誉管理的有(　　)。
   A. 建立　　　B. 维护　　　C. 关注　　　D. 修复
4. 下列各项中,属于活动营销方式的有(　　)。
   A. 抽奖营销　　B. 折扣营销　　C. 红包营销　　D. 免费营销

三、判断题

1. 想打动用户,需从营销平台和方式的选择,以及营销内容入手。(　　)
2. 洞察用户情感的营销内容需要解释用户需要什么,为什么需要。(　　)
3. 为了让更多的用户参与营销活动,举办的时间应是不固定的。(　　)

四、简答题

1. 简述金融数字营销流程。
2. 什么是内容营销? 如何做好内容营销?
3. 什么是社群营销? 如何做好社群营销?
4. 金融新媒体文案策划的要点有哪些?

项 目 实 训

项目实训一　金融产品内容营销

实训目的:

掌握金融产品内容营销的方式方法。

实训内容：

学生分成几个小组，每个小组选取一个金融产品进行内容营销设计。

实训要求：

每个小组提交一个金融产品内容营销方案。

项目实训二　金融产品社群营销

实训目的：

掌握金融产品社群营销的方式方法。

实训内容：

学生分成几个小组，每个小组选取一个金融产品进行社群营销设计。

实训要求：

每个小组提交一个金融产品社群营销方案。

项目实训三　金融新媒体文案策划

实训目的：

掌握金融新媒体文案策划的方法。

实训内容：

学生分成几个小组，每个小组选取一个金融产品进行新媒体文案策划。

实训要求：

每个小组提交一个金融新媒体文案策划。

第六章

金融数字营销客户关系管理

◎ **内容导图**

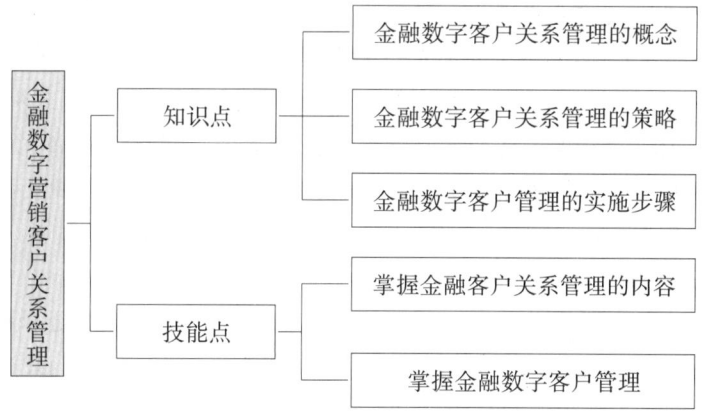

◎ **知识目标**

1. 掌握金融数字客户管理的概念；
2. 掌握金融数字客户关系管理的要点；
3. 了解客户忠诚计划；
4. 了解金融数字客户管理的实施步骤。

◎ **能力目标**

1. 掌握金融数字客户关系管理的要点；
2. 掌握金融数字客户管理的实施步骤。

【课程思政案例】

金融服务行业 CRM 解决方案
——提升职业素养，尽职尽责

一、金融服务行业的业务挑战

目前，我国的金融服务企业与国外金融企业相比，在规模和资本实力上处于劣势，只有牢牢把握好与客户建立起来的良好关系，充分利用已有的客户资源才是国内金融企业取得发展的最佳方式。然而，部分传统的金融服务企业却存在着各种各样的问题，如没有良好的客户资源管理方式、没有客户全像的交易纪录、客户属性不清、没有动态的跟踪记录、客户资源浪费严重等。

二、树立"以客户制胜"的理念

根据二八法则，企业20%的客户贡献了80%的利润。然而，根据麦肯锡的研究，在中国的金融服务业中，4%的客户贡献了80%的利润。在面临市场变化与外部环境的不确定中，国内越来越多的金融服务企业开始关注企业的核心资源——"客户"。唯有"客户"，决定着金融服务企业的生存和发展。

三、采用360度客户视图来把握客户

CRM通过实践"以客户为中心的管理模式"，受到各行业的广泛接受，越来越多的企业正在利用CRM改变企业的经营管理方式，快速实现企业信息化，达到提高效率、降低成本的目的。知客CRM由于其完善的客户信息管理，包括统一客户管理平台、全景展现客户业务动态纪录、清晰完整的客户信息及全面的历史跟踪记录等，帮助金融服务企业管理好客户资源，避免客户资源浪费。

四、打造流程化的审批和服务体系

知客CRM专业的工作流可以链接销售过程和客户服务过程，金融企业可以用工作流搭建规范高效的项目审批机制，可以通过客户的各项数据来审查贷款、投资等金融服务的可行性，并为客户提供专业的流程体验；同时，通过建立快速反应的服务流程，为客户提供便捷周到的金融咨询和投资服务。

五、采用CRM报表增强决策洞察力

知客CRM通过完善的客户信息管理功能，详细记录每个客户的历史跟踪情况，为金融服务企业建立一个完善的客户数据仓库。知客CRM统计分析功能帮助企业找出重点客户和价值客户，通过分析他们的属性并进行精准画像，从而帮助金融企业更好地制定客户战略，提高客户的忠诚度；通过将流程链接至销售和服务过程，打造金融服务行业全方位的流程管理体系，全面提高工作效率，减少失败案例。

结论：对于一家成功的现代金融服务企业，CRM的应用至关重要，发达国家的金融企业已无一例外的采用CRM作为其主要工作平台，国内多家金融服务机构也正在应用知客CRM来向他们的客户提供规范高效的金融服务。凭借知客CRM多年的行业经验及精准的定制开发能力，将能帮助金融服务企业走上快速发展的道路。

案例来源：佚名.金融服务行业 CRM 解决方案[EB/OL].(2023-12-13)[2024-06-24].
https://www.zkcrm.com/article102.html.

思考：
1. 金融客户关系管理有哪些需要特别注意的地方？
2. 国内金融 CRM 系统有哪些？

第一节　金融数字客户关系管理的概念

客户关系管理（customer relationship management，CRM），是指客户定位、客户开发、交易、服务、维系和建立长期客户关系的一个流程，企业及客户都能从中受益。客户关系管理的基础是数据、信息、知识、客户建议等。为了弄清在开发新客户、维系老客户、建立客户关系方面的方法是否得当，企业需要各种各样的数据。

CRM 与关系营销密切相关，它关注的是如何通过价值传递、合作及由信息系统支持的销售效率来改善客户服务水平。营销人员把客户关注称作关系营销（也称作一对一营销），按照最初的定义，关系营销（relationship marketing）是通过履行承诺来培养、维系、增进并商业化客户关系的。通常，企业总是试图建立长期的、有利可图的双赢关系。履行承诺意味着一旦企业在营销沟通中对客户许下诺言，客户就会在实际的品牌体验中得到兑现。同样，只要销售人员和促销信息做出过承诺，公司就要尽力去履行承诺，只有这样才能建立好的客户关系。

CRM 策略着力于市场营销的重要目标，如客户忠诚计划、客户服务中心管理和销售自动化，需要信息系统和高层管理的介入。CRM 通常用来描述以技术为基础的客户解决方案，主要为了解决基于数据信息的关系营销战略下的销售问题，但它在实践中还有很多其他解释，如直邮广告、忠诚卡计划或者数据库。有了 CRM 及它的支持系统，金融机构可以识别客户并记录他们的信息，包括个人基本信息、产品购买记录、支付信息及一系列广泛的能够概括客户与金融机构关系的信息。然而，不同金融机构对 CRM 的定义和相应的 CRM 运行方式存在不同，如图 6-1 所示。CRM 并不总能取得成功，在一些情况下，CRM 仅仅是在缺乏信息时进行产品销售的一种方式，这种情况下，因为信息不准确，很难保证能把产品提供给最可能购买的目标客户。

图 6-1　CRM 连续定义轴

资料来源：摘自 Payne 和 Frow，2005。

导致CRM策略失败的一个更深层原因是过于强调技术内容。箭头中浅色的一端表示将CRM看作一种单纯的技术解决方案来促进一项特定的行动,如一个支持直邮广告销售的数据库,这只是在功能层面上进行运作。箭头的中间部分代表的是CRM在大部分银行和大型建屋互助会中的运作情况。通过关注客户体验,在所有渠道中建立"单一客户视图",CRM在这些机构中对多渠道销售、客户服务中心和直接邮寄广告起到支持作用。箭头中深色一端的CRM运行则关注它对金融机构的战略贡献,以及利益相关方的关系网络,如供应商、客户和雇员。

第二节 金融数字客户关系管理的策略

价值的创造过程是CRM和营销的关键。具体来说,这里的价值概念包括客户获得的价值和金融机构从客户身上获得的价值,包括终生价值。价值创造是现代营销学的核心,蕴含在各个层次的营销中。如今,企业运营CRM必须重视的一个现实挑战是多渠道营销,尤其要重视如何利用一个渠道收集的信息为另一个渠道提供服务参考,进而将渠道进行整合以满足客户需要。渠道的整合需要依靠信息管理过程,从所有的客户接触中收集、整理和使用客户数据和信息,从而产生市场洞察力及恰当的营销反应能力。信息管理过程的关键因素,包括以下几点。

(1) 数据储存——公司记忆,可能体现为一个数据仓库,具备各类分析能力,例如,识别适合于直邮汽车保险广告的客户群。企业数据模型通过数据管理来减少数据的重复和不一致。

(2) 信息系统——企业收购新公司后,通常需要进行数据库的整合。通常,只有完成技术整合后,才能向用户提供访问权限和数据整合,遗憾的是,市场营销和信息技术联手运作领域还鲜见成功的范例。

(3) 分析工具——除非这些数据能够发挥作用,否则金融机构的大量数据是无价值的。而为了使这些数据发挥作用,需要应用到一系列的分析技术。我们将在本章后半部分讨论其中的一些分析技术。

(4) 前台和后台部门的应用——客户界面和后台支持活动之间的差异。例如,当一个客户呼叫客服中心时,金融机构的工作人员需要迅速获得客户档案,准备好信息来回应客户的需求,并根据对话的结果更新档案信息。因此,这种互动涉及如何设计IT系统来支持这一界面,以及包括供应商、雇员、财务和物流的关系网络。

(5) CRM技术的参与方——通常不能购买现成的系统来提供这种服务,因此,IT系统供应商需要参与其中。CRM应该在组织的战略层面进行运作,图6-2描述了有助于CRM战略实施的几个重要维度。

组织选择以客户价值为导向,可以在组织内部最高层面推动CRM战略的实施。组织的流程,无论是信息技术驱动型还是基于人工的,都必须组织有效和支持得力,方能传递客户价值。

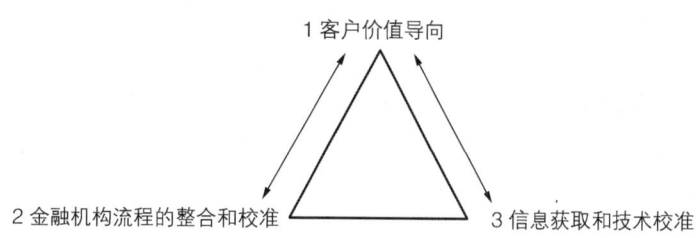

图 6-2　战略性的 CRM 系统

资料来源：改编自 Kumar 和 Reinartz，2006。

在数字化时代，CRM 策略的革新已成为企业提升竞争力、实现可持续发展的关键。随着大数据、云计算、人工智能等技术的迅猛发展，传统的 CRM 模式正逐渐向更加智能化、个性化和高效化的方向转变。通过提升客户价值、减少客户流失、培养客户惯性、制定客户忠诚计划优化 CRM，提供个性化服务，整合全渠道体验，提升效率，强化数据分析，注重客户参与和反馈，持续优化迭代，助力企业可持续发展。

一、客户价值

市场营销中的客户价值有如下两种理解：一是在价值创造过程中产生的客户价值，是现代营销学定义市场营销的一个核心思想；二是客户关系为企业带来的经济价值，是客户给公司带来多少盈利。本书按第二种解释来说明客户价值。

1. 客户资金量

这种度量方法是指客户在某一类别的金融产品和服务中的总消费额，或者指客户在某家金融机构的总消费量，以货币为单位进行测算。一位客户一个月内用在金融服务中的总金额可能达到 17 500 元人民币，分别是住房抵押贷款、房屋保险和汽车保险、储蓄账户中的定期存款、信用卡账单和透支费用。在这种情况下，金融服务的消费额要分摊到多达六个服务业务上。每一家金融机构都知道客户在本家银行的消费金额，但是如果不通过市场研究收集额外的信息，各家服务商都无法知道这一消费额在客户的总资金量中的占比是多少。对金融机构而言，客户资金量是关键的信息，因为他们可以从中判断客户的购买潜力。一般而言，客户的资金量越大，对服务商就越有吸引力，这也是为什么高净值客户是各家服务商的兴趣点和争抢的目标。

2. 客户资金消费份额

客户资金消费份额是指金融机构的产品或者服务在客户购买该类消费中所占的比重。这种度量既可以从单个的客户层面进行测算，也可以从总量的层面，如一个细分市场进行测算。个人资金消费份额是这名客户在该类金融服务的总购买中（包括其他金融机构）所占比重。继续使用上文提到的客户资金量的案例，如果消费者每个月花了 3 500 元人民币在信用卡购物上，根据信用卡公司的内部记录和来自客户调查反馈数据测算，信用卡业务占这名客户金融服务总开销的 20%。收集这些数据的成本十分昂贵，但根据这些数据可以推断出整个客户基础有多大，因此也算物有所值。从消费者行为的角度来看，客户资金消费份额是客户忠诚度的重要指标，但是对于预测未来从客户处获得的收益并没多大帮助。

客户资金量和资金消费份额是金融机构的重要度量方法。从图6-3中可以看到,从这两个维度细分客户为客户资源的分配提供了参考信息。

图6-3以非常直观的方式分析了在计算出客户资金量和资金消费份额后,金融机构可能考虑的几种选择。当资金量比较小,资金份额也很低的时候,从这名客户那里产生收益的可能性也较小,金融机构不应对这类客户给予太多关注。如果客户的资金量很大,但

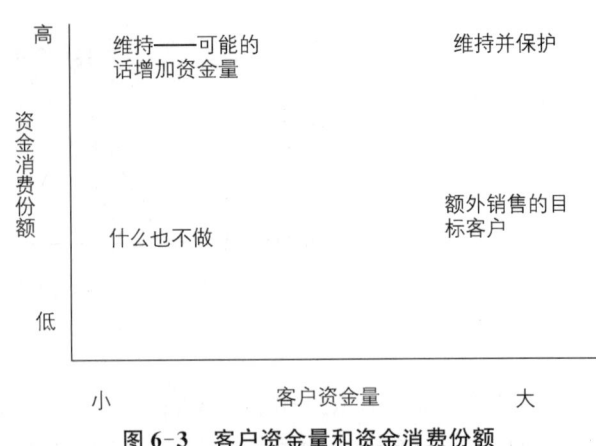

图6-3　客户资金量和资金消费份额

是现有的资金消费份额较小,这样的客户值得金融机构投入大量资源进行尝试开发,扩大他们的资金消费份额。最理想的情况是资金量和资金消费份额都很大,在这种情况下,金融机构需要保护好这些客户,防止竞争对手抢占客户,因为这类客户是每家金融机构都想要的客户。

这些度量方法关注个人消费者或买方。从另一方面来讲,市场份额是通过买方和非买方计算得到的。一些金融机构的市场份额较小,但一小部分富有人群在它们那里有着很高的资金消费份额。英国很多小的建屋互助会就属于这类。

3. 交叉销售和向上销售

CRM的目的之一是帮助金融机构在为客户提供金融服务的过程中发现交叉销售和向上销售的机会。交叉销售是指增加客户从金融机构购买的产品和服务的数量,例如,在向客户提供住房抵押贷款的同时也卖给他保险。交叉销售最好的预期目标是那些在该银行使用服务倾向很高,但现在还未使用的客户。这些客户或许正在使用另一家银行提供的服务,并且很可能被说服更换服务商。向上销售的重点在于改善先前获得的产品状况,使客户维持消费,例如,将一位客户从普通的现金账户转移到一个可以获得额外收入和费用的账户。尽管交叉销售和向上销售存在不同,但这两种行为都旨在通过持续消费加强金融机构和客户之间的联系。这里可能用到一些历史记录数据来判断,包括最后一次消费时间、消费频率和消费金额,简称R-F-M分析模型。服务商应切记的重要一点是不要推销客户不需要的产品,这会使客户对金融机构产生负面影响,以后会对相关产品产生疏远和抵制的情绪。交叉销售和向上销售基础分析的三个阶段,具体如下。

(1)市场细分——客户并不是频繁地购买金融服务,而是倾向于在一些重要的生命阶段集中购买(如结婚和住房抵押贷款)。金融机构的数据库中采用益百利公司开发的统计分析程序,对客户分组细化。

(2)重复购买行为一种叫作购买树(purchase tree)的方法可以用来分析重复购买行为。它从底部往上依次列出了每个细分市场中最流行的首次购买模式,以验证连续购买行为是向上销售或交叉销售的实例。从数据库中获得客户特征并进行分析,如人口统计特征和行为变量,可以加深服务商对客户重复购买驱动因素的理解。

(3) 时间顺序——金融机构不仅要提供客户想要的产品,还应该在客户生命周期中的恰当时间提供这些产品。因此,分析的最后一步是努力发现客户在哪些时刻最有可能对金融产品服务作出正面回应。生命曲线刻画了时间对于重复购买的影响。

在研究中,学者们注意到购买行为的分析表明了产品与客户年龄、之前在金融机构的购买体验(渠道、价值)之间的联系方式十分重要。同样,在客户购买后要尽快与他们取得联系,因为这么做有益于提高购买率,也会提高客户满意度和熟悉度。金融机构需要解决的关键问题是如何预测客户在本机构和其他金融机构的金融服务消费倾向和概率,所以需要开发一些统计模型来计算这些概率。建立数据库及使用CRM技术本身并不是获得牢固关系的方式。事实上,草率的邮件会引起抵触情绪。如果分析得当,金融机构收集的大量的客户数据能够为公司提供交叉销售和向上销售的基础依据。通常需要通过市场调研得到的外部数据对内部获得的数据进行补充,使用如下指标:①便利——ATM、渠道使用、自动支付、还款;②投资——特殊支票、储蓄、共同基金和黄金;③风险管理——人寿保险、汽车保险;④信用——住房抵押贷款、贷款、信用卡。

二、客户流失

如上所述,CRM的目的是改善客户关系,减小客户脱离这段关系的概率。为了理解如何保留客户,金融机构也必须明白客户怎样离开及为何离开。如果金融机构能够成功减少客户流失,那么从这些客户那里获得收入的提高,以及寻找新客户成本的降低,使得金融机构的利润也会增加。金融机构面临的挑战是建立基于多年而非一年期的客户流失模型,这个模型能够反映1%的客户维持率的增加会带来怎样的收入变化。客户流失的计算基于一系列变量,如产品持有量、电话银行使用情况、信用卡持有量、年龄和性别。研究发现,在一段可能发生流失的关系中,有两个关键的阶段——关系建立的最开始几年(大约七年后关系开始稳定)及第20年。影响客户保留的几个因素是人口统计特征和环境变化(如经济繁荣时期)。客户如何获得产品及最近与服务商的互动行为变量也十分重要。对金融机构而言,了解这些关键时期可以使他们在合适的时机介入,如适时提供周密设计、有针对性的产品和服务,一对一接触和忠诚奖励计划等。

三、客户惯性

客户惯性是指现有可盈利的和不可盈利的客户在多大程度上能够维持现有状态。金融服务行业的惯例是根据现有的客户盈利性来预测未来的盈利性,尽管并没有证据表明这是一种好的预测指标。事实上,它是一种回顾过去而非展望未来的做法。客户忠诚度的假设认为,由于客户对价格越来越不敏感,为其服务的成本越来越小,客户和金融机构保持联系的时间越长,购买服务的数量也越多,那么现有的盈利性并不会是一个很好的预测指标。如果服务等级根据现有盈利性进行划分,就有可能将目前盈利性水平低的客户放入错误服务等级,掩盖了他们未来的盈利性。例如,金融机构可能从它的信息系统中注意到一个消费水平相对较低的客户,于是决定将这位客户放在最基本的服务等级中。尽管这名客户有着较高的潜在盈利性,当他接收到的仅仅是最基本的服务时,他也不会在这家金融机构提高他的消费额。导致一段时期内发生相对低的消费水平的原因有很多。金融机构使用了如下几个变量来预测客户的盈利性：①利息收入——银行从客户存款账户中赚取的利息；②手续费收入——与每月服务费、透支额、最小余额相关的所有手续费；③总收入——表示收入减去交易成本；④交易成本——这些成本由金融机构的成本系统决定，包括雇员、供应商、设备等。

金融机构也可能使用其他标准计算客户盈利性，但是研究者们发现，利息收入比手续费收入能更好地预测未来。

客户终生价值（customer lifetime value，CLV）是一种引起客户广泛兴趣的度量方法。一个观点是客户终生价值是客户未来毛利润（收入减去销售服务的成本和其他的可变边际变量）、客户维持这段关系的倾向性（客户保留）及客户分配的营销资源的函数。与使用既有的盈利性作为衡量方法不同，客户终生价值是一种向前看的度量方法。客户终生价值的另一个问题在于究竟是以个人消费者为基础进行计算还是以细分市场的总量为基础计算，尽管以个人消费者为基础的客户终生价值计算方法的成本更高，但总体上它会改善股东价值。

与客户盈利性相关的是平衡客户开发与客户维系的资源分配。由于客户不可避免地会发生流失，那些失去的客户需要得到补充，这个过程叫作客户开发。但问题是需要付出多大的成本来开发新客户，维系已有客户。由于服务商的总体目标是从客户那里获得利润，需要一个将所有提高盈利性的行为组合起来的模型。

图6-4刻画的是从潜在机会到盈利阶段的过程。潜在机会是指潜在客户，也就是那些整体情况适合成为金融机构目标的消费者，可能是根据客户资金量所作的判断。不管是直接邮寄广告还是储蓄账户的促销活动，都不能开发所有的潜在客户。服务商应避免客户开发和保留过程中的投入不足，因为这可能导致投资回报不理想。保留客户尤其需要充足的资源投入保障，因为人们普遍认为保留客户对长期的客户盈利性影响重大。

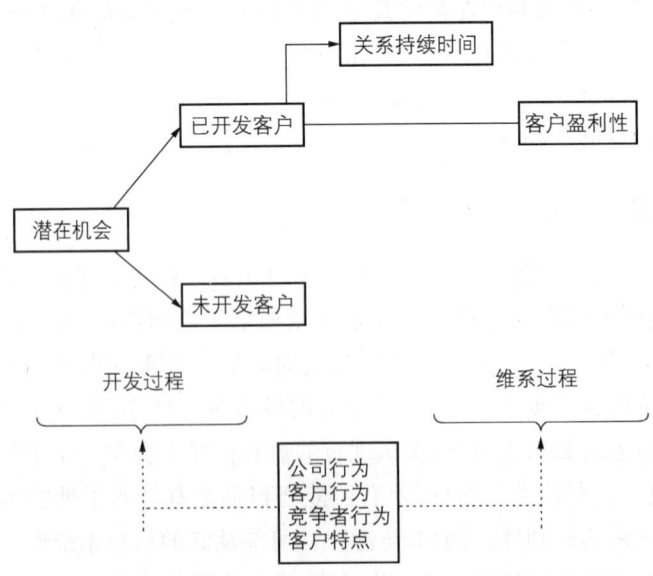

图6-4　客户开发、关系持续时间和客户盈利性的联系

资料来源：改编自 Reinartz 等，2005。

随着客户多元化,人们认为品牌忠诚度在逐渐降低,因此,了解金融机构实际获得客户多大的消费份额及影响这个份额的因素十分重要。人们一直认为客户满意度对客户行为有重要影响,并有相当数量的客户满意度和客户保留之间联系的研究。客户保留和资金消费份额相关,这是客户与金融机构之间关系隐含的一种联系,因此,可以认为资金消费份额与满意度之间存在联系。已有的研究表明,客户满意度的变化与客户一段时间内在某一金融机构的资金消费份额存在正相关关系。人口统计特征和具体情景下的客户特点对这种关系有调节影响作用,尤其是收入水平和关系时间长短。金融机构需要考虑客户满意度和客户资金消费份额的关系,这样客户才能产生足以带来更高资金消费份额的满意度。同时,金融机构对客户满意度和行为数据进行与截面评估相反的纵向评估是十分重要的。

四、客户忠诚计划

服务商引入客户忠诚计划是商业领域的一个重要活动特点。公司努力留住客户,鼓励他们更多、更频繁地消费。其中,最著名的忠诚计划来自特易购,它随着公司进军零售金融服务市场得到进一步的发展。由于客户忠诚度并不一定产生盈利,尤其是在金融服务行业,因此,金融服务业的忠诚计划效果往往参差不齐。奖励计划经常与信用卡现金返还、积分返还或航空里程卡相结合使用。表 6-1 展示了公司在设计和维护忠诚计划中的机遇和风险。

表 6-1　　忠诚计划中的机遇和风险

机遇	风险
客户忠诚度	对奖励奖品不满
引导客户行为	对奖励过程不满
追加销售和交叉销售的机会	错误的成本收益分析
降低客户流失率	
获得机会促销新产品或销售差的产品	

资料来源:改编自 www.mahadiscounts.com。

人们对忠诚计划是否有效这一问题的争论很激烈,争论的焦点是表 6-1 所列的机遇(利)是否大于风险(弊)。忠诚计划的出发点是吸引客户再次购买和继续光顾,金融机构使用客户关系管理系统来量化验证忠诚计划对客户未来购买行为的影响。目前,有关忠诚计划的有效性的研究还十分有限,但最近一项关于便利店的研究表明,忠诚计划对重度、中度和轻度使用者的客户行为影响存在显著区别。重度使用者领取奖励,但并未增加消费额或提高忠诚度;而计划对轻度和中度使用者有着积极作用,他们提高消费额并变得更加忠诚。事实上,不同客户对忠诚计划的反应各不相同,这一点进一步验证了客户关系的个性特征。

1. 奖励计划

会员奖励计划不仅奖励加入协会两年的成员,还根据会员在协会购买产品数量进行奖励。尽管协会的奖励回报十分具有吸引力,但大部分协会会员可能仅把自己的部分财富投入协会,并在其他金融机构购买其他产品或不同品牌的同类产品。因此,客户忠诚计划面临的挑战就是如何解决客户从多家银行购买产品的问题,并说服客户购买足够多的产品以支付忠诚计划的成本。管理层必须了解如何激励客户增加产品的使用,并劝阻其购买竞争品牌产品。只有极为出色的客户忠诚计划才能改变消费者的购买行为。

三种金融机构的忠诚计划策略如下:第一种是通过使大量潜在客户接受该品牌以提高品牌的影响力。部分大型银行采用这一策略,它们用广告、极具吸引力的利率和更高的价值回馈吸引客户。第二种策略是创建一个利己品牌,客户数量相对较少,但客户平均消费较高。第三种策略是将一个大品牌变为一个超级忠诚度品牌,客户有强烈的投入感,并出现很多的重复购买行为,不过我们很难想象哪家金融机构未来会采用这一战略。

在金融服务行业,忠诚计划并不多见,计划能否奏效还是个未知数。

2. 信息的组织

内部信息能在提供客户个人和商业的详细信息方面发挥重要作用,但它对金融机构的潜在客户却不起作用。金融机构仍需依靠传统的营销研究手段解决潜在客户的相关问题。

金融机构在全球开展业务,需要掌握不同经济体、地区和文化背景的市场信息。金融服务的全球化需要全球性营销信息系统的支持。金融机构存储的海量信息,对经理们来说是个挑战:应该如何组织信息,以保障它们能够以适当的形式,提供给那些需要决策信息的用户。为了满足这种需求,一些专业供应商开发出了集成软件包用来建立和管理信息系统但难题并不在于技术系统而在于公司内部的信息整合,如营销与广告的整合、营销与销售的整合,金融机构需要一个能够满足其营销目标的集成系统。图6-5展示了信息系统支持模型。模型描述的营销过程主要包含以下四个阶段。

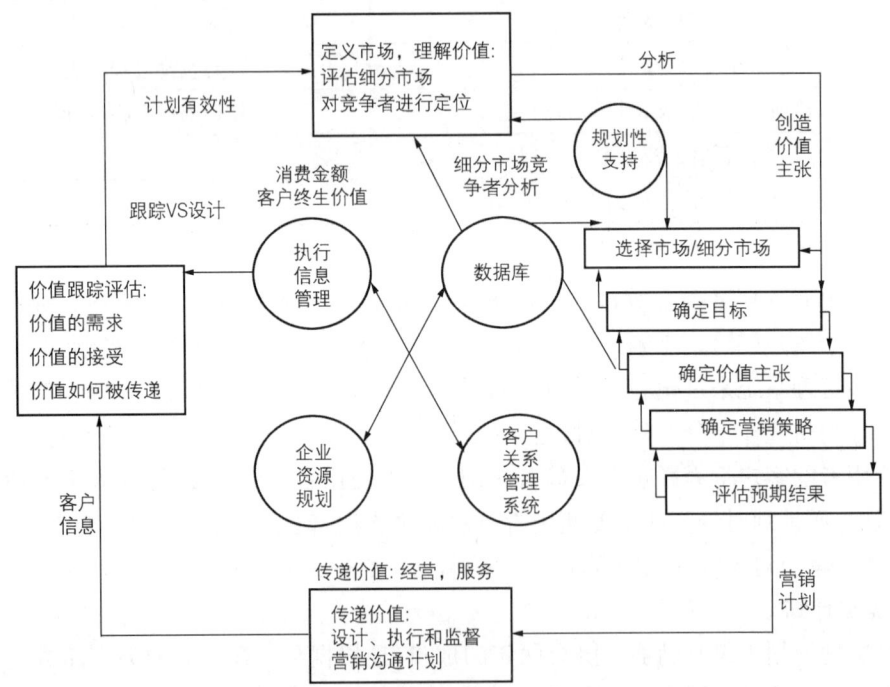

图6-5 金融服务营销信息系统支持模型

资料来源:摘自 Daniel 等,2003。

(1) 定义市场与理解价值——这个阶段需要明确金融机构在哪个市场运作,它可能会寻求进入的市场,以及它的目标细分市场在哪里。这些细分市场中的客户如何理解价值,竞争者如何提供客户价值。

(2) 创造价值主张——要达到这个目标,金融机构必须了解客户需求和相对具有吸引力的细分客户市场,如高净值客户。金融机构追求的是市场容量还是营业收入,它将提供给客户哪些价值。

(3) 沟通和传递价值——整合的沟通渠道包括:信件、电话、互联网、个人销售和大众传媒。金融机构是广告的重度使用者,通过广告图像和情节可以有力地传达无形服务的价值主张。服务商也可以通过一系列类似的渠道提供金融服务,为客户和机构之间的良性互动提供机会。

(4) 价值跟踪评估——这个阶段包括评估金融机构从选定客户那里获取的价值,比如,高净值客户真的为公司创造价值了吗?还是只是占用了大量的资源?营销传播和营销战略目标达到了吗?

信息技术的进步为营销带来了巨大的益处。但在某些情况下,一些金融机构的技术应用落伍,暴露出营销不成体系等种种问题。研究人员总结出五大影响营销的因素,包括:战略思维、营销、前瞻性地利用信息技术、营销导向和监察制约零售金融服务行业复杂的信息系统的竞争环境。我们不能假设金融机构已经拥有严密而健全的营销导向、丰富而又娴熟的营销技能和知识。和许多行业部门一样,各家金融机构在实施上述营销各阶段任务的能力方面存在巨大差异。

第三节　金融数字客户关系管理的实施步骤

一、实时多维的数据积累

数据是一切规模化客户运营的基础。在银行的数据仓库中,储存着大量关于客户地理、人口及交易的数据。然而,金融的低频及长期性的特点,决定了这些数据常常是陈旧的、缺少时效性的,难以为运营活动提供充分的支撑。

对于更加高频、代表时效性商机的客户行为数据较为缺乏。一般来说,行为数据分为两类:一类在银行的各种私域矩阵中(如手机App、公众号、电销、活动页面等);另一类留存在客户使用、浏览的外部平台中。金融平台通常以财经资讯为载体,提供了海量实时的客户行为数据。通过隐私加密技术,行为数据与金融机构的数据可合规打通,并以此为基础形成高度精准、时效性的客户画像及洞察,为客户的精准化运营提供夯实基础。

二、应用模型生成营销策略

1. 客户生命周期模型

客户生命周期管理,即从客户考虑购买哪一家金融机构服务,到开户后对其收入贡献和成本的管理，流失倾向的预警和挽留，直到客户流失后进行赢回的整个过程。它从生命阶段管理的维度，勾勒关键的价值创造环节，形成营销价值链，以帮助金融机构找到制定客户策略的入手点。具体到客户的运营，这一模型的核心价值在于服务：提升客户的生命价值（LTV），提升客单价及复购，延长客户的生命周期。

2. 客户行为激励模型

客户行为激励简单来说，是指依据业务逻辑/商业模式，分析现有客户路径和行为与目标/理想状态之间的差距，通过激励的手段，引导客户做出相应关键行为，养成所期待行为习惯的经营方法。是从行为维度，对客户进行精细化运营、引导的一种策略。

决定用户是否要被激励主要有两个方面。

（1）路径：即如果不做激励，这个业务、产品模式就不成立。方法：梳理业务逻辑—归纳业务、产品路径—关键行为项。

（2）目标：机构、上级管理相关的指标。方法：核心指标到关键行为项，如图6-6所示。

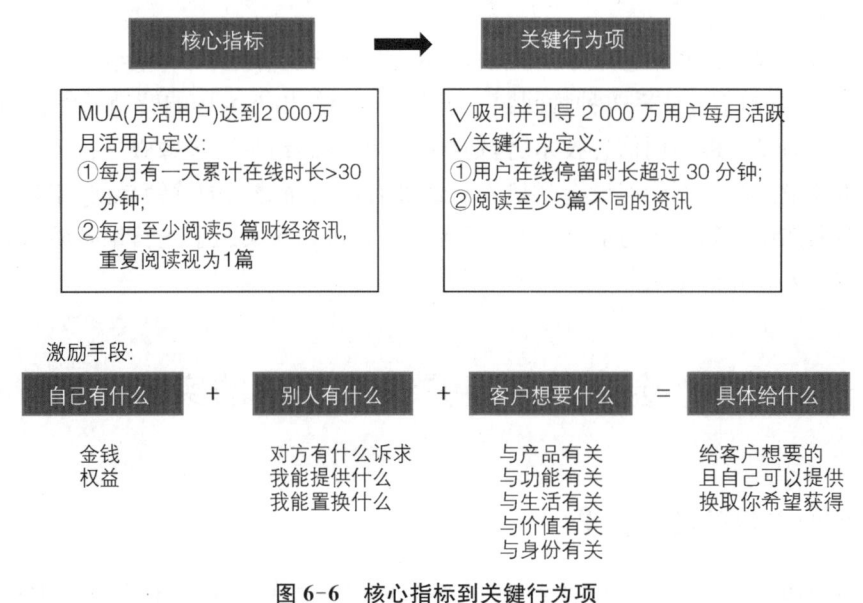

图 6-6　核心指标到关键行为项

3. 持续复盘及精益

端到端地设计客户运营活动和活动运营闭环分别如图6-7和图6-8所示。

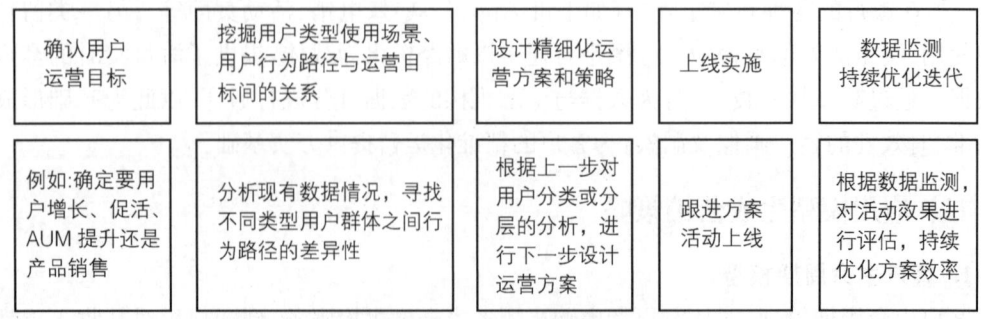

图 6-7　端到端地设计客户运营活动图

图 6-8 活动运营闭环图

本 章 小 结

本章主要讲述了金融客户关系管理的概念、流程及要点,包括客户价值、客户流失、客户留存、客户忠诚度计划等。介绍了金融数字客户关系管理的方法。

课 后 习 题

一、单选题

1. 客户关系管理强调的是以(　　)为中心。

A. 产品　　　　　B. 利益　　　　　C. 客户　　　　　D. 企业

2. 客户流失的关键阶段是(　　)。

A. 关系建立的第一年　　　　　B. 关系建立第七年

C. 关系建立的第十年　　　　　D. 关系建立的第十五年

3. 下列各项中,可以体现客户购买行为中的信用的是(　　)。

A. ATM、自动支付　　　　　B. 黄金、储蓄

C. 汽车保险　　　　　D. 贷款、信用卡

二、多选题

1. 下列各项中,属于客户信息管理过程的关键因素的有(　　)。

A. 数据储存　　　　　B. 信息系统

C. 分析工具　　　　　D. 前台和后台部门的应用

2. 下列各项中,属于客户忠诚度的假设认为的现有的盈利性将不会是一个很好的预测指标的情况有(　　)。

A. 客户对价格越来越敏感　　　　　B. 为客户服务的成本越来越小

C. 客户和金融机构保持联系的时间越长　　D. 客户购买服务的数量越多

三、判断题

1. 客户满意度的变化与客户一段时间内在某一金融机构的资金消费份额存在正相关。（　　）

2. 客户资金消费份额是指金融机构的产品或服务在客户购买所有产品消费中所占的比重。（　　）

3. 为了让更多的用户参与营销活动，举办的时间应是不固定的。（　　）

四、简答题

1. 简述金融客户关系管理流程。
2. 金融客户价值有哪些？
3. 如何做好金融客户留存？
4. 如何保障金融客户忠诚度？
5. 金融数字客户关系管理的步骤有哪些？

项 目 实 训

客户关系管理

实训目的：
掌握金融机构客户关系管理的流程。

实训内容：
学生分成几个小组，每个小组做一个金融机构客户关系管理的案例。

实训要求：
每个小组提交一个金融机构客户关系管理的案例。

第七章

金融数字营销应用

◎ **内容导图**

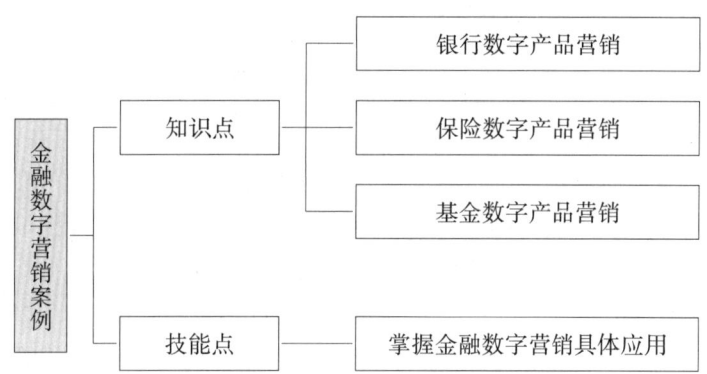

◎ **知识目标**

1. 了解金融科技的概念;
2. 了解金融科技的主要模式;
3. 了解新媒体营销的模式;
4. 理解新媒体营销的核心竞争力,比较新媒体营销与传统营销的优劣。

◎ **能力目标**

掌握金融数字营销的具体应用。

第一节 银行数字营销应用

一、银行产品的分类及主要特点

1. 储蓄存款产品

1）储蓄的概念、特点及意义

储蓄是指城乡居民将暂时不用或结余的货币收入存入银行或其他金融机构的一种存款活动，是个人或者家庭最稳妥、最便捷、最安全可靠的积累财富的途径。此外，储蓄作为一种金融投资工具，操作简单，具有安全性高、收益较低、方式期限灵活等特点，因此，储蓄是个人理财的一个重要组成部分。

2）存款储蓄的类型

（1）活期储蓄。活期储蓄是一种没有存取日期约束，随时可取、随时可存，也没有存取金额限制的一种储蓄。人民币活期储蓄存款1元起存，多存不限，由银行发给存折或银行卡，凭密码或者预留银行印鉴支取。2005年9月21日起，个人储蓄活期存款按季结息，每月的20日为结息日。活期储蓄适合个人生活待用款和暂时不用的存款。由于活期储蓄的利率水平是所有存款类型中最低的，因此，选择活期储蓄的人应注意及时进行转存。

（2）定期储蓄。定期储蓄是指约定存储时间，一次或按期分次（在定存期）存入本金，整笔或分期平均支取本金利息的一种储蓄方式，具有金额比较大、利率相对较高、在期比较长、流动性稍差等特点。个人定期储蓄可分为整存整取定期储蓄、零存整取定期储蓄、整存零取定期储蓄、存本取息定期储蓄、定活两便储蓄、通知存款等。

2. 银行卡产品

银行卡是指由商业银行等金融机构及邮政储蓄机构向社会发行的具有消费信用、转账结算、存取现金等全部或部分功能的信用支付工具。银行卡包括信用卡和借记卡两种。相关数据显示，截至2020年第一季度末，全国银行卡在用发卡数量为8.28亿张，全国人均持有银行卡为6.09张，其中，人均持有信用卡为0.53张。

1）借记卡的认知

借记卡是指先存款后消费（或取现）且没有透支功能的银行卡，是一种具有转账结算、存取现金、购物消费等功能的信用工具。按其功能的不同，可分为转账卡（含储蓄卡）、专用卡和储值卡。转账卡具有转账、存取现金和消费功能。专用卡是指在特定区域专用用途（百货、餐饮、娱乐行业以外的用途）使用的借记卡，具有转账、存取现金的功能。储值卡是指银行根据持卡人的要求将资金转至卡内储存，交易时直接从卡内扣款的预付钱包式借记卡。

2）信用卡的认知

我国有关法律（《全国人民代表大会常务委员会关于〈中华人民共和国刑法〉有关信用卡规定的解释》）规定的信用卡，是指由商业银行或者其他金融机构发行的具有消费支付、信用贷款、转账结算、存取现金等全部功能或者部分功能的电子支付卡。准贷记卡是指银行发行的,持卡人按要交存一定金额的备用金,当备用金账户余额不足时,持卡人可在规定的信用额度内透支的信用卡。人们平常所说的信用卡,一般是指贷记卡。

3. 消费信贷产品

消费信贷是金融创新的产物,是用于自然人(非法人或组织)个人消费目的(非经营目的)的贷款。银行或其他金融机构采取信用、抵押、质押担保或保证的方式,以货币形式向个人消费者提供信用贷款。按接受贷款对象的不同,消费信贷又分为买方信贷和卖方信贷。买方信贷是指对购买消费品的消费者发放的贷款,如个人旅游贷款、个人综合消费贷款、个人短期信用贷款等。卖方信贷是指以分期款单证做抵押,对销售消费品的企业发放的贷款,如住房贷款、车贷等。按担保的不同,消费信贷又可分为抵押贷款、质押贷款、保证贷款、信用贷款等。

4. 银行理财产品

我国银行个人理财业务,是在20世纪90年代中后期才开始逐步发展起来的,目前尚处于初级阶段。在此之前,国内银行的个人金融服务长期以来局限于储蓄、代收、代付等简单业务。随着金融市场的不断发展和完善,以及个人财富的不断增长,我国银行个人理财业务在20世纪90年代中期开始出现。随着我国居民理财意识的加强,商业银行推出的理财产品种类不断增多,特别是近几年,资本市场快速发展,与资本市场挂钩的理财产品占有大量的市场份额。例如,新股申购型理财产品、股票挂钩型理财产品、信托类理财产品、QDII理财产品等,这些品种的增加,不仅丰富了理财市场,同时也为投资者提供了更多的选择机会。

从个人理财业务近些年的快速发展来看,我国个人理财市场发展迅速,各类理财产品林立,服务创新层出不穷,个人理财业务的前景被众多金融企业看好,促进了银行的成功转型。我国银行个人理财业务的发展,呈现以下几个特征。

1) 从单一的银行业务平台向综合理财业务平台转变

银行个人理财业务由单一的储蓄业务向多元化的银行资产、负债、中间业务一体化发展。随着政策的逐步放宽,除向客户提供传统的银行业务外,通过与券商、保险公司、基金管理公司、信托公司等非银行金融机构的合作,国内银行已经逐步向为客户提供证券、保险、信托、基金、黄金买卖等金融服务,以及各类支付结算业务和理财规划服务的金融产品综合服务平台的方向转变,客户可以从银行获得一揽子金融服务。

2) 从单一网点服务向立体化网络服务转变

从目前各银行所能提供的金融产品来看,其内涵基本是一致的,竞争主要体现在服务和渠道方面。随着人们金融活动范围的扩展,健全的服务网络成为银行竞争的焦点。国内银行原来的服务基本上以网点为单位,服务渠道单一。银行个人理财服务渠道的发展,走过了从单一、片面到整体、全局,再到多元、一体化发展的轨迹,随着信息技术和互联网技术的发展和进步,能提供24小时银行服务的自助银行、网上银行、电话银行、手机银行等日益受到客户青睐,传统的分支机构和网点的业务所占的比重逐年下降。

3) 从同质化服务向品牌化服务转变

金融品牌是指金融产品涉及的名称、术语、符号或图形,用来辨认各金融机构的产品和服务,并使某一金融产品或服务与其他金融机构的产品或服务得以区别开来。原来国内银行对品牌营销不重视,各家银行产品种类、结构、功能都比较接近,消费者难以区分。随着市场竞争的逐步深入,各银行为了突出自己的业务和服务特色,陆续推出了自己的品牌个人理财产品。这些品牌个人理财产品在用户心中树立的良好形象和声誉,对银行整体形象的提高有着不可估量的作用。

4) 从大众化服务向个性化服务转变

个人理财的主要方向是它的个性化服务,因为每个人在生命的不同阶段对理财产品的要求是不一样的,每个人对于风险的承担偏好程度也不一样,所以根据每个人不同的生命阶段、不同的偏好、不同的投资需求来进行个性化服务和产品创新,是我国个人理财市场发展的方向。

5) 从无偿服务逐步向收费服务转变

银行作为企业,依据服务成本和市场竞争情况合理收取费用,为投资者带来回报,是无可非议的。对于很多服务项目,如果长期采取免费的形式是难以为继的,同时,银行实行收费服务也将进一步体现银行服务的价值,更好地维护客户的权益。从客户角度来讲,由于他付出了费用,他就有权利向银行提出服务质量标准上的要求,以获取相应价值的服务,甚至超值服务;从银行的角度来看,既然实行了收费机制,就要实现服务承诺,通过提供优质服务,来提高客户的忠诚度和满意度。

二、银行产品营销的特点

银行提供的产品包括各种金融服务,一些特有的属性使这种服务有别于有形产品,服务营销也比有形产品的营销更复杂。

1. 服务的无形性

服务企业产品质量衡量的标准一般用经验、信任、感受、安全等抽象的词来描述,难以进行量化。服务的无形性特征使得服务很难通过陈列、展示等形式直接激发客户的购买欲望或供客户检查、比较、评价,这就加大了客户的购买风险。

2. 服务的不可分割性

在服务企业提供服务时,客户参与了营销的整个过程。银行的服务提供与顾客的服务需求、服务消费是同时进行的,不存在准备的过程。服务提供的即时性与顾客要求的差异性对银行营销者的服务应变能力提出了挑战。

3. 服务的异质性

服务的提供因人、因时、因地而异。银行服务在很大程度上依赖于人的行为,尤其是依赖于客户与服务提供者之间的交互作用。服务的异质性,使服务组织难以对其产品质量实施标准化,因此,如何确保一致的服务质量是银行营销面临的重要问题。

4. 服务的易逝性

服务不能被贮存、转售或退回,容易消失。绝大多数服务都无法在消费之前进行生产和储备,服务只存在于其被产出的那个时点。服务的易逝性特征使银行进行服务供需管理时不能像对待有形商品那样采取时空转移(存储和运输)的办法去解决产品供需分布不平衡的问题。

5. 服务的不稳定性

服务的不稳定性根据其来源及表现形式分为顾客感知不稳定性、员工提供服务绩效的不稳定性和服务传递系统的不稳定性3类。管理者不可能消除它们，只能在顾客和服务提供者之间寻求一定的平衡。

6. 服务的专业性

银行金融服务的专业性很强，往往需要客户经理具有广泛的专业知识。目前，银行已意识到专业型或综合型人才的重要性，以及提供服务的重要性，纷纷设立了专门的理财中心或市场营销部门，为客户提供面对面的服务。

三、银行产品数字营销

银行推动数字化转型是银行业迎接数字时代，锤炼数字化竞争力，提升金融服务实体经济水平，迈向高质量发展的重要抓手。2020年以后，经济社会的数字化进程加速，银行快速响应市场变化和客户需求，多措并举从战略规划、组织架构、业务流程、数据治理、人才结构等方面，全面推动数字化转型、提升金融科技基础能力建设。银行的业务和管理向着线上化、数字化、智能化演进，银行的价值链也由封闭走向开放。过去5年，银行在数字化转型上做了大量探索性工作，在零售渠道转型、数字化营销、核心系统下移改造等方面取得局部突破。但是，银行的数字化转型在覆盖的广度与深度上均有不足，尚未实现"全局性、规模化、可持续"的变革。

2021年12月和2022年1月，两份关于银行数字化转型的重量级指导文件——中国人民银行的《金融科技发展规划(2022—2025年)》和中国银行保险监督管理委员会的《关于银行业保险业数字化转型的指导意见》先后印发，为新时期银行数字化转型发展勾勒蓝图，对正在积极筹备数字化转型工作的各类银行指引方向。

1. 银行产品数字化营销发展趋势

1) 银行业进入全面数字化经营的新阶段，数字化转型战略走向纵深

银行业数字化转型步伐加快给银行带来全新的机遇、挑战和使命，传统银行的存在形态、服务形态将在科技驱动与数据赋能之下进行重构，渠道、服务、运营、风控、产品、组织架构将全面变革，如何驱动从点、线、面到体的全面变革，这就需要银行站在战略的高地把控数字化转型的发展趋势。

《中国银行家调查报告(2021)》在对于数字化转型的调查中，56.3%的银行家选择把"推进数字化转型"作为战略重点，比上年度高出1.2%，继续位列首位。在资源配置、组织体系、指标考核、人才建设等方面，银行机构也加大了对数字化转型的支持和改革力度。

在数字化转型战略上，各银行都在积极结合国家规划和监管要求、外部环境和自身实际，制定了根据自身优势的差异化数字化转型战略。组织架构是银行高效运行的基础保障，科学合理的组织架构设计让管理更有效与简单。在传统银行的烟囱式组织模式下，信息传导不仅存在链条过长现象，有时候也会出现断点，导致决策和执行效率缓慢。数字化产品的打造不仅仅是将线下流程照搬到线上，还需要洞悉用户需求、设计交互界面、确保交易流程顺畅、打通数据屏障、实现权益匹配，甚至需要考虑到风险、合规管控的前置等多个维度，才

能既满足监管合规的要求,又保证全流程、端到端的客户体验,驱动业务增长。因此,建立敏捷、业技协同的组织架构对数字化转型战略的落地至关重要。银行在进行组织架构调整时,可以考虑将科技团队内嵌至业务条线,即业务经理(熟悉金融业务,负责金融业务拓展)、产品经理(聚焦线上产品的设计、迭代)、IT经理(关注产品开发、测试与上线)"三位一体"的组合模式,联手打造数字化产品。

2)金融科技投入分化加剧,业务能力差距进一步加大

以"十四五"规划为起点,金融市场竞争新格局初显,不同体量银行的数字化进程出现明显分层。在数字化转型的大趋势下,各银行纷纷加大金融科技投入,超过七成(75.8%)的银行家表示其所在银行近3年金融科技投入占营业收入比重超2%,根据中国银行保险监督管理委员会总体统计口径,六大行科技投入占银行业半壁江山,占比超过46%。从投入规模来看,大型银行投入超200亿元,中小银行投入10亿、甚至2亿元。科技投入的分化注定了业务的差距,实力雄厚的大型银行在数字化整体应用方面处于领先地位;一些股份制商业银行加快数字化技术的纵深应用,在特色业务上积累了一定的优势;中小型银行在数字化应用能力方面或多或少有所限制与欠缺。

3)依托先进科技和创新场景,迈入开放银行"进阶之路"

金融科技的发展改变了客户与银行的交互方式,金融服务数字化脚步的不断加快,使得融入场景、开放生态成为银行业愈演愈烈的新浪潮。领先银行均以生态打造作为数字化转型战略的优先选择,以生态中的客群为中心展开业务,开放银行是以客户为核心以科技为依托,对银行商业模式与经营模式数字化重塑,通过新业务的孵化和培育,创新更多金融服务场景,释放出数据价值和规模价值。中国开放银行发展经历了"银企直联""Open API"两大阶段,未来将迎接"Open API+"的新阶段:基于数据驱动的行业定制、场景定制、客户定制,伴随场景拓宽、产品丰富、API解耦,银行将进一步提升获客收入,降低对接成本,实现业务规模化。

在对公业务领域,开放银行的商业模式和创新技术大有用武之地:从规模获客到聚合支付,从财资管理再到数据服务,乃至拓展到更加深入的金融服务,从而连接更多企业经营场景,形成更丰富的创新探索。例如,银行服务对象从大型集团客户拓展至B2B2B模式下的产业互联网平台、软件提供商与消费互联网平台,有效拓展了服务客户范围,提升了交易规模。银行基于B2B2B与B2B2C模式,将金融产品嵌入企业ERP、SaaS平台或消费互联网平台,实现了批量获客,将终端服务客群从大型集团客户延伸至小微企业和C端的长尾客户,同时推出了行业或场景定制解决方案,由此显著提升银行的服务广度与深度,为银行带来新的客群和收入贡献。针对小微企业客群,借鉴互联网金融的业务模式,摆脱单一信贷产品模式,搭建电商、产业、平台、产融结合等生态圈,提供企业客户必需的非金融增值服务,满足小微企业客群全方位的业务发展需求。银行与个人、企业、政府建立数字连接,共建开放生态,将数字服务触角延伸至丰富的社会经济服务场景中,增强了"银行即服务"的能力,为客户提供智能化、一站式、个性化、便捷化的泛金融服务,形成优势互补、共赢发展的新生态。

4)渠道智慧化升级成为数据应用发力的重点领域

对于银行而言,渠道建设的痛点在于获客困难且获客效率不高。一方面,线上互联网

红利减弱,获客难度提高,另一方面,线下网点功能单一,对消费者吸引力不足。现阶段银行渠道建设的核心目的是改善用户获得产品及服务的体验,进而获取客户,挖掘客户最大需求,实现利润增长。全渠道智慧化转型战略可以解决以上痛点,帮助银行解决获客难并提高获客效率。全渠道战略要求多渠道整合,一方面进行线上渠道完善,另一方面也要进行线下智慧渠道建设。线上渠道完善关键在于优化线上服务体验,并进一步通过开放银行场景帮助银行获客;线下智慧渠道建设,关键在于物理网点结合智能设备、5G、大数据等技术实现智慧化升级,从而改善用户体验,提升用户粘性、降低网点成本,实现精准营销。

银行渠道智慧化升级实施路径如下:一是围绕客户洞察,充分利用大数据分析方法,构建多维度的客群分类指标,更精准地挖掘客户的金融服务偏好。传统银行在客群划分上往往采取一刀切方式,现在要打破原来简单粗暴的客群划分标准,通过场景细分、数据建模等方式,形成更加精细化、专业化的客群分类。例如,对于个人客户,无论从个人资产规模还是客户年龄层次等维度,划分更加细致,所提供的服务的多样性、丰富性也有了极大的提升。再针对每一个小客群的金融需求,有针对性地研发金融产品。二是围绕客户体验,将客户触点主观数据与运营客观数据相结合,量化客户评价指标。例如,客户通过数字化渠道评价银行的服务态度、响应速度,再结合交易完成的时效、准确度和便捷性,构建"监测—分析—改进"的客户体验管理闭环,让客户体验的改进方向更加清晰、更有说服力。

5)可信数据拥有巨大的价值空间,区块链成金融科技重要战略方向

2021年《中华人民共和国数据安全法》和《中华人民共和国个人信息保护法》的相继发布加深了金融机构对隐私计算的重视程度。安全性、功能与性能是金融机构重点关注的隐私计算能力指标。基于区块链的联盟链网络为企业机构间提供了高效可信的业务协作系统,有效数据共享变得可用不可见,传统银行中因信任成本问题难以融合的场景有了应用创新,打破了以往开放银行的发展瓶颈。基于此,区块链构建的可信互联网将在银行的诸多业务中发挥重要价值,尤其对于企业借贷与融资场景,通过打破传统授信模式瓶颈及创新业务模式,银行可以逐步对外开放自身金融能力,并在可信技术支持下极大突破业务增量瓶颈。以供应链金融为例,链上凭证"拆转融"释放了核心企业信用,"区块链+IoT"避免了纸质仓单造假,增强了贷款信用。区块链将释放万亿级供应链金融市场空间,凭证"拆转融"成为一种突破传统融资手段,有效解决供应商资金短缺问题的创新方式。因此,除供应链融资外,被释放的市场规模还包含了通过凭证拆分、流转解决供应商资金紧缺的需求空间,加之区块链对传统模式下固有市场的渗透,仅供应链金融这一场景,链上流转资产价值空间就已经非常巨大了。

6)前中后台联动转型,发展动能转向数据驱动的精细化管理

数字化转型初期,基本是从营销、支付等前台业务开始发力的,银行内部管理信息化程度还不高。尤其是银行的数据挖掘能力需要进一步加强,很多数据分析服务仍然停留在固定报表的层面,缺乏对数据的洞察。其主要问题如下。

第一,渠道实现数字化,财务支持没有数字化。

金融市场、消费贷、手机银行、网银、合作商等普遍为线上渠道,但费用报销仍然"线下事

后报销"。

第二,网点服务实现智能化,经营分析的数字化还未实现(尤其中小银行)。

分析数据提取流程仍然是管理者向财务提要求,财务向技术人员提需求,技术人员手工提取数据给财务,财务再手工处理成 Word、Excel 或 PPT,以邮件、口头或会议形式向领导汇报。数据处理靠"手",数据传输靠"口"。

第三,客户分析实现大数据化,业务成本、收益还无法精确计算。

大数据时代银行通过互联网、银联智策、外部合作商等多种渠道获取海量客户信息,对客户进行营销,但"每笔业务的精确成本""交叉销售该如何定价""不同定价决策的收益"等数据仍然无法计算。因此,随着数字化转型的不断深入,银行体会到中后台才是支撑银行整体转型的关键。数字驱动、科技驱动、创新驱动的思维不断增强,数字化转型进一步向中后台渗透,数据驱动的精细化管理进一步升级。通过对银行经营管理所涉及的人、事、物进行数据颗粒化、标签化、结构化、模块化和系统化,确保信息的时效性和准确性,实现前中后台管理决策的自动化、智能化和智慧化。通过全面数字化经营体系的构建,推动业务高质量发展、管理精细化升级,实现提效率、提效益、降成本、控风险的协同发展目标。

7) 政策与监管升级需求的双重推动下,风险防控依然是关注重点

"十四五"规划提出的金融安全战略,要求健全金融风险预防预警,守住不发生系统性风险的底线。在风险防控方面,《中国银保监会办公厅关于银行业保险业数字化转型指导意见》(银保监办发〔2022〕2号)中强调要着力加强数字化风控能力建设,其中指出,"建立企业级的风险管理平台,实现规则策略、模型算法的集中统一管理,对模型开发、验证、部署、评价、退出进行全流程管理。利用大数据、人工智能等技术优化各类风险管理系统,将数字化风控工具嵌入业务流程,提升风险监测预警智能化水平。"因此,银行一方面需要继续加强全面风险管理体系建设,统筹好发展和安全,强化信用风险管理,加强重点行业、重点领域和重点客户的风险管控,加大不良贷款损失准备计提力度及核销处置力度,妥善应对疫情冲击下未来不良贷款上升的风险,提高风险抵御能力和服务实体经济能力,健全风险预警和处置机制,提升合规管理能力,加大反洗钱投入,用高质量风控助力高质量发展。另一方面需要加强数字化风控能力的建设。银行业务风控的痛点在于获取数据、分析数据、使用数据过程中存在困难。随着智能技术应用的落地,实现了技术驱动下的多维数据连接,数据间的动态交互使得风险特征更加具象化,帮助银行精准排查潜在风险。数字化风控能力建设是基于数据训练的算法模型,这部分能力是数据平台或数据中台能力的延伸。数据平台的建设除支持训练风控模型外,还可以通过对数据的汇聚进行跨领域风险提示。数据实时处理能力越强,对企业级风险的监测效率就越高,越容易防范跨领域风险。大型银行的数据平台已经在沿着这个方面发展,中小型银行则可能需要一定外力支持。

8) 政策与监管升级需求的双重推动下,风险防控依然是关注重点

数字化时代,业务需求的快速迭代倒逼科技提速。传统竖井式架构,导致数据孤岛林立、系统重复建设等一系列问题,无法释放数据资产的价值,更无法在系统、服务层面上实现"模块组装、高度复用"的灵活性。因此,银行数字化转型中,科技短板无法回避,重点发力系统架构、数据治理和数据应用,为银行数字化转型提供坚实的科技基础。

2. 主要的银行数字营销案例

1）建设银行数字化营销案例①

你以为只有互联网大厂才能玩转数字营销？大错特错。"蹲个一起玩的小伙伴"，这是新浪微博昵称为"一定来上学"的网友在中国建设银行（以下简称建行）微博账号活动中的一条留言。这位网友之所以如此热情地"导友"，源于建行开展的一场"造福行动"。

2021年年末，作为国有四大行之一的建行在其App上线了"造福季"系列数字营销活动。别出心裁的营销手段点燃了社交媒体用户互动热情，无数用户直呼"建行给力！"。建行数字化营销，打破了人们过去对国有大行的刻板印象。此次活动不但让其享受到了互联网流量的红利，也为建行服务转型升级找到了重要突破口。

建行怎样以数字化营销轻松锁住年轻客群，又如何以一场"造福季"给传统行业上了一堂精彩的营销课呢？2021年年末，建行以"年终奖大赢家"活动拉开了2022全民"造福季"的序幕。整个"造福季"活动致力于打造趣味性足、互动性强的投资理财活动。其中，每日打卡、进阶任务和每日一答等互动环节，加上拼图大作战、眼力大挑战等等趣味游戏，各类数不胜数花式玩法，将沉浸感和互动感拉满，着实刷新了大众对于银行严肃庄重的传统印象。除此之外，建行精心打造了涵盖存款、理财、保险、贵金属、基金等在内的金融专区，将金融服务以娱乐的形式融入用户生活，为用户积累正确的金融知识和投资理念。尤其是活动中的海量创意玩法，凭借着极高的参与度和互动性，牢牢锁住年轻客群的行为习惯，也提升了用户在建行App页面的使用时长和活跃度。

数字化营销的终点是IP打造，2021年年初，建行曾启动了首季"全民造福季"，开启品牌惠民之路，在上线期间实现了3.5亿＋的关注度，深度参与人才达4 500万＋，累计向230万＋位造福者发放18亿＋枚"CC币"，无疑是收获了一份惊人的成绩单。

其实不只是"造福季"，建行的系列限定活动都有朝着数字化营销方向转型的趋势。在年末"造福季"之前，建行还曾推出过线上"财富季""奋斗季"活动，减费让利、趣味任务、大咖直播等流量助推器，让建行收获了7 500万人次关注，首次体验建行理财产品的人数逾500万。作为"理财季"和"奋斗季"的延续和升级，"造福季"这波操作，或将再度刷新建行品牌在用户中的地位。通过"造福季"活动，建行实现了在利益刺激点中匹配丰富的营销工具，将用户聚拢到银行的私域流量池，充分享受数字化带来的流量红利。而在形成大量用户参与的流量池后，如何获取用户的商业价值，成了建行"造福季"的核心目的。

数字化时代，用户对银行传统业务的依赖被慢慢解构，尤其是随着各大新型理财渠道的迅速崛起，银行机构的危机意识也逐渐升级。如何布局数字化营销矩阵，实现服务转型升级成为当前传统银行的痛点和难点。尤其是随着用户群体的年轻化和需求的多元化，决定了在客群维系上不能走传统老路。激发年轻用户的活跃和留存，一直都是传统银行在数字化时代需要探索的方向。建行也不例外，其实无论是"财富季""奋斗季"，还是"造福季"，亦或是常态化的金融服务，都是建行"建生态、搭场景、扩用户"的数字化营销思路的真实写照。

作为已拥有超7亿个人客户的国有大行，建行能够在金融生态中主动洞察客户需求，探

---

① 案例来源：金牛财经."造福季"来了！建行玩起数字化营销，牢牢锁住年轻客群[EB/OL].(2022-01-29)[2024-06-25]. https://t.cj.sina.com.cn/articles/view/6011854731/166559f8b001013m8r.

索数字化营销新模式,正是其构建数字金融新生态的表现,而这对于普通百姓来说,也是享受普惠金融服务的利好时机。从"财富季""奋斗季"到"造福季",建行主动求变,在数字化营销领域不断获得突破,无疑给传统行业上了一堂精彩的营销课。

2) 智能营销助力银行数字化转型,工行手机银行 RPA 技术应用案例①

2022 年两会期间,《政府工作报告》提出了"完善数字经济治理,释放数据要素潜力,更好赋能经济发展、丰富人民生活"。最新数据显示,我国网民规模达 10.11 亿,互联网普及率达 71.6%,使用手机上网比例达 99.3%,10 亿用户接入互联网,培育出新零售、远程办公、在线教育、医疗信息化等新业态,并呈现出快速发展态势。

在大数据、云计算、人工智能等新技术广泛应用的背景下,银行业正加快对数字化转型的探索,提出了"5G 银行""数字银行""无人银行"等概念,并制定了一系列战略规划和实施方案。工商银行通过手机银行 RPA 技术应用,赋能基层网点智能营销,取得了显著成效,探索出了一条独具特色的转型之路。

机器人流程自动化(robitic process automation,RPA)是软件机器人与人工智能相结合的技术,具有跨领域、跨系统的连接优势,以数据自动化、流程自动化和跨系统整合等技术为数字化营销创新提供支撑,有三方面的优势:一是大幅提升数据应用能力。基于 RPA 技术开发的"营销机器人"具有交付敏捷、自动化程度高等优势,能够快速实现对银行数据、标签、模型等数据资产的变现。二是快速积累运营经验。基于数据算法的模型往往面临"冷启动"之后快速迭代优化问题,RPA 技术可通过"小步快跑"的方式实施"加速器(accelerator)"项目,探索、积累、提高数据应用能力、数据驱动业务能力、人工智能应用及管理能力、客群运营能力等。三是有效实现业务和渠道协同。整合手机银行、客户经理、智能外呼、企业微信、RCS 等渠道,针对不同客群整合相对应的业务需求,根据每一位客户的偏好实现所有渠道的统一分发、效果的统一收集,真正做到"以客户为中心"。

2021 年下半年开始,中国工商银行在部分分行开展以 RPA 技术赋能智能营销试点,推出手机银行客户旅程运营机器人、重点客群数字化运营机器人等,在大零售领域探索 RPA 技术的营销创新,推动手机银行客户自动化旅程营销,并协同客户经理、叫号机等多种渠道,实现对低效代发工资客户、信用卡活跃客户等重点客群的自动化运营。具体而言,试点分行基于"数据+算法+平台+运营"的数字化模式,引入 RPA 技术智能化输出营销策略,将按批次执行的营销活动转为常态化的按日自动化营销,实现模型的全生命周期管理。主要有以下营销方式:一是开展手机银行客户旅程运营。围绕客户需求的旅程构建手机银行客户运营体系,搭建手机银行客户旅程营销框架,立足全旅程陪伴梳理客户在手机银行购买理财和存款等 7 大旅程阶段的 20 类行为,通过自动监测客户搜索、对比、购买理财等关键营销时机,敏捷开展针对性营销。二是开展代发等线上重点客群数字化运营。以客群价值提升为核心,以客户主办行为中国工商银行作为北极星指标,将分行一年内有过代发工资业务的客户划分为 7 类客群,梳理形成 31 种客户行为事件,通过手机银行、客户经理、叫号机等渠道部署 53 类营销策略,涵盖理财、基金、信用卡等 21 种产品,按日触发营销名单并开展营销。

---

① 案例来源:零壹财经.智能营销助力银行数字化转型,工行手机银行 RPA 技术应用案例探索[EB/OL].(2022-04-19)[2024-06-25].https://baijiahao.baidu.com/s?id=1730519092652193206&wfr=spider&for=pc.

三是构建营销最优化引擎。利用多目标最优决策模型,协调解决了"最大化满足营销目标""充分发挥渠道效率""协调银行与客户利益""解决业务冲突和营销冲突""提升客户体验"等多目标协调一致问题,实现了各营销机器人的协同营销,在最大化使用各类渠道容量前提下,提升了营销效率和精准性,确保对客户每次只营销一个内容。

智能营销赋能大零售条线成效显著,工商银行手机银行的智能营销取得了显著成效。主要有以下成效:一是实现了模型的全生命周期管理,通过相关平台实现自动化建模、自动化上线、自动化部署、自动化评估和自动化更新,能够确保模型的有效性和业务成效的持续性,让过去只能执行一次的"死"模型成为可以连续执行的"活"模型。二是实现了精准营销活动的自动化,通过构建一系列的机器学习模型实现"针对每一位客户通过什么渠道、在什么时机、推送什么产品"的自动化策略输出、自动化完成过程监控和自动化实施评估效果,并实现给定场景下的策略自动调整,减轻了基层营销人员手动工作量,大大提高了营销资源的利用效率。三是初步实现了体系化的客群运营机制,营销机器人能够支持客群的"分层分类""全量运营""策略自动化""策略延续性"等运行机制,实现体系化、常态化、智能化和自动化的客群运营。四是能够全面支持业务协同和渠道协同,通过数据集成、分析、驱动渠道执行等穿透部门墙,以轻量级、敏捷的方式实现渠道效能的最大化发挥、客户体验的显著提升和不同效率渠道的组合使用。

从营销机器人上线以来表现看,手机银行客户旅程运营机器人发送策略1 200多万条、覆盖客户640多万户,手机银行活跃度提升了63%;重点客群数字化运营机器人带动全量低效代发客群实现较自然增长2.38倍的资产增益,处理组相对于对照组北极星指标增加50%以上;在总控机器人协同下,试点分行数字化运营的能力大幅提升,实现了85%的资产、85%的客户都借助机器人技术进行运营,用户体验较好且最大效率发挥了渠道作用,有效促进了业务增长。

第二节　保险数字营销应用

【典型案例】

中国太保的数字化之旅

中国太平洋保险(集团)有限公司(以下简称中国太保)是国内领先的综合性保险集团,也是首家在上海、香港、伦敦三地上市的保险公司。中国太保专注保险主业,把握行业趋势,前瞻性布局健康、养老等新业务板块,凭借着与时俱进的转型战略和一流的保险经营能力,连续十年入选世界500强。在传统保险行业数字化转型的道路上,中国太保无疑是先行者之一。早在2015年,时任总裁高国富便表露出对数字化升级的认同,他说,"现在的80后、90后基本是数字化消费群体,他们虽有不同的习惯和特点,但数字化是共性。任何金融机构,未来如果不能够适应趋势,不进行数字化改造,将失去未来。"

中国太保的数字化转型正式(图7-1)开始于2017年,"数字太保"战略的启动揭开了转型的序幕。在数字化应用产品上,中国太保率先发力,发布了业内首款智能智慧保险顾问"阿尔法保险",引起了社会各界的广泛关注。

图7-1　中国太保数字化转型时间轴

2018年,中国太保全面启动"转型2.0"战略,数字化仍是关键词之一。在这一时期,中国太保补齐短板、厚积薄发,通过打造集成各类C端应用的"太平洋保险"App,实现门户统一,具有自主知识的"中国太保云"的建设工作也进入最终阶段。

2020年7月,全资子公司太保金科的设立标志着中国太保的数字化之旅进入腾飞阶段,新公司和科技创新与消费者权益保护委员会、数智研究院一同构建起太保的科研创新机制。

至今,中国太保的数字化应用矩阵逐步完善,与各类科技企业、高校间的战略合作也不断推进,为中国太保提供创新原动力的科技生态合作圈也已经初步建成。

案例来源:零壹财经.中国太保:数字化转型的先行者[EB/OL].(2021-10-07)[2024-06-25]. https://baijiahao.baidu.com/s?id=1712976485739234936&wfr=spider&for=pc.

一、保险产品综述

保险产品是指保险公司提供给客户的风险保障服务。保险产品的基本功能是为投保个体在损失发生时提供赔偿。从客户的角度看,客户将自己所面临的风险通过保险产品转嫁给保险公司,而自身获得了一种保障。保险产品的收费在先,产品功能的实现在后,这两项活动之间的时间差虽然因产品形态的不同而有所不同,但是基本原则是相同的,这是保险产品与一般产品的主要区别之一。

二、保险产品的特点

保险产品也是一种商品,既然是商品,它就会像一般商品那样,具有使用价值和价值。保险产品的使用价值体现在,它能够满足人们的某种需要。例如,人寿保险中的死亡保险能够满足人们支付死亡丧葬费用和保障遗属生活的需要;年金保险可以满足人们在生存时对教育、婚嫁、年老等所用资金的需要;财产保险可以满足人们在遭受财产损失后恢复原状或减少损失程度等方面的需要。保险产品的价值体现在,保险人的劳动凝结在保险合同中,保险条款的规定,包括基本保障责任的设定、价格的计算、除外责任的规定、保险金的给付方式等都是保险人智力劳动的结晶。

三、保险产品分类

保险产品的种类非常多,而且分类也很多,按照不同的方法与标准分类会产生不同的结果。在保险实务中,按保险标的不同,总体上可把保险产品分为人身保险产品和财产保险产品两大类。

1. 人身保险产品

人身保险产品是指保险公司为被保险人在死亡、伤残、疾病或者生存到双方约定的年龄或期限情况下提供给付保险金的服务。依据人身保险产品的基本概念,人身保险产品的基本要素如下:①产品的服务对象为人;②产品的标的是人的寿命和身体;③产品的具体内容为人的生存保障、老年保障、疾病保障、死亡和伤残保障。所以,人身保险产品是为人的寿命和身体提供保障的保险产品。

大多数人身保险产品提供长期的保障功能,这是人身保险产品的突出特征。为此,人身保险产品在定价时一般采取均衡保费法,即投保人缴纳的保险费在相当长的一段时间内处于固定的水平,对应的保险责任则是变化的。因此,人身保险产品在长期经营的意义上达到了价格与保障功能的对等。人身保险产品的长期性也为投保人提供了一种储蓄和投资的功能。

2. 财产保险产品

财产保险是指以财产及其相关利益和损害赔偿责任为保险标的,以自然灾害、意外事故为保险责任,以补偿被保险人的经济损失为基本目的的保险。对财产保险的含义,可以从三方面理解:第一,保险标的是以物质形态、非物质形态存在的财产及其相关利益;第二,承保风险一般是灾害事故;第三,当被保险人遭受经济损失时,保险人负责赔偿。

四、保险产品传统营销策略

保险产品传统营销策略包括以下几个。

1. 直接营销渠道

直接营销渠道也称直销制,是指保险公司利用支付薪金的专属员工向保险需求者直接提供各种保险险种的销售和服务。通俗地讲,就是保险公司在编的外勤人员直接向目标客户销售保险的方式。在那些保险代理制、经纪人制不发达的国家里,直接营销渠道扮演着其他任何渠道所无法替代的角色,同时,也是向高价值大客户提供复杂产品及解决方案的重要渠道。直接营销渠道主要包括个人代理营销、团体直销和职团开拓。

2. 间接营销渠道

间接营销渠道即中介制,是指保险公司利用保险代理人和经纪人等中介机构推销产品的方法。这里的中介人虽然也是中间商的一种,但又不同于其他行业的中间商,因为它不涉及任何所有权转移的问题,保险中介人只是参与或代办或推销或提供专门技术服务等各种保险活动,从而协助或促成保险经济关系的发生。间接营销渠道以多种形式存在,主要包括代理人、经纪人、银行代理、兼业代理等。间接营销渠道不像直接营销渠道那样易于控制,然而它的建立仍然是有价值的,因为商业伙伴能够在相对较低的成本前提下完成销售任务,并极大地影响公司对新市场的渗透力,赢得更多的客户。

3. 新型营销渠道

近两年,随着科技手段在金融业中的进一步运用,一些新兴的营销渠道正试图重整"游戏规则",如信函、电话营销、媒体营销、网络营销等全新的营销渠道也逐步在我国保险业中得到运用。

【案例阅读】

众安保险联合《飘雪的日子来看你》:好险选众安,飘雪玩得欢

2022年3月,《飘雪的日子来看你》集结了不同年龄层次的文艺工作者作为常驻嘉宾,组成了"飘雪一家人"。"飘雪一家人"在每期节目中,邀约不同的好友走入飘雪大家庭,不仅有优秀演员,还有奥运冠军们参与。"飘雪一家人"在"带动三亿人参与冰雪运动"的引领下,围绕冬奥幕后故事的主人公所带来相关的冰雪体验,展开沉浸式的趣味比拼;他们还走入冬奥幕后人物的生活场景,进行实地探访;嘉宾们分享了彼此的冰雪故事和情结,展现出不同年龄、不同地域的冰雪记忆。

众安保险作为保险行业的国民品牌,充分借势冬奥和CNY营销节点,利用《飘雪的日子来看你》花式亮相,以"有温度的保险"的品牌调性为核心,在内容合作上"以小见大",将"众安尊享百万医疗险"结合节目录制日常进行展现,贴近生活的植入情节,结合守护者的形象,让用户看见众安在细小生活的方方面面守护和陪伴。

《飘雪的日子来看你》播出期间正值虎年新春,契合春节将至的节日氛围,设定家庭场景,自然地将众安尊享百万医疗险融入趣味且温暖的日常剧情中。借助生活化中插剧情的发散传播,父母对子女的牵挂化身成众安对用户的守护,沉浸式植入众安保险产品优势及品牌理念。

在这场冰雪盛宴里,以"好内容+好营销"的双向赋能玩法,深度传递"做有温度的保险"的品牌愿景,夯实"网上保险买众安,5亿用户的选择"国民化的价值表达,横向打响了品牌声量,纵向深化了用户认知,为保险行业带来了新的启迪与思考。

案例来源:Vision Star 剧星传媒. 众安保险×《飘雪的日子来看你》:好险选众安,飘雪玩得欢[EB/OL]. (2022-03)[2024-06-25]. https://www.digitaling.com/projects/206884.html.

4. 保险公关营销

保险企业一般可采用以下策略开展公关活动。

(1) 新闻宣传。保险公关人员的一项主要任务是发现和制作对本企业有利的新闻,并通过新闻媒介尽快公布于众,保险企业的公关媒介负责人应积极主动地邀请新闻界人士参加本企业的重大活动,让他们了解事件真相,同时,该负责人应如实回答记者提出的问题,为记者提供准确的事实与数据。保险公关人员应真诚地结识新闻编辑人员和记者,积极地与新闻界交往,增加本企业获得新闻报道的机会。

（2）创造事件。保险企业通过安排或创造一些特殊事件来吸引公众对其保险服务的注意，如保险知识竞赛、周年庆祝活动、援救灾区等。

（3）公益活动。保险企业可通过投入一定的资金和人力于公益活动方面，以提高企业的公众形象。例如，赞助奥运会及足球世界杯，为敬老院及儿童福利院提供物质帮助，在贫困地区设立希望小学，为艺术节的某些专业表演人员提供意外伤害保险等。

（4）书刊与视听资料。保险企业可以借助某些书刊资料来影响公众，如保险报刊、宣传小册子、公安消防报刊等，也可以制作电影、幻灯片等视听资料，其影响力也很大。

（5）咨询活动。通过定期举办保险咨询活动，保险企业可以向公众宣传本企业的险种和服务特色，以吸引公众投保。

（6）名人宣传。利用文艺、体育明星及企业界名人的保险案例进行宣传，可以产生很强的社会效应，因为许多公众都有消费模仿心理，其公关效果有时会特别突出。

（7）电话公关。电话是一种比较新的公关工具，保险企业可以将自己的信息和良好的服务通过电话告诉潜在的客户和现有的客户，从而促使他们购买本企业的保险产品。

【案例阅读】

财产险公司网电融合对企业微信的应用

2021年3月，某财产险公司总部的电子商务中心将8 000坐席上线企业微信，从传统的电销模式转为网电融合模式。面向续保客户，通过电话添加企业微信好友。坐席的电销模式，100通电话可能只有一两通是有效，而如果转为电话沟通，最终目的是加上客户微信，与客户在微信上进行沟通与展业，其触达效率大大提升。

据统计，续保电话中，100个客户中，60%以上可以加成微信好友。而这只是线上化的开始，该公司在网点模式发展到2020年，后因客户习惯于在微信上与业务员进行沟通，碰到理赔，也通过微信找业务员处理。所以，业务模式发生了新的转变。

该公司把全国3万多查勘员建立到企业微信组织架构上，并通过与理赔系统打通，实现业务员通过一键拉群的方式，把理赔的沟通协同搬到微信群里解决。因为业务员加了客户的微信，所以微信ID与业务系统绑定，后台可以关联到客户的保单信息，业务系统可以直接调用一键拉群的接口，业务人员通过企业微信就能协同理赔团队来处理客户诉求，包括查勘员、定损员，甚至是第三方。

大家的理赔服务的沟通、业务处理，都可以在一个微信群里解决，而且聊天的内容、附件、照片，都可以实时留档，从而数据在中后台实时处理后自动流转服务进程。实现从客户端、承保端到理赔端线上化与数字化的协同。

所以这是一个非常典型的围绕客户为中心的线上化新服务模式，电销坐席因为承担更多服务职责，与客户建立更有信任的连接，再推荐非车险、增值服务等业务变得更容易。

案例来源：新浪财经.保险公司需与用户建立线上更有温度的连接[EB/OL].(2021-06-05)[2024-06-25]. https://baijiahao.baidu.com/s?id=17017270217651765 18&wfr=spider&for=pc.

五、互联网保险营销

互联网保险营销是指保险机构以互联网和移动通信技术为依托,通过自营网络或第三方网络平台进行保险销售,并提供一系列保险服务的经营管理活动。互联网保险作为一种便捷的投保渠道进入人们视野,与传统保险渠道相比,互联网保险具有产品场景化、降低销售成本、信息透明、便于互动、打破上门销售的限制等优势。

1. 互联网保险销售模式

互联网保险销售模式主要有以下几个。

1) 自营模式

自营模式是指保险公司通过自有官方网站,为客户提供线上服务的模式,该模式有效提升品牌价值、拓宽销售渠道。中国人民保险、中国人寿保险、平安保险、太平洋保险等81%的保险公司相继成立官方网站。

2) 第三方网络中介平台模式

第三方网络中介平台是指在开展互联网保险业务活动中,由第三方网络科技公司为保险消费者和保险机构提供网络技术支撑的中介服务平台,包括专业的第三方互联网保险平台和综合性的电商平台。专业的第三方互联网保险平台是由专业保险中介机构(保险经纪公司、保险代理公司)建立的,如中民保险网、优保网等。2008年上线的中民保险网目前已有中国人寿等多家保险公司通过该平台开展业务。综合性的电商平台包括淘宝、京东、微信等。

3) 专业互联网保险公司模式

专业互联网保险公司模式是指从销售到理赔全流程通过互联网平台完成的保险经营模式,不在线下设立分支机构。2013年9月,由蚂蚁金服、腾讯、中国平安联合发起,设立了国内第一家专业互联网保险公司——众安在线财产保险股份有限公司(以下简称众安保险)。2018年,众安保险的保险费收入为112.6亿元,同比涨幅为89%,目前其经营范围已经扩展到航空险、意外险、健康险、车险、银行卡盗刷险、电信诈骗资金损失险等特色险领域。

2. 互联网保险未来发展趋势

1) 跨界融合

保险是一种十分有效的风险管理工具,随着大数据、人工智能、云平台、区块链为代表的金融科技的兴起,在互联网的助推下,越来越多行业将融入保险理念,把保险作为连接各方的黏合剂,建立新型的"生态圈"。

随着数字化、信息化及全球化的快速发展,跨国界、跨行业、跨产业、跨领域的融合发展已成为"新常态"。可以预见,随着"金融+技术"对行业影响的加深,协同构建互联网保险新生态的融合再造将是大势所趋,保险行业的竞争不再是单一维度的竞争,而是基于价值链的生态系统融合发展。保险科技是构建保险生态系统的技术支撑,通过人工智能、区块链、云计算、大数据等实现在数据收集、客户画像、需求分析和策略设计等方面的能力进一步的提升。保险服务的运营方式、手段更为高效及多元化,实现产品定制化、定价动态化、销售场景化、理赔自动化的运营目标。通过科技重塑保险价值链,利用科技,保险服务融入健康生态圈、生活消费生态圈、消费金融生态圈、航旅生态圈和汽车生态圈,提供智能化、定制化、个性化的保险解决方案,构建完善的互联网保险生态圈。

2) 产品创新

随着保险科技的落地,技术将发挥越来越重要的作用,保险公司的数字化转型促使风险管理工作在根本上从以产品为中心的模式向以客户为中心的模式转变。场景化保险将越来越深入人心,市场上将会出现更多个性化的保险产品。

近年来,随着保险科技的快速发展应用,保险业在用户触达、客户服务和体验提升等方面都取得了进步。以2019年为例,互联网保险保费收入为2 696.3亿元,同比增长42.8%,远高出保险市场同期增长率近10%。科技的应用,有效地提升了保险的覆盖率,强化了整个社会的风险保障能力,也培养了用户的保险意识。

未来,随着通信技术的升级,终端设备的多元化,科技将帮助保险行业实现更广泛客户群体连接。同时,在科技助力之下,保险行业不仅能面向更多样化的客户需求,提供更高性价比的保险产品,其服务能力也会持续加强。科技在帮助实现金融普惠目标的同时,也将为保险业打开全新的增长空间。

六、保险产品数字营销

1. 保险行业数字营销新趋势

保险行业数字营销新趋势包括以下几个。

(1) 消费者识别趋向由过去"千人千面"的消费者群像分析模式逐渐被"一人一面"的定制化服务所取代。通过大数据的分析,保险企业能够给每名用户提供更加精准的产品与服务,做到更加准确的消费者识别。

(2) 数字营销串联出线下、私域社群和公域网络的三度空间,不断突破传统营销策略和智能广告的局限。用户的选择渠道更多,企业的营销平台更广,实现了认知、交易、关系三位一体。根据《2021保险数字化营销白皮书》数据,72%的企业表示短视频提高了自身产品的转化率,而52%的消费者认为产品短视频一定程度上提高了他们作出在线购买决策时的信心。

(3) 搭建长效ROI模型将成为保险数字化营销的核心竞争力之一。在保险行业2.0时代,保险企业在数字营销当中利用更低的单次接触成本和更高的接触频次,将公域流量下的用户资源转化到企业的私域流量当中,从而在用户群体中打造强有力的品牌认同,最大化客户的终身价值、收获长效回报变得更加重要。

(4) 保险行业将迎来全面智能,迭代出以数字营销生态图谱为核心的全方位、高效率的营销解决方案。率先掌握智慧营销能力的企业将在营销中获得显著优势。

2. 保险数字营销案例

1) 广泛触达,高效筛选,水滴保数字化营销[①]

目前,我国商业健康险的覆盖率仍有很大提升空间,如何触达更多潜在客户,将最合适

---

① 资料来源:金融界.水滴保险经纪入选保险业"年度数字化营销卓越案例"[EB/OL].(2021-12-27)[2024-06-25]. https://baijiahao.baidu.com/s?id=1720266828968292376&wfr=spider&for=pc.

的保险产品推荐给客户,用数字化来提高销售效率,是解决保险销售成本过高的关键所在。在保险线上化营销方向上的科技投入,直接影响到保单的成交率及险企的成本和效率。

"水滴保"是水滴保险经纪有限公司(以下简称公司)2017年5月推出的互联网保险经纪平台,公司一直以"用互联网科技助推广大人民群众有保可医,保障亿万家庭"为使命,致力于用科技助推普惠保险,提供更多高性价比的产品和极致的服务体验。截至2022年9月,水滴保累计保险用户数1.087亿。

"水滴保"自上线以来,坚持通过AI赋能保险价值产业链,构建"水滴智能营销系统",用技术驱动水滴智能数字化营销增长。"水滴保"通过内部多元化业务场景和外部的第三方流量渠道分类触达用户,通过大数据建模,对接主流互联网渠道RTA(real time api)广告投放。

在投放内容层面,"水滴保"目前构建了包含投放创意管理、投放素材管理、投放数据管理等通用能力。通过数据埋点和AI模型等方式,可以动态捕捉用户关注较高的内容形式和热点区域,自动生成多种主题、不同保司的页面素材,极大提高了投放内容的丰富多样化。据了解,"水滴保"通过落地页素材个性化,减少人力成本约50%。在营销投放环节,通过算法进行大数据建模,依靠对用户画像、页面热点等数据进行实时挖掘分析,对用户点击、转化、续费等概率进行预估,从而指导RTA竞价模型进行精准出价,提供更匹配的保险产品,有效提高用户购险转化率。

营销并不是一个孤立的环节,精准营销的本质是通过合适的渠道将合适的产品与需要的用户进行匹配。但是在用户投保之后,用户的留存和后续服务同样重要。保险从业者需要将用户的家庭保险规划、产品的匹配程度、理赔流程的简易程度、保险附加服务等环节前置于营销环节中考虑。

除了依靠保险科技赋能营销环节,保险产品供给、保险理赔、用户健康保障服务同样是技术应用的重要场景。依靠线上渠道所具备的数据结构化优势,水滴保联合多家保险公司进行保险产品反向定制,推出多款适合非标人群投保的产品。比如,国内首款60～80岁老年群体也能投保的"老年医疗险"、高血压、糖尿病等亚健康人群也能投保的"水滴守护爱重大疾病保险"等。

在用户最为关心的保险理赔环节,水滴智能理赔系统让用户实现在线完成保险理赔,免去了来回邮寄纸质资料的麻烦,也极大提高了理赔时效性。据了解,目前"水滴保"理赔平均时效为15.7小时。最快8秒即可完成一次理赔,每2分钟就能够帮助一位用户完成索赔,快赔结案率达到98.6%。根据公司发布的2022年第四季度财报显示,公司业绩稳固增长,"水滴保"平台今年前三季度首年保费同比增长37.5%达到144.64亿元,超过2021年全年首年保费。公司在三季度实行严格的成本管控下,销售和营销费用环比下降37.2%,在行业整体增长趋缓的情况下,水滴保的保费仍然保持正增长。

2)"数字太保"战略——中国太保数字化转型[①]

在数字经济大势所趋之下,众多保险企业主动调整发展战略,积极融入数字化浪潮。作为保险业头部企业,中国太保在业界率先吹响"数字太保"的嘹亮号角,坚定以"数字太保"战

---

① 资料来源:徐国夫.数字化转型:保险业高质量发展的新动能[J].数字经济,2021(08):36-39.

略推动公司转型突破,以数字化经营实现公司高质量发展。2017年,中国太保提出了"数字太保"战略,以"创新数字体验、优化数字供给、共享数字生态"为目标,用数字化重新定义企业操作系统。"数字太保"战略设立了具体目标,明确了实施路径和推动举措,建立健全了相关组织体系、资源保障机制、人才培养机制、激励机制和产品管理平台等,充分运用数字化杠杆加强自身能力建设,推动公司价值可持续增长。

2018年,中国太保启动了战略转型2.0,将"数字"列为五大关键领域之一,深入推动实施"数字太保",着力突破数字化客户体验、数字化决策、协同共享数字化工具、数字化人才和领导力四大发展短板,全力向"成为行业健康稳定发展的引领者"迈进。规划明确了以"企业收入持续增长,盈利能力持续改善"为目标,聚焦"运作模式的转换、流程方法的转变、商业模式的转型"三个维度,借力大数据、人工智能、移动互联等技术驱动,打造可评估的数字化新产业。围绕前端整合、服务共享、核心高能三个方向制定了数字化规划实施策略,对数字化规划进行顶层设计。一是服务资源"组件化",即通过前端功能梳理,整合成后台共享服务,避免重复建设,适应多渠道接入;实现端到端精准撮合、集约化资源统筹运营。二是客户触点"场景化",即以客户体验为核心,实现多产品、多服务的场景化灵活组合;推广互联网产品迭代方法,提升需求响应和产品交付速度。三是产品平台"智能化",即核心系统分布式架构部署,分散运行风险;以地区、险种等作为主要维度,实现可配置、多种组合的规则管理工具;流程智能化,作业自动化,提升运行效率。

推进业务线上化,优化投保服务体验。针对分散性个人客户特点,充分利用CRM、"太好创""科技个险"等线上出单工具,推进线上化投保、移动出单,实现客户全流程数字化投保。特别是公司研发的"数字承保平台",实现了车险产品的统一报价、投保、续保、文档作业、支付、多产品组合保险方案、数据报表一体化的云端服务,2020年年底实现了车险通过移动工具投保比例达到65%以上。

为进一步将数字化渗透至保险服务的每个流程,中国太保推出了电子保单,实现客户线上投保、线上签字、承保无纸化操作,将以往纸质保单的11个步骤简化为电子保单的4个步骤,最短耗时仅6分钟,电子保单突破了时空限制,极大地提高了服务效率和客户体验。

在农险领域,全面落地推广中国太保与中国农科院研发的数字农险移动运营体系——e农险,将技术优势贯穿农险业务的全流程,优化业务流程,提升工作效率与质量。e农险每年迭代升级,目前已更新到第六代——"e农险FAST"新版本,实现人与AI的深度结合、区块链技术赋能农业产业链等,借助农险全流程线上投保工具"太保农险AI承保",农户可在线完成全流程自助投保,为农业发展提供更加精准、快捷、智慧的金融保险服务,已成为农业保险技术的行业标杆。

加强科技应用,提升理赔服务实效。针对个人客户理赔,公司联合百度推出了"太.AI"车险理赔"全智能、无人工"车辆定损工具,模拟人工定损流程,精准输出维修方案及金额,大大节省二次定损等待时间,提升整体结案效率,实现客户理赔"秒级定损、分钟赔付"。公司开发上线"大灾智能管理平台",实现车物损大灾案件实时管理、处置和跟踪,极大提高了大灾期间车险理赔工作效率和理赔数据精准性,为大灾应对工作提供了有效的综合管控平台。特别是2021年中国太保自主研发的"太捷通"科技项目,整合多方资源,实现一键懂得保险产品、一键懂得理赔常识、一键操作尊享权益。

针对法人客户理赔，中国太保推出太保"专享赔"，致力于提供标准、定制化和一站式的理赔服务，借助图像识别、RPA、核心系统、双控系统以及智慧工地项目，引入数据建模，基于掌握的客户信息，精准洞察保险标的的自然、人为风险。

同时，超过3 800家在河北省的企事业法人注册成为"专享赔"平台客户，享受PC端及移动端批量报案、自助索赔、影像上传、进度查询等服务。自助理赔线上化率超过70%，万元以下报案支付周期1.53天，已成为行业最有影响力的服务品牌。

农险理赔融合无人机、物联网智能测量设备、卫星遥感等前沿技术工具，助力农业保险承保理赔工作，优化客户体验。配套无人机操作系统，中国太保自主研发了e智飞和航拍测亩平台，可实现自动规划航线和航拍影像测量面积，针对种植险定损难的问题，还开发了FAST慧眼系统，在e智飞的基础上，人工智能可针对不同生长阶段、不同灾因的作物，应用对应的分析模型，将生涩的遥感数据转化为直观的验标、定损建议，将无人机影像中所包含的灾害信息、生长信息通过人工智能定损模型进行转化，极大提高了种植险定损精度。

强化数字化管理，提高风险管控水平。风险管控是保险企业的立足之基，防范和化解风险是保证公司高质量发展的必然要求。数字化经营通过大数据分析建模和机器学习技术，为风险识别与定价、防范与预警提供了更为精准有效的技术支撑、更专业的风险管控水平，为客户提供更高的保险"获得感"。

中国太保精算团队强化数据服务支持，通过运用广义线性、机器学习等专业风险识别模型，为客户提供定制化风险保障产品；通过私家车运行状态监测系统（OBD盒子）、重载货车安全驾驶辅助系统、全国货运平台等科技工具细分风险，确保风险识别模型及时更新迭代。另外，中国太保充分运用"太保分"等可视化工具，精准定位客户面临的风险，以"为客户提供安全行驶"为目标，运用OBD设备、安全驾驶辅助系统、"太好保"等技术工具，建立了一整套保前风勘、保中风控、科技理赔的风控体系，为客户提供风险预警和主动风控服务，降低风险发生概率。

针对风控业务特点，中国太保坚持以"防灾防损，防重于赔"为核心经营理念，2019年自主研发了"风险雷达"灾害预警和风险评估信息平台，通过融合自然灾害数据、实时气象数据、保险业务及空间地理数据，基于GIS技术实现承保、理赔、风控三位一体的闭环风险管理，可实时对外提供地图相关的风险查询，根据台风、暴雪、暴雨等十余种灾害天气的发生率、危险等级、覆盖范围、持续天数、最大风险程度等详细指标进行损失预估、地域累计风险、气象灾害自动预警等风险管理服务，协助客户在灾害来临前完成风险预警、损失评估、风险防范，从而提高防灾减损水平。

围绕内部风控管理，中国太保着力打造风险合规与业务前端一体化内控体系，将风控嵌入流程岗位和信息系统，实现将"面面俱到的制度"向"系统嵌入式防控"的布局；全面推广应用太保"天眼"平台，持续优化升级平台功能，不断提升反欺诈、反洗钱等关键业务环节风控能力，实现逐步从传统风控向数字风控转变。

第三节 基金数字营销应用

【典型案例】

富国基金：深耕直销平台数字化

不同于个人直销业务线上化发展的一日千里，面向机构投资者的直销柜台业务仍遵循线下传统模式，给作业效率和风险控制提出了挑战。富国基金相关负责人认为，直销柜台业务模式面临四大"瓶颈"：一是直销账户系统架构与业务模式发展之间的冲突，面对产品投资者的几何级增长和反洗钱中机构主体共性信息的落地要求，仍依靠直销人员大量的重复手工录入工作，反映出业务模式发展需求受到单一层级账户架构的桎梏。二是日间交易"瓶颈"突出，系统化作业程度待提升。以往日间交易受理主要关注交易录入和资金到账等交易本身的属性信息，近年来监管逐步增加了投资者适当性、超限交易、单一投资者集中度预警、产品巨额赎回预警等要求，这意味着亟须一个沟通交易业务全流程的线上处理平台去缓解日间交易的压力。三是对外信息交互缺乏有效载体，传统的直销系统像一个封闭的"孤岛"，难以实现与周边系统对个性化信息的实时提供和交互。四是缺乏平台化系统整合作业流程。

为了缓解上述业务"瓶颈"，基于对柜台业务难点和突破点的深挖，富国基金推动了直销柜台业务的数字化转型，在不改变机构投资者资料提供方式和后端直销数据对外报送方式的基础上，改变直销柜台业务本身的运营模式，从而实现更好的效率提升和业务价值。自2020年年中开始，富国基金信息技术部及运营部在准确识别和定位目前直销柜台业务痛点的基础上，搭建直销运营综合管理系统，适配直销人员的日常业务和管理需求，将相关数据加工传输至底层直销系统，更好地为直销柜台业务赋予业务价值。该系统已经构建了以账户业务出发的机构客户管理、账户管理，以交易业务出发的交易管理、资金管理、交易规则管理，以及从数据管理角度出发的业务数据统计、数据稽核和周边系统的互联互通等。

富国基金相关负责人表示，数字化应用必须是业务、数据和技术的集成，以数据为驱动，使得业务管理变得精准、合理，快速提升内部运营的效率，这是数据对业务的核心价值所在。业务的数字化转型是必然的趋势，当然也不能一蹴而就，需要做好不断的迭代和打持久战的准备，并始终保持精确运营的思维和理念。

案例来源：证券时报. 如何打造"聪明的"基金公司 启动数字化引擎已成不二法门[EB/OL].（2022-11-21）[2024-06-25]. https://baijiahao.baidu.com/s?id=1750046838511511397&wfr=spider&for=pc.

思考：富国基金如何通过数字化手段解决基金直销柜台业务模式瓶颈？

一、基金产品综述

基金是指通过发售基金份额，将众多投资者的资金集中起来，形成独立的财产，由基金托管人托管,由基金管理人管理,以投资组合的方式进行证券投资的一种利益共享、风险共担的集合投资方式。

1. 基金的参与主体

基金的参与主体包括以下几个。

1) 基金投资人

基金投资人又称基金单位的持有人,是基金资产的最终所有人,享有本金受偿权、收益分配权及大会表决权。

2) 基金管理人

基金管理人是指负责基金的发起、设立与投资运作的专业性机构。基金管理人负责拟定基金投资计划,指示托管机构按照其投资决策处理基金资产,监督托管机构不得违反有关契约规定。在日常投资运作中,基金管理人按照基金契约规定的投资范围、投资组合,选择符合条件的债券等进行投资,并承担基金会计核算、基金估值、基金信息披露等职责。

3) 基金托管人

基金托管人是指依据基金运行中"管理与保管分开"的原则对基金管理人进行监督和对基金资产进行保管的机构。基金托管人根据转企契约或合同的规定保管基金资产,按照基金管理人的投资指令划拨资金,进行清算核算,实施对基金管理人的监督以及保管基金的重大合同和凭证等。基金托管人的存在,主要是为了保障广大投资者的利益,防止基金资产被挪用。

基金参与主体之间的关系是合同里所确立的。基金投资人是基金资产的所有者,是基金资产的委托人,又是基金资产的受益人。基金管理人处于日常经营管理活动的中心,负责基金的日常投资决策与管理。基金托管人与基金管理人之间是一种相互监督、分工协作的关系。基金承销人承担了代理人的角色。在投资基金的实际运作中,基金管理人对资产的控制能力是最大的。

2. 基金产品的基本分类

基金产品种类繁多,可按不同的方式进行分类。

1) 按基金的组织形式分类

按基金的组织形式,基金产品可分为契约型基金和公司型基金。

契约型基金也称合同型基金,是指把投资者、管理人、托管人三者作为基金的当事人,通过签订基金契约的形式发行受益凭证而设立的一种基金。公司型基金依《中华人民共和国公司法》组建,通过发行基金股份将集中起来的资金投资于各种有价证券。公司型基金在组织形式上与股份有限公司类似,基金公司资产为投资者(股东)所有,由股东选举董事会,由董事会聘请基金管理人,由基金管理人负责管理基金业务。

契约型基金与公司型基金的区别主要体现在以下三个方面。

(1) 投资人地位不同。

(2) 资金的性质不同。契约型基金的资金是通过发行受益凭证筹集起来的信托财产;公司型基金的资金是通过发行普通股票募集起来的,为公司法人的资本。

(3) 基金的营运依据不同。契约型基金依据基金契约营运基金,公司型基金依据公司章程营运基金。

2）按基金是否可以赎回分类

按基金是否可以赎回，基金产品可分为开放式基金和封闭式基金。

开放式基金是指在基金设立时，基金的规模不固定，投资者可随时认购基金单位，也可随时向基金公司或银行等中介机构提出赎回基金单位的一种基金。

封闭式基金是指基金的发起人在设立基金时，事先确定发行份额，当筹集资金达到这个总额的80%以上时，基金即宣告成立，并进行封闭，在封闭期内不再接受新的投资。在封闭期内，投资者不能向基金管理公司提出赎回，基金的受益单位只能在证券交易所或其他交易场所转让。

3）按投资目标分类

按投资目标，基金产品可分为成长型基金、收入型基金和平衡型基金。

成长型基金是指把追求资本的长期成长作为投资目的的投资基金，主要投资成长型公司的股票。成长型基金又可以分为稳定成长型基金和积极成长型基金。稳定成长型基金一般不从事投机活动。积极成长型基金追求资本的最大增值，这种基金收益最好，但平均风险程度也最高。收入型基金是指主要以为投资者带来高水平的当期收入为目的的投资基金。平衡型基金是指既关心资本增值也关心股利收入，甚至还考虑未来股利的增长，但最关心的还是资本增值的潜力的投资基金。

4）按投资对象分类

按投资对象，基金产品可分为债券基金、股票基金、货币市场基金和混合型基金。

5）其他类型的基金

其他类型的基金主要有以下几个。

(1) 上市开放式基金。上市开放式基金(listed open-ended fund, LOF)是指在交易所上市交易的开放式基金。投资者既可以在指定网点申购和赎回基金份额，也可以在交易所像买卖股票一样买卖该基金。不过，投资者如果想要上网卖出在指定网点申购的基金份额，需办理一定的转托管手续；同样，如果想要在指定网点赎回，在交易所网上买进的基金份额，也需办理一定的转托管手续。LOF是对开放式基金交易方式的创新。

(2) 交易所交易基金。交易所交易基金(exchange traded fund, ETF)是指在交易所买卖的有价证券，代表一篮子股票的所有权。投资者以这一篮子股票为担保，将其分割为众多单价较低的投资单位——ETF基金份额。投资者既可以在证券交易所像买卖股票一样买卖ETF，也可以通过赎回ETF基金份额换得所存托的一篮子股票。

(3) 指数基金。指数基金(index fund)是指按照某种指数构成的标准购买该指数包含的证券市场中的全部或者一部分证券的基金，其目的在于达到与该指数同样的收益水平。指数基金最突出的特点是费用低廉和延迟纳税。

(4) QDII基金。QDII基金是指在一国境内设立，经该国有关部门批准从事境外证券市场的股票、债券等有价证券业务的证券投资基金。QDII是在货币没有实现完全可自由兑换，资本项目尚未开展的情况下，有限度地允许境内投资者投资境外证券市场的过渡性制度安排。

(5) 伞形基金。伞形基金(umbrella fund)是指在开放式基金的组织结构下，基金发起人根据一份总的基金招募书发起,设立多项子基金,各子基金独立进行投资决策。其主要特点在于在基金内部就可以为投资者提供多种投资选择,并且子基金之间可以相互转换。伞形基金不是一只具体的基金,而是同一基金发起人对由其发起和管理的多只基金的一种经营管理方式。伞形基金本身并不构成独立的法律主体,而是作为一种结构,体现了基金之间的共同特征和相互转换、相互依存的关系。

二、基金市场营销

1. 基金市场营销的概念

基金市场营销是指为了创造基金管理公司与目标客户的交易机会,而对基金产品的构思、定价、促销和分销进行策划和实施的过程。基金市场营销不能简单地等同于推销、销售,其包括基金产品、价格、促销、市场定位等诸多活动。基金市场营销是围绕客户的需要而展开的,且市场营销的内涵是随着基金市场营销活动的实践而不断变化、发展的。

2. 基金的市场细分

对基金的营销策划而言,研究基金市场,首先要进行市场调研,并在此基础上细分基金市场,寻找市场的空缺点确定目标和定位,然后建立可行的市场营销模式,树立品牌形象,从而锁定目标客户群体。目标客户是基金市场营销的中心,基金公司的一切营销活动都要围绕这个中心展开。健全的基金市场营销要求营销者仔细地分析客户,选择适合的细分市场并制定战略,以便以优于竞争者的方式服务于选定的细分市场。

基金公司的资源是有限的,而客户需求是无限的。怎样将有限的资源发挥最大的效用,是进行基金市场细分的根本目的。同时,由于客户自身特征的差异性,导致基金客户对基金产品具有不同的要求,识别基金客户千差万别的投资需求,也必须通过基金市场细分来实现。此外,由于基金产品所具有的独特性,基金客户的价值取决于客户对基金产品的持有期,进行基金市场细分,满足不同客户的需求,以此延长基金客户对基金产品的持有时间,使基金公司获得最大的价值。

3. 基金市场细分的一般方法

基金的潜在个人投资者,其行为特征、需求特点等影响购买决策的变量都是有差异的,我们可以对基金的客户群体依照不同的细分变量加以归类。

1) 根据客户投资目的细分

根据客户投资目的的不同,国内基金公司市场细分如表7-1所示。

表7-1 根据客户投资目的细分市场

理财目标	分析	相应基金产品
消费	追求资金的快速积累,可选择高增长、高风险的投资	股票基金
旅行	希望在短期内达到小额收益的目标,可以考虑高风险基金的投资	股票基金
购车	全款购车价较高的投资者可考虑高收益基金,反之则考虑混合型基金	股票基金、混合型基金

(续表)

理财目标	分析	相应基金产品
结婚	结婚资金立刻就要使用,考虑投资收益相对稳定、风险适中的基金为主	股票基金、平衡型基金
购房	所在城市、房屋面积、全款支付与分期付款等都会影响基金的选择	股票基金、债券基金、QDII基金
子女教育	一次性投资可以考虑平衡型基金或基金组合,更合理的方式是定期定额投资	平衡型基金、股票基金、指数型基金
退休养老	退休金应该及早考虑,定期定额投资是制定养老规划的法宝之一	平衡型基金、债券基金、股票基金、指数型基金、货币市场基金

2) 根据客户与产品风险匹配细分

根据客户与产品风险匹配,可以将客户分为激进型客户、稳健型客户和保守型客户。激进型客户主要是指那些愿意冒很大风险的客户,这类客户心理承受能力非常强。稳健型客户是指那些愿意承担一定风险同时对收益有一定预期的客户。而保守型客户是指心理承受能力很差,对收益没有太多要求,以保本为主要投资目的的客户。

客户位于不同的人生阶段,每个人的"背景"和"筹码"也不一样,针对不同的年龄段,大致可以对客户的风险偏好进行划分,并结合风险平衡,对投资者进行市场细分(表7-2)。

表7-2　　　　　　　　　根据客户与产品风险匹配细分市场

人生阶段	情况	预期回报	风险偏好类型	相应基金产品
18~30岁	未婚或刚组建家庭,经济基础不稳定	>10%	激进型+稳健型	股票基金、指数型基金
31~40岁	财富快速积累期	>10%	激进型+稳健型	股票基金、指数型基金
41~50岁	收入稳定,开始规划生活	8%~10%	稳健型	股票基金、指数型基金、混合型基金
51~60岁	职业生涯顶峰	6%~8%	稳健性	债券基金、股票基金、混合型基金
60岁以上	以富足的状态退休并享受生活	<5%	保守型	债券基金、货币市场基金

在各人生阶段中,稳健型客户的分布是最广的,遍布18~60岁各个年龄段,是市场中主要的风险偏好类型。稳健型客户有一定的风险承受能力,希望获得稳健的投资回报,喜欢风险和收益均适中的基金产品。在产品策略方面,要更多地关注此类投资群体,推出合适的产品,满足其需求。例如,混合型基金中的"打新基金"和债券基金中的"二级债基",风险和收益适中,可以更好地满足稳健型客户的需求。

3) 根据客户持有基金的资金量细分

目前,在我国基金行业中,许多基金公司根据客户持有基金的资金量来细分客户,主要如下:

(1) 10万元以下,普通客户。
(2) 10万~50万元(含),中级客户。
(3) 50万~100万元(含),中产客户。
(4) 100万~500万元,大客户。
(5) 500万元以上,超级大客户。

不同的客户等级对应不同的客户关系管理方式,具体如下(服务层次按照由低到高的顺序排列):
(1) 电子类服务:产品咨询、市场行情分析、特殊纪念日短信祝福。
(2) 通信类服务:电话回访、基金份额清单寄送、期刊寄送、投资季报寄送。
(3) 礼品回馈服务:生日礼品寄送、纪念品寄送、奖品寄送。
(4) 俱乐部服务:金融博览会、投资者见面交流会、投资策略会、客户沙龙、走进基金公司等大型交流活动。

4. 基金的目标定位

目标定位是指对公司的产品进行设计,从而使其能够在目标客户心目中占有一个独特的、有价值的位置的行动。实现市场定位后,余下的营销活动,如营销传播和定价将紧随其后展开。为了制定更加稳健的定位战略,我们应该首先回答如下问题。
(1) 我们目前是为哪些客户服务的?未来希望将哪些人作为目标客户?
(2) 我们现在的基金产品及服务有哪些特点?他们分别针对哪些细分市场?
(3) 我们的产品与服务和竞争者有哪些不同?
(4) 在选定的细分市场中,客户是否认为我们的产品与服务能充分满足他们的需求?
(5) 在这些细分市场中,我们需要做出哪些改变来增强我们的竞争力?

产品差异化,对任何金融机构而言都是具有挑战性的。目前,国内各基金公司大多采用的是无差异营销战略。但随着社会、经济的发展,基金产品将会成为机构和个人的一个重要投资选择。对于有一定实力的基金公司,应该采用差异性市场营销战略,针对各个细分市场设计相应的基金产品,也就是说,这些基金公司应该选择大多数的细分市场作为自己的目标市场,并且要向不同的细分市场提供相应的基金产品。通过这种战略,基金公司才能发挥出自己资源上的优势,从而拥有别人无法撼动的市场竞争地位。

5. 我国基金产品的主要营销渠道

我国开放式基金行业经过多年的发展,基金营销渠道已经形成了以商业银行为主,基金公司、证券公司、期货公司等机构共同参与的市场格局,但是不同销售渠道的发展极不均衡,银行优势明显。

1) 银行渠道

银行渠道主要是指国内的大型商业银行,它们在全国范围内有着非常庞大的网点资源和客户资源,是我国最早的一批代销基金的金融机构。其优点是资源多、渠道广泛,能够提供一定的营销支持,缺点则是售后服务不够完善。

2) 证券公司

证券公司相比于大型商业银行,网点和客户资源都要少很多,但是证券公司也有其自身的优点,即员工专业知识储备丰富,能够为客户提供优质、专业的咨询服务。

3)独立的基金销售机构

独立的基金销售机构主要面向的是大型投资者,投资资金比较雄厚。在当前的互联网发展浪潮下,独立的基金销售机构拥有巨大的平台优势,很多大型的独立的基金销售机构都拥有自己的电子商务平台。

4)基金公司

基金公司拥有自己的基金产品,销售的也基本是自己公司的产品。相对来讲,基金公司的产品类型较少,可供客户选择的空间较小,但是基金公司拥有专业的销售人员及自己的电子商务平台,在基金行业中也占据了一片天地。

5)其他

保险公司、期货公司等机构的基金销售业务只是其副业,发展相对缓慢,在人员和硬件设施方面都不占优势,发展前景较差。

6. 基金产品的营销策略

基金产品的营销策略主要包括以下几个。

1)基金经理

在选择基金的时候,基金经理在客户心目中的分量较大,有时候甚至起着决定性作用。从"好基汇"统计数据来看,基金经理对基金的贡献占整体业绩贡献的34.09%,换句话说,基金取得的业绩中约1/3是基金经理的功劳,其余2/3归功于基金公司的管理团队、基金风格等因素。

因此,国内很多基金公司建立CRM(客户关系管理)系统,要求基金经理针对潜在客户建立客户资料库,实现客户潜在需求向实际需求的转化,使潜在客户成为实际客户。与此同时,基金公司也以基金经理的能力作为一个基金的卖点,对基金经理进行有意识的包装,树立良好、专业的公众形象。

2)广告

开放式基金的目标客户是投资意识不强的大众,广告成为其必要的营销策略之一。然而,基金的招募说明书、发行公告及代销银行的广告等一般只在几家证券报上刊登,由于证券类报刊的读者群以股票类的投资者为主,投资意识不强的大众投资者较少阅读此类专业报刊,这样就造成了广告媒体和目标市场之间的冲突。

3)网络营销

随着互联网的深入发展,网络成为基金公司比拼营销手段的"新战场"。基金公司通过网络直销、网络广告、网上客服,以及网络大型品牌宣传活动等方式进行网络营销。借助网络这个庞大的平台,基金公司不仅拓展了营销渠道,获得了更多的客户资源,还在一定程度上强化了自己的品牌效应。

对于客户而言,通过网上购买基金既方便快捷,又可以省去不少中间费用,可谓一举两得。有专家预计,随着未来年轻人逐渐成为基金购买的主力军,偏好使用网络交易的他们,将促使基金公司将营销重心转移到网络营销上来。基金公司在网络营销领域的竞争才刚刚开始。

目前,网络直销已是基金公司的必争之地。许多基金公司都开通了网上交易平台,客户只要打开基金公司的网页或银行的相关网页,便可以登录交易平台,轻松完成基金的申购、赎回和转换等各项业务。而在网络直销的形式上,各家基金公司也是绞尽脑汁。例如,上投摩根基金管理有限公司推出"兴业银行(股吧行情)卡网上直销定投功能",持有兴业银行借记卡的用户,即可登录上投摩根网上交易平台签订最低 200 元的定投协议,享受费率 4 折的定投优惠。而中银基金则打造出"中银基金 c 网上直销平台",与多家银行合作,使投资者在网上购买基金更加方便,费用也更加低廉。

4)挂钩银行理财产品

事实证明,基金公司挂钩银行理财产品是一个成功的曲线营销模式,目前市场上这种模式的成功案例不在少数。例如,广发银行的"薪加薪"计划、深圳发展银行的"现金增利"计划和中国光大银行的"阳光理财月"计划等,这类银行理财产品主要针对基金公司的固定收益类产品。广发银行的"薪加薪"计划的投资标的为华安、南方、大成、易方达、博时、银河等旗下的货币市场基金和短债基金;深圳发展银行的"现金增利"计划的投资标的为博时和嘉实旗下的货币基金及博时的稳定价值债券投资基金;中国光大银行的"阳光理财月"计划的投资标的为大成货币市场基金。

这种模式使基金公司与银行实现了双赢。通过此项合作,基金公司可以借合作银行的信誉吸引一部分银行客户,同时也为合作银行吸收了大量的新增客户,扩大了合作银行的资金规模。目前,很多基金公司已经感受到了银行理财产品对投资工具的需求,将银行品牌优势与基金公司的专业化投资能力结合、将基金产品与银行理财产品结合推向市场是基金营销的一个发展趋势。

三、基金产品数字化转型的驱动因素

基金产品数字化转型的驱动因素主要包括以下几个。

1. 数字技术提供产业转型升级的支撑力

伴随新一代信息技术蓬勃发展,以 5G、云计算、大数据、人工智能为代表的数字产业逐渐成为我国产业结构中的重要组成部分,新型基础设施不断加强,数字化转型支撑能力持续提升,为各行业创造新产业、新业态、新商业模式注入了动能。

2. 客户群和偏好变化牵引服务创新

财富市场客户群体正在发生代际转化,具有"数字化基因"的千禧一代及"数字原住民"正式进入财富管理市场,并逐渐成为主力客群,这部分群体呈现高度依赖移动端、追求极致体验等特征。面对高度数字化和个性化的需求偏好,作为财富市场的重要参与者,基金公司必须充分利用技术打造数字化竞争优势。

3. 政策为数字经济发展创造了良好环境

2021 年 3 月,国家正式发布了《中华人民共和国国民经济和社会发展第十四个五年规划和 2035 年远景目标纲要》,明确提出要"加快数字化发展,建设数字中国"。2022 年 1 月,国务院印发了《"十四五"数字经济发展规划》,进一步对"十四五"时期我国数字经济发展作出了整体性部署。在金融领域,继 2019 年 8 月中国人民银行印发了《金融科技(FinTech)发展

规划(2019—2021年)》,中国人民银行又于2022年1月发布了《金融科技发展规划(2022—2025年)》,提出了新时期金融科技发展指导意见,明确了我国金融科技发展从"立柱架梁"全面迈入"积厚成势"新阶段的总体定位。2021年10月,证监会发布了《证券期货业科技发展"十四五"规划》,明确了"十四五"时期证券期货业数字化转型的指导思想、原则及重点,为证券期货业数字化转型发展提供纲领性指南。

4. 谋求创新发展是基金公司数字化转型的内驱动因

在资管市场,随着银行独立理财子公司、外资资管机构、科技公司竞相布局,竞争愈发激烈,基金公司必须不断谋求新的竞争优势。同时,由于基金公司信息化建设多以采购为主、缺乏架构设计,内部数据孤岛、系统烟囱的问题突出,数据的利用效率和自主核心技术能力亟须突破。面对"内忧外患"的现实局面,尽快布局数字化转型战略已成为基金业挖掘发展新动能的必然选择。

四、基金产品的传统营销方法

基金销售人员在营销基金产品之前必须对基金产品的特点和基金公司的情况,以及对基金的投向、运作、策略、过往业绩、费率结构等做到全面掌握,然后从专业的角度,用通俗易懂的语言向客户进行营销。基金营销的方法主要有以下几种。

(1) 找准目标客户。

针对目标客户进行基金营销可以起到事半功倍的效果,对于基金销售人员来说,适合营销基金的目标客户可以分为以下几种。

① 认可专家投资理念的客户;

② 买过类似理财产品且有盈利的客户;

③ 有理财需求,并有风险承受能力的客户;

④ 有闲置资金,愿意委托专家理财,做长期投资的客户。

基金销售人员需在平常积累目标客户,了解客户的交易习惯、理财偏好,关键时候即可向客户营销基金。

(2) 开发客户的需求。

(3) 声东击西营销。

客户对主动推销上门的产品一般会持怀疑的态度,往往会有抵触心理。因此,基金销售人员在销售基金时可以先谈谈当前的股市行情,分析多变的证券市场,为客户灌输价值投资理念,再引出基金,建议客户配置。这样使用声东击西的方式更容易让客户接受。

(4) 突出亮点营销。

销售人员可以打开该基金公司旗下的基金重仓股,挑几只走势较强的股票(基金重仓股中总有走势很好的股票,只挑最好的),据此说明基金的选股能力。告诉客户,基金公司有研究团队在背后支持,但普通投资者获得的信息渠道很少,获得信息也不及时,选股能力有限,极少能买到"大牛股"。此方法往往可以说服客户买基金,特别是那些"一买股票就被套,一卖股票就上涨"的客户。

(5) 赠送礼品营销。

五、基金行业数字化转型对策

数字化转型不仅是数据、技术,更是包含流程、组织、文化等要素的系统性工程,并逐渐总结出一个"1+3+1"数字化转型框架,即一张战略蓝图、三个数字化赋能业务领域、一套基础支撑能力。

1. 一张战略蓝图

基金公司作为传统金融机构,对数字化转型的认识和重视程度存在参差不齐的状况。基金公司高层是否意识到数字化转型的紧迫性和重要性,基金公司对于数字化转型目标、核心工程和路径是否有系统性的规划,往往决定了数字化转型的成效。基金公司应结合自身业务发展战略、数字化发展所处阶段、面临的痛难点,因地制宜制定差异化数字化战略,统筹推进数字化转型工作:第一,顶层设计应清晰,以赋能业务为导向,并有明确的价值导向目标;第二,数字化场景应聚焦,确定转型切入的主战场;第三,设计分阶段的实施路径图,分步推进。

2. 三个数字化赋能业务领域

在战略蓝图框架下,进一步围绕基金业务全流程挖掘重点科技赋能场景。可优先从三个核心领域寻求突破口,以打造在客户、产品、成本等方面的竞争优势。

(1) 营销与销售领域。客户销售、营销和服务能力提升是多数基金公司最先落地数字化战略的领域,借助数字化工具分析客户行为特征、洞察差异化需求,从而将适合的产品或者服务以适合的渠道传递给客户,全面提升数字化获客、活客、留客的营销能力,更加精准更高质量的金融服务将有助于基金公司积累高黏性客群优势。

(2) 投资与研究领域。若企业的产品比竞争对手好,基金产品能为投资者带来更多的收益回报、更好的体验,客户更愿意长期持有,企业就能在市场上占据更多份额。目前,智能投研领域尚未形成成熟的解决方案,具有广阔的发展空间,如何深度利用科技手段提升数据获取效率、增强投资研究与决策精准度、降低交易成本、排除潜在风险,是短中期内基金公司数字化转型探索的攻坚领域。

(3) 运营及中后台管理领域。以流程重构优化为基础,依托机器人、自然语义处理、低代码等技术全面提升运营管理自动化水平,让专业化管理人才释放更多精力投入到高增值领域,有助于基金公司形成低成本的竞争优势。

积极拥抱数字化所释放的效能可带来跨量级的竞争优势,数字化转型更快的公司,将获得较大的先发优势,由于飞轮效应,这种先发优势更容易沉淀成公司的长期资产、形成护城河。但同时也需要注意,数字化转型失败所带来的损失不仅是投入资源的浪费,也可能让企业损失最佳的发展时机。因此,在推进策略上,应结合不同业务的要求、技术应用成熟度,实施差异性的推进策略,以平衡创新发展与风险可控。

3. 一套基础支撑能力

数据、技术、人才等基础能力是数字化战略落地的基石,部分基金公司的基础能力短板仍是转型掣肘,如数据体系不完善、系统架构老旧欠缺灵活性、跨部门沟通不畅、复合型科技人才不足等。在基础能力补足和升级过程中,秉承开放协作的理念,完善科技生态布局,通过合作来快速拓宽能力边界,是加速建设的有效方式。

主要体现在以下几个方面。

1) 数据方面

数据的重要性早已得到行业共识,数据资产的积累是数字化转型的重要前提,补足和构建基础数据能力是重中之重。基金公司应把数据资产当作一个新的管理对象,打造覆盖全生命周期的数据资产管理体系,健全数据治理流程机制,加强统一数据平台建设,提升数据流通与共享效率。同时,也要时刻思考和展望数据资产化所带来的业务模式创新,加快数据价值创造。

2) 技术方面

业务需求的快速创新迫使科技提升响应能力。面对传统竖井式架构、系统重复建设等问题,基金公司需配套升级数字化架构管理体系,夯实基础设施建设,通过搭建微服务架构、云化架构、分布式技术、低代码开发平台等多层次驱动的架构体系,构建连接前中后台的"加速器",增强"模块组装、高度复用"的灵活性,从而提升对业务创新的快速响应能力。

3) 人才与组织方面

数字化转型离不开组织转型和人才队伍建设。组织机制变革的关键在于增进业务与技术协同,发挥合力效应。技术部门应理顺内部的人才建设地图,针对稀缺人才、复合型人才加大招聘力度;在跨部门协同方面,可通过建立敏捷机制、引入目标与关键成本(OKR)管理工具、试点交叉考核机制等方式不断培育合作文化。

4) 金融科技生态建设方面

数字时代的商业逻辑已经从竞争进化为共生共创,从价值链重构、平台化发展再到生态化布局是金融机构数字化转型和竞争模式升维的必经之路。目前,多家国际领先资管机构已通过战略并购、资管科技加速器、创新实验室、开放资管科技平台等多种形式与金融科技公司展开多元合作,快速实现短板补足、能力升级。基金公司应在明确自身核心优势基础上,携手最适合的合作伙伴,发挥双方的业务场景和技术优势,探索更为灵活的合作模式,加速数字化转型进程。

六、主要基金数字营销案例[①]

华夏基金成立于1998年,是经证监会批准成立的首批全国性基金管理公司之一,定位于综合性、全能化的资产管理公司。伴随着中国资管市场蓬勃发展,在数字经济发展新格局下,华夏基金将"数字化"作为实现加速发展和转型升级的核心引擎。在推进数字化转型过程中,华夏基金不断夯实"顶层设计、应用探索、配套基石"三个层面能力建设,既从上向下做好统筹规划,又从下向上技术驱动创新。

在顶层设计层面,华夏基金坚持统筹推进,积极布局数字化转型,结合公司业务战略目标,制定了"十四五"数字化发展规划,致力于从科技赋能向科技引领升级。在应用探索层面,华夏基金在数字化战略的框架下,优先聚焦重点难点,集中力量攻坚重大项目,成立若干研究中心和特性工程团队,重点在数字化营销、智能投研、运营及管理提效三个领域挖掘数

---

① 资料来源:陈一昕.基金行业数字化转型实践与对策建议[J].数据,2022(05):26-29.

字化创新场景并深耕细作。

在数字化营销方面,华夏基金推进以投资者画像和研究为中心的数字化服务体系建设,利用数据技术手段,科学、细致、深入地进行投资者投前、中、后的分析挖掘,全面了解投资者在投资过程中的困惑、障碍、习惯、心理和行为。基于客户深入洞察,推动精准化、千人千面的数字化客户服务,针对广大的个人客户提供更个性化的财富配置方案、更具温度的关怀陪伴,针对机构客户提供更定制化、更专业、更高效的一体化解决方案。在投顾业务领域,融合新兴技术、AI算法,打造大数据驱动的智能投顾平台,推动投顾专业能力升级和服务模式变革。

在智能投研方面,为进一步提升投研人员工作效率和体验,组成了跨部门团队实施投研一体化工程,致力打造流程一体化、服务一体化、决策一体化的统一投研平台;成立了人工智能实验室(AI-lab),统筹 AI 算法模型及人才资源,持续追踪国内外人工智能中创新型前沿技术,与投研部门密切合作开展了一系列专题分析应用,将研究成果产品化、工程化输出,助力投研决策;依托大数据、自然语言处理等技术,构建集成的全市场数据,利用知识图谱将孤立的数据信息进行关联,引入更多维度的语义关系,挖掘实体之间的深度联系,增强资产价值的深度挖掘和风险监控能力,提升了信息获取和决策效率。

在金融科技生态建设方面,如何利用自身的业务场景,打造金融科技生态、借助外力突破创新非常关键。华夏基金已和多家数据提供商、基础设施提供商、软件服务提供商、咨询公司、战略合作伙伴等建立深度持续合作关系,引入先进数字化技术和理念,高效地提升科技产能。

本章小结

本章通过讲述银行产品、保险产品及基金产品数字营销案例,展现了新媒体营销的模式,并将其与传统营销模式对比,得出各营销模式的优缺点。从诸多案例中体现新媒体营销的核心竞争力。

课后习题

一、简答题

1. 开始理财之前,需要做哪些准备?
2. 请列举各类银行产品,并指出它们各自的特点。
3. 银行卡分为哪几种?各有什么特点?
4. 银行根据哪些因素确定其产品的定价?
5. 哪些因素会影响银行金融产品的定价?它们是如何影响定价的呢?
6. 结合具体实际分析,如果你是银行经理,你会如何选择分销策略?
7. 各类促销策略有什么特点?如何进行组合才能使效果最大化?
8. 保险产品的特点有哪些?

9. 人身保险产品包括哪些类别?

10. 财产保险产品包括哪些类别?

11. 保险产品营销主要有哪些渠道?

12. 保险人员促销有何特点?

13. 保险广告促销的作用是什么?

14. 保险企业一般采用哪些策略开展公关活动?

15. 基金产品可分为哪些类型?

16. 基金客户细分的方法有哪些?如何进行目标定位?

17. 基金数字化营销的策略有哪些?

二、案例分析题

案例一

A公司定投业务的开展

2×08年11月,我国股市出现了最低点1 664.93点。我国基金行业的市场规模在此期间大幅回落,其中351只股票基金的跌幅超过50%。

伴随着股市的急挫,我国基金个人投资的投资热情也降至谷底。各家基金公司都在寻找新的突破口,希望能够打动投资者。A公司是我国最早成立的十家基金公司之一,目前的基金规模位列前十,同时也是具备行业全牌照的基金公司之一。A公司发展迅速,善于创新。

A公司发现基金定投业务一次性投资小、风险低,类似于银行的零存整取,易于被个人投资者接受,于是开始着手定投业务的推出。通过一系列的调研,A公司发现25~35岁的个人投资者有着稳定的工作和稳定的月收入,但是积蓄还有些薄弱,刚刚开始组建家庭并且有了下一代。这部分群体有着比较大的社会压力,如房贷和未来子女教育问题,所以有着比较强烈的理财需求,并且他们普遍注重生活的品质,有着理想化的需求。

在股市持续走低的大环境下,A公司开展了"简单.爱"个人投资者定投活动。这个定投活动将受众定位于25~35岁的年轻群体,满足了他们现实的理财需求,还加入了情感元素,理财标语为"让时间沉淀爱",并配备了专属的礼品——《宝贝理财纪念册》,用来收藏该公司为孩子寄送的定投资产报告、投资总监为孩子讲述的市场分析及投资故事。通过在全国重点城市组织多场专题讲座,以及银行渠道的联合努力,此定投活动推出当月就取得了十分轰动的效应,定投户数激增,9月的定投户数超过了7月和8月的综合定投户数,并且在之后的每个月里,定投户数持续上升。A公司在基金定投的活动中,做了很好的品牌宣传,也促进了产品的销售。

思考:

1. 案例中A公司市场细分的依据是什么?

2. 市场细分对基金营销的意义是什么?

案例二

近期,客户周女士到某银行营业厅办理业务,在等待的过程中,周女士向客户经理咨询理财方面的信息,并称有部分闲置资金在他行购买了货币基金,收益不理想,希望客户经理帮忙打理。客户经理了解情况后,向周女士介绍了该行的部分理财产品信息,并留存了周女士的联系方式。客户经理随后向网点主任做了汇报,网点主任得知情况后马上积极跟进,主动打电话联系周女士,得知周女士以前常年在外地做生意,没有多余的精力理财,现在因病回家长期疗养,希望得到专业人士的帮助,制定理财方案,选择收益较高、相对安全的产品。在了解了周女士的理财需求之后,网点主任向周女士详细介绍了该行关于私人银行一对一服务及私人银行产品的信息,并邀请周女士到网点做进一步沟通,周女士欣然同意。随后,网点主任与财富顾问联系,介绍了周女士的情况及业务需求,请财富顾问到网点为周女士进行专属服务。周女士应约再次来到网点后,财富顾问与周女士进行了沟通,根据周女士的资金情况做了详细的理财规划,周女士对该行的服务及产品有了全新的认识和了解,并马上办理了银行卡及电子银行。银行承诺先签约进行产品体验,如满意可开展进一步的业务合作。随后,通过对周女士的后续跟进及维护,周女士对该行服务及产品非常满意,陆续从他行转入资产1 500万元,成为该行忠诚的私人银行客户。

思考:
1. 营销意识在客户获取、跟进和管理中如何体现?
2. 从本案例中,具体可以获得哪些客户管理方面的营销启示?

项 目 实 训

金融数字营销案例

实训目的:
了解目前金融数字营销的发展趋势。
实训内容:
学生分成几个小组,每个小组做一个金融数字营销的案例。
实训要求:
每个小组提交一个金融数字营销的案例。

主要参考文献

[1] 胡艳. 金融产品营销实务[M]. 西安：西北工业大学出版社，2016.

[2] 年艳. 金融产品营销[M]. 北京：电子工业出版社，2020.

[3] 吉莉恩·道兹·法夸尔. 金融服务营销[M]. 北京：中国金融出版社，2014.

[4] 刘磊. 金融营销学[M]. 北京：清华大学出版社，2020.

[5] 张晨琰. 金融营销基础[M]. 北京：经济管理出版社，2018.

[6] 苏博. 互联网产品运营教程[M]. 北京：中国铁道出版社，2018.

[7] 蒋丽君. 金融产品营销实务[M]. 4版. 大连：东北财经大学出版社，2020.

[8] 王惠凌. 金融营销实务[M]. 北京：北京理工大学出版社，2018.